新 闻 传 播 学 前 沿 译 丛

李 珮 / 主编

传播学研究

概念、方法与写作(第二版)

INTRODUCING COMMUNICATION RESEARCH

Paths of Inquiry (Second Edition)

[美] 唐纳德·特雷德韦尔(Donald Treadwell) 著

谷 李 译

中国传媒大学出版社

·北京·

该译著为西南政法大学2014年度人才引进科研项目
(项目号 2014－XZRCXM001)成果之一

目　录

第一章 / 入门
Getting Started
可能性和决策
Possibilities and Decisions

基础研究就是我不知道自己的研究目标时的研究。

——沃纳·冯·布劳恩(1912—1977)

本章概览 1

欢迎进入传播学研究。本章主要介绍传播学者们的主要兴趣领域、一些研究路径及方法,并为你介绍一些研究学者有意或无意做的假设和决定,这将有助于你启动研究以及专注于研究项目。

开篇问题

如果你想探索以下问题,你会设计什么样的研究?

- 某份学生报刊是否有政治偏见?
- 当人们与亲密伙伴交流时,他们的用词是否会改变?
- 老板与员工的定期交流是否能提升员工的士气?
- 在决策机构中,阻碍或帮助决策制定的传播行为有哪些?
- 现实社会中的暴力程度与电视画面中的暴力等级相符吗?
- 新闻编辑是怎样判断什么新闻该发布,什么新闻不该发布的?
- 在组织传播中,人们是怎样传递不同意见的?

》研究入门 2

任何一天或任何旅程都要求你首先睁开眼睛,然后做出一系列决定以开始新的一天。赖床还是起床?先健身再吃早餐,还是先吃早餐再约朋友出去玩?上班是骑自行车、坐公交车还是走路？每一天你都得朝着一定的方向选择一种方式去完成当天的目标。同理，每项研究都要求你从自己感兴趣的领域开始，然后提出最好的问题、最合适的假设，以及用来回答你兴趣领域的问题最好的方法。

浏览传播学研究文献你会发现，传播学者的兴趣涉及整个人际传播，从亲密的伙伴到网络媒介，涉及全世界范围内成千上万的人。通常研究者专攻的领域已经有许多人正在研究，比如人际传播、群体传播、组织传播，或者社交媒介传播。但是很多研究兴趣都超出了这些范畴。比如那些研究语言使用和辩论的**修辞学家**（参见第十三章），他们的研究可能涉及所有这些领域。

在人类传播过程中，研究的潜在主题无处不在。为什么人们只喜欢一些音乐类型，而不喜欢其他类型？传递教学内容的最好方式是网络在线、课堂阅读、研讨，还是讲座？为了改善用户体验，智能手机的界面能重新设计吗？电影大片是塑造公共舆论还是顺从舆论？媒体上的暴力和色情内容对人们的现实生活有什么影响？为什么一家广告公司会选择这样的广告布局而不是那样的？人们阅读印刷报纸与浏览电子报纸的方式不同吗？正如我们会在这章的后面部分读到的，日常人际交往也是**研究主题**的丰富资源。

找到感兴趣的问题后，下一步就是怎样完美地回答这些问题。从以往的研究文献中你可以发现你所研究的问题可能是一个热点话题。研究方法不可避免地隐含关于人类行为基础性的假设和决策，比如，人和人的本质是相同的吗？或者每个人都是独一无二的个体吗？这不可避免地需要假设。这些假设和决策将会帮助你选择一些更好的方法，但是你可能会发现对每个与你采用一样研究路径的研究者来说，还有不同的途径、不同的研究，但本质上都是回答同一个问题。

每个研究问题都有假设，假设的背后反映了研究者的传播观点和怎样最好地估量这个问题。这些关于人类传播的假设，怎样最好地研究它以及为什么我们要研究它，在第二章中还有更多的讨论。

我们先看三个关于传播互动的例子，也许你非常熟悉。这些看似平淡无奇的例子向我们展示了可能会引导出的许多有趣的研究项目。

》情景

这是一个星期五的下午，在学校的咖啡厅。作为一个漫不经心的观察者，你会注意到周围的环境——地毯，舒适的椅子，有线电视播放着新闻，混合着摇滚音乐，许多人排队买咖啡和小吃，咖啡机的嘶嘶声混着嗡嗡声和谈话声。

你决定更专注地聆听两个人的谈话（当然，这本身涉及道德问题，在第三章我 3
们将会做更多探讨）。一个普通的听者可能仅仅对别人的对话感兴趣，但是对于一个传播学者而言，他关注的则是在人际传播中的互动，想到的可能是具体问题、解决问题的研究方法以及一些隐藏在问题和方法背后的假设。

下面的对话是互动的一部分，紧接着的是一个非常简短的总结。一个研究者可能会写下一些关于互动的提示和问题，在观察中，这些问题可能会被提及。在第二章，我们将探讨怎样把这些随意的问题转换为正式的研究问题和假设。

互动 1——这两个人是情侣，只是朋友，还是在谈公事？

卡罗琳：哇，这周终于结束了！我有三门不喜欢的课程，组里的那个课题根本没用，作业多到我不能忍受，我整个周末都得耗在上面。

布莱恩：我也一样。我的整个周末都要在键盘上度过，还要上在线课程。你做完作业后，其他时间干什么？参加聚会，还是开车回家洗衣服？

卡罗琳：都不是，工作，工作，还是工作啊！

布莱恩：哦，亲爱的，这样对身体和精神都不好，你得注意自己的身体。星期六晚上我们休息一下怎么样？你可以来看电影，比如一部经典老片。我做些你爱吃的奶油爆米花！

卡罗琳：好的，就这样吧，星期六晚上我给你发短信。

布莱恩：很好！快 3 点了。如果我没记错的话，其他人应该快来了。

研究人员可能会将上述对话概述如下：

> 这两个人看起来像学习伙伴，时常碰见，也可能是碰巧遇见。计划的聚会应该包括同组的其他成员。这个小组是否真的如卡罗琳描述的那样无所作为？这两个人不只是关系亲密的好朋友吧？布莱恩看似是这样想的，或者他希望如此，但是不知道卡罗琳是什么态度。为什么他们要面对面地交流而不是发短信？

上面的总结会让人们思考很多关于传播学和传播行为的问题，比如： 4

- 关系问题：我们如何确定关系？人们是怎样表达关系的？语言和行为透露出什么样的关系？浪漫的情侣是否会使用独有的词语表达他们之间的关系？
- 决策制定问题：做决策的时候，浪漫情侣之间与一般朋友之间是否会使用不同的标准？在做决策时，情侣会比同事更容易妥协吗？
- 技术与关系问题：关系的亲密度怎样影响传播技术的使用类型和频率？

现在，随着更多的同学参与到对话当中，我们来看看更加复杂的互动。下面只有五个同学，但是不同的互动和小群体互动的可能性明显增加了。

互动 2——小组合作还是冲突？商务还是休闲？

布莱恩：嗨，希塔，最近好吗？

卡罗琳：你终于出现了。我们必须得研究研究这个关于媒介效果的课题。

希塔：我也无能为力啊。我必须和托马斯教授讨论期中考试的事。

卡罗琳：我希望你能劝他取消这个课题。

希塔：没那么幸运。

伊丽莎白：对不起，我来晚了，因为练习超时了。

麦克：抱歉，我也来晚了。我刚刚在等她。顺便说一下，我 15 分钟后还有课。

布莱恩：天呐！我们组想聚在一起都困难，更不用说把一个项目弄好了。

伊丽莎白：为什么我们一定要开会呢？难道就没有人可以把任务分派好，把需要我做的那部分发邮件给我吗？

希塔：只要不让我答辩就行……

麦克：……或许我可以负责论文？

布莱恩：卡罗琳擅长用人所长。让她做我们的组长吧。

卡罗琳：组长？我？我不这么认为。我不想管这事……课题的部分目的是要求我们合作完成。

希塔：卡罗琳说得对。那可能我们得在这儿待一会儿咯，如果那样的话，我要一杯咖啡。

研究者将互动 2 概述如下：

> 5 五个同学……一个小组。几个成员为自己的迟到辩解然后道歉，但表现出不把这个课题或者小组放在心上的态度。这个小组看起来毫无吸引力，好像没有人愿意参与或者负责。没有迹象表明他们有决策机制。谁有潜力当组长？这个小组的成员会团结在一起吗？最后他们会达成共识吗？如果我要更好地了解他们，我需要参与进去。

和前面的例子一样，这个总结可能会引发我们对更多群体行为和群体传播问题的思考。这些问题可根据其所属的领域分类。有一些问题前面出现过，其他的是新问题。

- 关系问题：这些人是什么关系？我们怎样识别成员之间的关系？小组规模是怎样影响传播内容的？小组规模是怎样影响个人之间交流的？
- 决策制定问题：这组会怎样做决策？一般情况下，小组是怎样做决策的？个人关系怎样影响决策的制定？
- 领导力问题：领导者需要什么能力？我们如何确定组长？怎样选择领导？高效率的领导会一直受到尊敬吗？

● 技术与小组内互动问题：传播技术对小组交流有什么影响，比如，使用电子邮件？传播技术会促进还是阻碍群体的高效交流？

你可以看到，更多同学参与对话增加了很多问题，这些问题涉及群体规模、群体地位、群体决策的制定和领导力。当然，从研究者的角度出发，这是一个很好的信号。

现在，我们来看最后的互动。组员没有变化，但是话题转为通过媒介传播，比如社交媒体、广播媒体和报纸——人们通过这些媒介或者途径交流而不是直接面对面地交流。这次研究聚焦于对话的内容，而不是人际互动或者群体动态。

互动 3——话题转向媒介

布莱恩：说到咖啡，有人见过那个新的很棒的咖啡动画广告吗？事实上，它是用 3D 效果做出来的。

卡罗琳：布莱恩是个美食家啊，除了食品的广告其他什么都不记得……比如昨晚新闻说了什么。

布莱恩：嗯，我也不看那些关于汽车和房屋净值贷款的广告啊。为什么我要关注那些？我对汽车和银行又不感兴趣。还有，谁还看电视新闻？我可以随时随地浏览新闻。

卡罗琳：我有留意过，我认为你看新闻的网站不是很靠谱。

布莱恩：难道电视就更好吗？我为什么要相信电视上的东西？那些全是某些 6
人对新闻的理解和看法。这也是我上网看新闻的原因，你不能从一个单一的新闻机构了解全方位的信息。

希塔：但是好的新闻单位有很多经验丰富的记者、专门的新闻工作室、职业标准和其他相关资源。

布莱恩：那个不重要，重要的是公司的运作。你知道它们都接广告，所以不会说一些让广告公司关门的话。它们也许没有政治偏向，但它们有企业偏见。它们都在推行消费主义。你不能相信它们。

伊丽莎白：那你到底相信谁？

布莱恩：你——去给我买一杯摩卡拿铁。

伊丽莎白：一般的还是牌子货？

布莱恩：当然得是名牌啊。

（哈哈哈）

希塔：瞧，这就是广告的力量！

布莱恩：不，恰好相反。制造商知道必须满足人们的需求才能赚钱。所以是我影响了它们！

麦克：对，是这样！

小组成员还在一起。这段对话很随意，但是涉及媒介影响的话题。布莱恩是对话的催化剂。他讥讽传统媒体，并称他不会受到媒体的影响。其他人从两方面反驳了他的言论。

在此有一些和媒体紧密相关的话题，这次轮到你去总结了。本章末尾有“应用练习”部分，可以帮助你获取有关这项任务以及如何实现它的指导。

》传播学研究背后的基本假设

目前，我们已经了解到特殊情境会产生一些特殊的研究问题，并指向一些特殊的研究方法。然而，仍然有几个基本的假设贯穿所有的传播学研究。在开始研
7 究之前，研究者会有意识或者无意识地提出假设，并把这些假设带入他们的研究中。

其中第一个假设就是我们所选择的观察对象，例如服装或语言，会告诉我们一些我们通常看不见的，但假设存在的事实。比如，权力是我们实际看不见的东西。当你想到权力时，我们能看到的不是权力，而是一些人特定的行为或者衣着以及其他人的反应。尽管如此，在我们理解人类传播行为时，“权力”似乎是一个有用的概念。总之，我们会通过观察某些假设代表权力的行为来研究它。

同样，没有人看见过态度。我们真正看见的是一个人以特殊的形式表现出来的行为，或者捕捉到一个人在回答一组设计好的调查问题时产生的想法，这便是态度。就像权力一样，“态度”似乎是一个非常有用的概念，对我们思考人类行为是不可或缺的。因此，我们在假设它存在的前提下所秉持的研究态度，或至少是这种“态度”的概念为思考的传播过程提供了有用的工具。

第二个颇具争议的假设与人类普遍化的行为理论相关。从研究的角度出发，也许你会发现你的祖父有一个领英账户，你的妹妹有个“我的空间”账户。但是做个假设，比如“年轻人比老年人更可能拥有‘我的空间’账户”，你的研究就会更有价值。如果这个结论是对的，就会吸引广告商、教育者和风险管理公司，至少可能在紧急情况下迅速聚集很多人。然而在做出这个声明之前，我们需要假设你的祖父和其他人的祖父一样，你的妹妹和其他人的妹妹一样，至少使用的社交媒体是一样的。

然而，你的祖父和妹妹很可能自然而然地把他们自己看成独立的个体。我们

能在多大程度上假设某人和其他人一样？这是一个非常重要的问题，因为如果我们的世界是由独立的个体组成的，我们将无权做出任何相关的评论（当然，除非每个人都是独立的个体）。尽管如此，一个研究者在使用调查和实验的方法时，通常会假定其研究结果适用于与研究对象相似却并未被包含在研究中的人群。也就是说，假设人们的行为方式是相似的。

第三个假设涉及研究人员与参与其研究的其他人之间的合作水平。在上文的研究中，你可能会有这样的想法，就是尽可能地参与同学们的对话——可以设置一些谈话或者采访其中的一些人。这里会出现一种矛盾。从小组成员的行为层面看，研究者与被研究者的距离越远，他会更中立或者更冷静，但是研究者这时不可能得到近距离接触该组时所获得的深刻认识。虽然近距离接触组员会使研究者产生更深层次的想法，但是他的行为很可能直接影响小组的动态，或者研究者只看见小组的世界观，在报告中结果会带有偏见。

第四个研究假设包含研究背后的目的和原因。大多数学术研究者是从对人类某些行为的好奇开始其研究的，即好奇心驱使他们研究。但是透过兴趣的表面，我们会发现其他目的或动机也开始发挥作用。从个人角度而言，研究者可能是为了名声或者金钱。从其他角度来看，研究者可能认为其研究结果可以解决社会问题 8
或者建立一套更为新颖的人类互动理论模式。我们将在第二章中看到，如果研究者的研究对社会有正确的描述，或者对人类行为有正确的解释，他们往往会感到满足。并且，如果他们的理论能解释或者预言某种行为，他们就会认为这更能体现出他们研究的价值。

有一些研究者受到急于寻找特定问题答案的公司或基金资助，他们可能会发现比起赞助单位的需求和动机，他们自己的研究动机反而落到次要地位了。

第五个假设仅仅是问题的某些方面比其他方面更重要，并且存在观察人类传播的最佳角度。可以通过早期的电信式人类传播模式大概地理解这个假设（Shannon & Weaver，1949）。鉴于人类传播的复杂性，这是一种过于简单的模型，但它确实识别了任何人际交互过程中的关键因素：

- 信源——内容的提供者或者发起者；
- 消息或者信息——传播的内容；
- 渠道或者媒介——传播内容的工具，如社交媒体；
- 接收者——信息的接收者或消费者；
- 噪音——额外的信息或者可以破坏交流的物理噪音。

很明显，在人类生活中，传播变得越来越复杂。在小组讨论中，信源或者接收者可以互换。噪音在某种场合可能是有用的信息，但是在其他场合就难说了。尽管如此，这一信源—信息—渠道—接收者的基本模式，确实指出了人类互动研究的一些主要切入点。

举例来说，在这个模式的第一个环节中，主要的研究方面为信源的可靠性。比如，一位辅导员凭什么比其他人更可靠？或者一位政治候选人为什么会比其他人得到更多的支持？“信息”环节会引发一系列关于传播内容的问题，比如，如何最好地向普通大众阐释复杂的科学信息？在“渠道”环节提出的问题有关过程对人类行为的影响，比如，对学生而言，在什么情况下，他们会更偏好面对面的授课而不是在线学习？或者当复杂的信息内容减少到 140 个字符时，受众的理解是否会发生变化？通常，在“受众”环节提出的问题是关于人口统计学、文化和民族心理特征如何影响人们对信息的理解、与他人打交道的意愿和对有说服力信息的接受程度的。

你可能已经发现，任何一个环节都不能单独地进行研究。接收者和传播者的角色在很多互动中相互转化。在广告研究中，接收者的特征会影响信息内容和传播渠道的选择。在传播过程中，研究者通常会发现某个环节比其他环节更有趣，在他的研究中会优先选择这个部分。

我们将在第二章讨论如何将假设和困境融入研究的决策中。现在，我们知道每一位研究者要想继续他的研究，都会基于那些通常具有争议的假设、问题和方法。通过示例的方式，让我们看一下研究者们是怎样从一则广告获取传播内容的。

9 》研究的可能性：我们能用一则广告做什么？

我们来探讨一种假设为 X 系列产品的广告。尽管我们首要关注的是广告的内容，但是我们发现有很多可行的研究方法。

下面这种吆喝常用于出售各种产品，为各种生活方式服务（只需要用其他词语替代“医生”“头痛”和“生活压力”，看看有多少产品可以出售）。

10 位医生中有 9 位会推荐 X 系列产品治疗源于生活压力的头痛。

广告传播的目的是有针对性的，通常用来刺激消费者购买产品或服务的欲望。传播学研究者们可能会乐意回答这个过程中的很多问题：这则广告到底起没起作用？它是怎样起作用的？为什么它会起作用？广告维护谁的利益？媒介自身（广播、杂志、电视、报纸、网络）对怎样理解内容有影响吗？下面介绍几种评估广告的方法。请参见本章后面的“研究样本”部分，这是将这些方法应用于现实生活的三个真实例子。

广告有何作用？

本质上，这是关于信息接收者的问题。我们想了解他们接触信息后做了什么、感受如何。应用传播学研究者们和广告主管们想知道，在广告播出后，有多少人购买了 X 系列产品。这个问题不容易回答。显然，在广告活动开始后，制造商会知道售出了多少产品。如果销售额上升，就能假设广告是有效果的吗？不一定。当销售额上升时，在排除其他促使销售额上升的可能性之后，我们才可以得出广告有效果的结论。

评估广告效果的一种方法是采用科学途径。**科学方法**有两个特征：观察（或经验主义，如第二章所述）和排除其他解释的尝试。从科学的角度，我们会检测到广告时间的长度、空间的广度以及销售额，然后寻找其中的关系。我们希望看到的是：随着广告数量的增加，销售业绩不断上升。但是，我们必须确保我们观察到的任何一次销售高峰都与广告有关，而不是精神压力导致的广泛爆发，是与零售商出售产品有关，也就是与新的宣传广告有关。我们在推出新广告之前，会评估旧广告是否还有效。在我们假设引起销售额猛增的原因只有广告之前，需要排除任何其他可能引起销售高峰的原因。

读者和观众能告诉我们什么？

这个问题也侧重于信息接收者，但是强调的是理解人类行为的原因。确定了广告能提升销售业绩，却无法解释它使业绩增加的原因。解决这个问题的首要办法是组织**调查**，询问消费者的问题要基于对广告有效性的揣摩，例如，明星 10
代言人、动画是如何显示产品对胃部具有更加温和的效果的？以及医生的建议是怎样的？

在一则广告发布之前，广告公司为了提前知晓广告可能带来的最大收益，都会问这类问题。当然，消费者对广告重要性的理解可能完全不同，例如，他们可能会认为悦耳的声音才是真正吸引他们注意力的地方。因此，捕捉人们的语言以及询问你认为重要的问题很重要。

对于公共舆论的研究，调查一般只针对研究者认为重要的问题，利用焦点小组来捕捉消费者认为重要的意见。调查者们在调查预先确定的人群时，通过使用手机、电子邮件、网络和采访等方式提出一连串特别设定的问题。焦点小组的工作方式是招募 6～12 个人，要求他们讨论对一则广告、一个问题或者一件产品的感受。

焦点小组的核心技巧是倾听他人的谈话，目的是捕捉他人对自己语言的反应。调查法通常得出的是**量化的**结果（比如，48%的人不喜欢代言人）；焦点小组通常得出的是**质化的**结果，因为他们记录的是人们的谈话（比如，我真的不喜欢这个代言人，因为……）。如后面的章节所述，调查法和焦点小组有各自的优势和局限。

内容能告诉我们什么？

很明显，这个问题关注的是信息内容。到目前为止，我们已经用大量的篇幅分析了消费者对X系列产品广告的反应，但是我们能从广告内容的本身了解到什么？研究媒介内容有很多角度，包括修辞、内容分析和批判理论。这些角度对于媒体内容有共同的诉求，但是由于不同的原因会选择不同的路径。

本质上，修辞学家感兴趣的是广告用于说服消费者使用产品的**诉求**。例如，在我们假设的广告中明显有两个诉求：一个是医生作为行业权威的诉求，另一个是数量诉求，“9/10”意味着几乎所有医生都认可这个产品。正如这种广告一般显示的那样，一个“寻常的”消费者，在一个“普通”的工作或家庭环境中使用这个产品，我们也许会进一步辨认出一个诉求，那就是“和我们一样的人”都在使用这个产品，如果“成千上万的人都在使用这个产品”，那么这个产品就没有问题。

修辞学家运用亚里士多德（公元前384—前322）的理论，可以根据**逻辑**寻找诉求，在这样的逻辑中，“病痛＋药＝解决问题”；或**气质**（特征），本案例中医生的可信度；或**情感**，本案例中头痛消除后的轻松与愉悦。

肯尼斯·伯克（Kenneth Burke），20世纪一位用**戏剧主义**分析人类传播的理论家提供了一组可供分析的问题，这些问题主要是：“什么是表演？什么是场景？什么是演员？以及表演的目的是什么？”借用伯克的问题，我们可以从两个层次分析广告。就广告的内容，我们可以描述广告的内部设置、其中的人物，以及一个人被X系列产品治愈的迷你剧。或者在一个更广泛的语境下，我们可以认为场景就是媒体广告，参与者是消费者、制药公司和广告商，剧本内容是其中一个消费者变成了X系列产品的忠实用户，目的是X系列产品生产商的财务健康。

用修辞学方法研究广告内容基本上是质的研究，其分析的是语言的运用。

相反，**内容分析**是一种量化方法，分析的是媒介内容的量。例如，看到一系列制药广告，内容分析者可能会基于他们的研究兴趣建构类目。在广告中，这样的两个兴趣点可能表现为广告中的性别和其中的病症。在第一个案例中，男性和女性
11 的分类依据可以是职业，如医生、管家、运动员、秘书、售货员、科学家等。分析者会

计算广告中每种职业里男性和女性出现的次数，并对此进行比较。他们也可以把所得结果与来自人口普查数据已知的职业分布数据进行比较。他们可能会得出结论：女性过多地被塑造成售货员，较少被塑造成医生。这不仅与药品广告中的男性一致，也与众所周知的职场中的性别分布一致。

同样地，分析师如果统计他们发现的全部特殊的健康问题，也许会根据出现**频率**对上面提及的健康问题进行排序，然后得出结论：在广告呈现的世界里，大多数人会感到腰部疼痛，一部分人会有不规律性牙痛，而且大多数人都面临着压力。随后，他们会把广告世界的情况与国家健康数据库里的真实情况做比较。

批判性分析的工作源于传播是维护和促进社会的权力结构这一基本假设。本质上，研究的中心是信源和接收者之间明示或者暗示的关系，而不是传播过程中的某一部分。批判分析者会以此为基础提出问题："广告是为谁的利益服务的？更具体地说，广告语言和陈述是怎样维护公司、学校或政府的利益的？"不同于内容分析者需要找到明确的和可观察到的内容，批判分析者可能会寻找那些隐含或未说的内容。

批判性分析者可能会发现，与男性相比，X 系列产品广告和其在现实生活中的相似产品更多的是描述和解决女性受到日常健康问题的困扰。我们的内容分析者可能早就得出了这个结论，但是批判分析者的问题就变成了"这些描绘增加了谁的利益？"

这个问题可能有几种答案。很明显，如果广告促使人们购买了产品，金钱就流到了制药公司手中。但是批判性研究者感兴趣的是潜藏在明显的广告诉求中更深层次的信息。这些潜藏的信息可能是什么？

如果女性被塑造成不如男性健康，那么是否就会传达出这样一个微妙信息：女性的社会能力不如男性强？更有甚者，把女性的主要职业定为售货员（正如我们假想的内容分析者所发现的那样），那么这是不是一种意识形态产生的形式？在这种形式中，女性被限定在这样的职业正是因为他们从媒介中认识到女性就是做这些工作的。

另一种不同的解释可能是因为女性容易背痛、牙疼和精神压抑（正如广告想让我们相信的），而 X 系列产品又可以解决这些问题，这样女性为解决这些问题去求助于这种产品就变得理所当然了。

首先，产生这种问题的原因是什么？从批判的观点来看，研究者会认为药品广告运用了一个肤浅的方法去解决一个更深层次的问题。如果女性在社会中有一定地位，能够毫无压力地生活，那么这种特殊的产品就不需要了。还有批判者认为，这样的广告达到了双重目的：它描述了在压力很大的情况下，女性出现这样的情况是正常的，而且提供了解决这种问题的办法，这种办法在之前我们就提到过。导致压力的基本社会条件和不平等现象尚未得到解决。

广告商能告诉我们什么？

这个问题关注的是信源而不是信息接收者、信息或传播媒介。如果我们是一家广告制作公司，能与客户、制片人、导演和作者交流，那么我们对广告的理解会有所增加。假如这样，我们可能偏向于研究如何做出有关内容和生产的决策以及这
12 样做的原因。研究者们感兴趣的是群体的动态，他们可能想知道基本的创意手法是漫长的会议过程中多人智慧的结晶，还是客户的建议或创意总监的指导。研究者们对漫长会议中的决策制定感兴趣，试图逐个采访创意团队的全体成员，并且可能希望获得许可，将创意会议拍摄下来。这些研究可能会让我们深入了解传播如何促进或阻碍创造力、决策制定，以及委托代理的关系，或者职业的传播者怎样构建他们试图触及的消费者形象。

》一系列不可避免的决定

传播学研究者在进行研究时有不同的议题、方法和假设。其中一个原因是人类传播的复杂性。因为每个传媒事件不可能完全被审视或解释，研究者关注的仅仅是整体的一部分，并选择一种使他们感到舒适的方法，无论是方法论还是意识形态。

比如，即使前面的研究方法都关注对制药广告的理解和广告效果，但是研究者们选择具体的研究项目以及做这项研究的原因是有明显差异的。

除了理论的前提，研究者还必须面对有限的时间和资源，且不能在同一时间点出现在不同地方（视频会议除外）。基于研究者们的理论倾向和资源，下面的选择是任何研究者都几乎无法避免的。

研究领域——宽或窄？

由于时间短、话题范围过大，从现实层面来说，我们的研究必须是可获得的并且是可行的。对方法论的偏好除外，传播学者通常把对传播的研究划分为很多特

定的兴趣领域，如表 1.1 所示。这个列表是根据国家传播学协会和国际传播学协会的分类和兴趣领域清单编制的。

表 1.1 传播学研究兴趣领域

应用传播学	传播历史
论证和辩论	传播法律与政治
儿童、青少年与媒介	传播与技术
传播焦虑与回避	批判文化研究
传播伦理	环境传播
传播与未来	民族和种族
家庭传播	非语言传播
女性主义研究	组织传播
言论自由	和平与冲突研究
游戏研究	表演研究
同性恋、双性恋和跨性别研究	传播哲学
全球传播和社会变迁	政治传播
群体传播	通俗传播
健康传播	公共言论
信息系统	公共关系
教学与发展传播	修辞学
跨群体传播	符号学
国际和跨文化传播	精神传播
人际传播	戏剧
新闻学研究	培训与发展
语言与社会互动	视觉传播研究
大众传播	

13

研究者——冷静旁观还是热情参与？

研究人员应该在多大程度上参与到人类受试者的活动中？科学惯例是重视客观和冷静的观察。令人满意的新发现、新理论的发展以及确证或推倒已有的理论是对研究者的回报。

相反，**行动研究**是专门以提高人们生活水平为目的的研究。科学传统主张与研究对象保持距离，但为了提高人们的生活水平，行动研究一般要求研究者密切和他们生活在一起。一个学派把研究视为对知识的追求，而另一个学派则把研究视为对建设更好社会的贡献。在这二者中，研究者们的行为都是有伦理意蕴的，我们会在第三章详细论述。

方法——客观还是主观？

研究能做到客观吗？通常情况下，科学方法从属于一个概念，即外部“真实”的世界是可以被观察和理解的，这一概念得到了学者们的一致认同。**社会科学家**把这个假设带入人类互动研究。比如，他们假设所有的人都是聪明和忠诚的，并且能客观地被一种运用广泛并且可以预测人类行为的仪器检测。

相反，现象学家和人类学家试着理解人类的主观世界。他们从**诠释视角**去理解人类是怎样理解和解释他们生活中的事件的。他们假设“聪明”和“忠诚”仅仅是
14 概念，而且这些概念仅是针对研究对象的主观定义。这样的概念因研究者的文化和个人的认知不同而不同。例如，像握手、接吻、拥抱等简单的人类行为都可能由于文化的不同而有不同的含义。现象学家能观察到一种行为，比如接吻，但是他们真正想知道的是这一行为对个人的意义究竟是什么。没有这种行为具有普遍意义的假设。

样本——大还是小？

为了得出一个传播现象的精确描述，你需要和多少人交谈？公共舆论研究者可以回答这个问题。在美国，为了得到一个精确的成人公共舆论的数据，你需要随机选取 1,200 人——只要你能容忍 3%左右的错误偏差。

“确实如此”，小样本组的人可能会回答，“但统计给你的只有数字和知识，而不是理解。针对成千上万受到天气、艾滋病和经济滑坡影响的人的调查比对某个家庭深度访谈，更能让我们理解人们怎样对事件进行传播吗？你知道发生了什么事，但是你不知道人们会如何解释它或人们对它的感受是什么样的。这就是为什么在某些情况下，采访一个固定的小群体比采访上千人的群体能给我们更好的答案。”

数据——量化还是质化?

人类是一种会讲故事的动物还是会计数的动物，抑或二者都是?

数据是很重要的，毕竟它们是民主委员会做决策的依据。统计投票，得票多者获胜。尽管终极真理永远无法获得，但很多研究者都认为大多数研究者相信的就是当前“最好的”真理。数据与统计对科学方法非常重要。统计和数据方法不仅仅是这类方法的一部分，而且某项特定发现的研究人员数量也有助于揭示发现的真相。

对人的主体性、动机和审美感兴趣的研究者则会说，人际吸引的复杂性和微妙性、对现代艺术的反应，或对媒介的批判性理解，都不能单纯地依靠数据进行描述。只有倾听了研究者和参与者讲述的故事后，才能很好地理解“真理”。

上述一些非此即彼的区别都是很模糊的。比如，一个充满激情的研究者可能会运用客观的研究方法去研究一个问题。以上观点有助于你选择研究的方法。事实上，很多看似对立的东西是交融在一起的。最明显的就是**三角测量法**，这种方法可以向研究者们提供多个视角以保证他们能很好地解决问题。

例如，在理解家庭生活如何与电视观看互动时，研究者可能会就他对电视的使用和态度调查几个家庭，再对其中一部分家庭成员进行深度调研。研究者可能会和家庭成员一起看电视，运用内容分析法对电视内容进行分析，研究电视内容如何影响家庭成员的交流，反之亦然。在投放广告之前，广告高管经常会成立专案小组对广告进行预测或**试映**，然后才投放，并通过大规模的调查来评估结果。

例如**Q-方法论**，它假设受众主体的世界观是有趣的，并且结合该研究的重点与定量计算方法来统计和评估这些意见。

报告——主观还是客观? 15

正因为有很多不同的研究方法，所以研究报告的写作也呈现出很多不同的方式。那些对解释人类内心世界感兴趣的研究者们，更倾向于使用**民族方法学**和**现象学**的定性语言。他们做报告时运用的常常是信息提供者的话语。相反，社会科学研究者主要用数字来报告和解释他们收集到的数据。

主观的研究者写报告时可能毫无掩饰地使用“我”，比如，“我和托马斯以及他的两个孩子一起生活了三个月，我们结成了一个温暖的社会纽带，我们一起吃饭，一起看电影，互送节日礼物”。客观的研究者们会运用一些中性的词语或者一些与叙述者拉开距离的词语来写研究报告，比如，“受试者被录像，他们的面部表情随后被用于分析视觉刺激带来的变化”。对这种风格持批评态度的人士指出，这样一种冷静的风格本身就是有说服力的策略，旨在说服读者相信研究者。

带有主观性参与的研究人员认为，将个人经验和反应包括进来能提高报告的可信度和质量。我们接近“真相，整个真相，只要真相”。而冷静的研究者相信，没有情绪和价值判断的“无污染”的客观报道，可以使可信度最大化（这或许忽略了这种写作风格本身就是一种价值判断）。

研究和研究报告都是由学科标准和期望、道德决策，以及个人动机构成的传播活动。正如批评理论家指出的那样，已发表的主题研究带有关于什么是热点的研究课题、什么是主流的方法、谁是当下之星的“元信息”。

事实上，研究在多个层面上有争辩性内容并不一定是有害的。发表研究的学术期刊反映了有关研究的持续讨论。紧随其后的是反馈、评论和其他改变我们思维的研究。你可以把传播学杂志中的文章（有一些罗列在本章的最后）作为研究人员之间的全球性对话，作者们为更好地理理解人类传播进行了持续探究。

》提出问题、解决问题、说服同行

借用生物科学的一个模式，传播学研究可以分为三个主要部分：提出问题、解决问题、说服同行。

提出问题

研究问题不会提前出现，你必须设定问题是什么，这可能是研究过程中最难的部分。一旦确定了研究问题，研究的剩余部分就显得水到渠成了。确定问题涉及个人对研究选题的兴趣、研究的可行性，以及有形的和无形的回馈，是一个切身的过程。本章前面的三个互动说明了提出问题的第一步也是最普遍的步骤。在第二章，我们将探讨将普遍性问题和观察转化为具体的研究问题与假设的重要过程。

解决问题 16

问题已经提出，我们接下来要面对的是如何得到最好的答案，这是本书最主要的内容。但是，解决问题不只是选择研究方法和使用方法。当研究方法被证明不恰当时，可能需要对方法进行修正。在解决"真正"的问题之前，你会发现很多其他亟待解决的新问题，或者当某个突破性研究的发表带给你一整套全新的研究思路时，你将开启崭新的研究。

说服同行

如果无人知晓，那么你的研究是毫无意义的。必须将研究所得出版（书面的、公开的）才能让其他人从中获益。学术出版是一个劝说的过程。你必须说服杂志或者出版社的编辑和评论者，让他们相信你研究的项目非常有意义、结果非常有价值。如果你想要你的研究得到认可，同样也需要说服读者。出版是一个说服和论证的过程，尽管它使用的是学术语言并以电子和纸质形式呈现。

如果想在学术杂志上发表，你的研究报告常常会经历一个同行评审的过程。在这个过程中，与你同一领域的人会对你的研究进行评估，并在文章发表前提出一些修改意见。（关于同行评审的更多内容，请参阅第四章和第十四章。）对研究者而言，这个过程是痛苦且耗时的，但是研究的进展在于挑战和检验先前的观点，并且这些挑战仅仅是"研究作为对话"的一部分。关于传播的论断必须站得住脚才能被接受。在传播学的辩论中，出版物尤其能让你进入关于传播以及如何最好地研究它的情境中。

新闻不时地提醒我们，研究人员很容易出错和出现伦理问题。出版和同行的评阅也是一种研究伦理监督，这是第三章的一个话题。

研究人员越来越多地意识到，关于研究结果的沟通远不止对同行的说服。如果研究是由政府机构、公司或基金资助的，这就要求有一个研究结论和解释去迎合政客、部门经理、董事会、新媒体和利益集团的利益。这就意味着在现实中，研究报告可以是长达十年关于社交媒体多达数卷的研究结果，也可以是一行推文。在第十四章中，你可以找到一些关于研究报告写作的传统规范。

在本书的一开始我们就提出了一个命题，那就是传播学研究不可避免地涉及伦理讨论。在本书第三章我们会提出一种关于伦理决策的理解，你可能会面对和研究者一样的问题。你应该认真思考每一个伦理问题，因为当你自己做研究时，它们可能是你面对的最棘手的问题。

17 **伦理专栏**

健康传播的困境

糖尿病是一个迫在眉睫的公共健康问题(Kleinfield,2006)。公共医疗卫生机构想找到最好的方法帮助人们认识这一问题，以便人们可以采取预防措施以及在被诊断为糖尿病患者时有处理方法。

为此，该机构雇用了你的调研公司，以了解如何最好地将糖尿病的信息公之于众。你决定进行三组实验：在A地，人们通过传统的大众媒体(报纸、电视、广播)接收关于糖尿病的信息；在B地，人们通过社区的会议、咨询，或在他们的工作场所交流等人际传播方式了解糖尿病；在C地，人们不会接触到任何关于糖尿病的信息，因为你需要一个"标准"去检验你对A地和B地的假设是否有效。研究的最后，你可能会得出一个有效的传播计划。

问题

- 如果不向C地的人们提供任何可能挽救生命的信息，将会产生什么伦理问题(如果有的话)？

》研究样本：医药广告的三种观点

前面我们已经看到针对医药广告几种假设可能的研究方法。以下有关医药广告的大量研究文献采用了三种不同的方法，并体现了这一研究可能涉及的广度。请注意，虽然这三种研究方法都是内容分析，但是研究的最终目的却有很大的差异。请审视这些研究在目的和题设方面的差异。

第一种(Main,Argo,& Huhmann,2004)通过检测医药广告来确定有说服力的内容比例。第二种(Chapman,1979)基本上以批判的眼光讨论医药广告容易产生刻板印象，尤其是将女性刻画为家庭主妇。第三种(Bell,Wilkes,& Kravitz,2000)运用内容分析得到的研究结论主张改变政策，即增加医药广告信息量，如有必要可强制要求。

内容分析:描述性视角

Main,K. J. ,Argo,J. J. ,& Huhmann,B. A. (2004). Pharmaceutical advertising in the USA:Information or influence? *International Journal of Advertising*, 23(1),119-142.

在这项研究中,作者关注医药广告的促销部分,即不含监管部门所要求的那部分内容。他们的目的是审视这些促销部分是否将关于健康问题、治疗方案和医疗科学进步的实际信息和理性论点提供给消费者。他们运用内容分析法对处方药、非处方药以及膳食补充剂的广告进行对比。他们发现处方药广告不仅仅是简单地 18
依赖于理性的诉求,而且与非处方药和膳食补充剂相比,它们运用了更多的感性诉求。同时,他们还发现处方药广告的特点是,女性形象少于男性,且多是 18 岁以下的年轻人,而且以白种人模特为主。

内容分析:批判性视角

Chapman,S. (1979). Advertising and psychotropic drugs:The place of myth in ideological reproduction. *Social Science and Medicine*,13(A),751-764.

查普曼(Chapman)研究的也是广告内容,但使用的是批判的视角。他认为,广告时间和可利用的空间之有限意味着广告将浓缩象征符号和意向。他们会截断关于一种产品或一个想法的全部信息。这不仅对生产刻板印象有影响,而且使公众对于信息的了解减少。查普曼关于医药广告的研究表明,女性角色被局限于家庭主妇,从而延续了女性作为家庭主妇的刻板印象。

内容分析:政策性视角

Bell,R. A. ,Wilkes,M. S. ,& Kravitz,R. L. (2000). The educational value of consumer-targeted prescription drug print advertising. *Journal of Family Practice*,49(12),1092-1098.

通常,处方药广告基于广告能给公众普及医疗知识和辅助医疗这一功能。贝尔(Bell)、威尔克斯(Wilkes)和克拉维茨(Kravitz)对处方药广告进行了内容分析,验证了这一论断是否真实。

他们收集了 18 家流行杂志 1989—1998 年的广告。两位编码员独立分析了 320 则广告中的 101 种药的品牌，观察这些广告里面是否有关于其治疗效果和使用注意事项的信息，比如药物的提炼是否与治疗有关。

他们发现，几乎所有的广告都提及了所推广药物治疗的疾病的名称，并提供了关于症状的信息。但很少有广告提及疾病的初期症候，也没有澄清关于症状的误解。广告很少提及药物的原理、成功率、治疗时间和替代疗法，或者病人可能出现的反应。

总的来说，作者认为处方药广告满足了消费者的信息需求。从他们的研究出发，他们能够提出提高处方药广告教育价值的策略，并且认为医学界应该对制药公司施加压力，如果有必要，可以采取法律途径，让他们在广告中增加关于药物使用条件和治疗的信息。

本章要点

本章介绍了学者们关于传播学研究的思考、他们的主要研究领域和研究方法，概括地说，有以下要点：

- 传播学研究是一个系统的过程，这个过程包括提出关于人类传播的问题、设计和完善解决这些问题的研究，并说服其他研究者你的研究结论是有效的。
19
- 传播学研究者只专注于传播学的某个方面。
- 研究者可能运用质化研究或量化研究，或者二者相结合。
- 研究者采用经验主义视角、阐释视角和批判视角研究传播。

重要术语

行动研究
诉求
内容分析
批判分析
戏剧主义
民族方法
气质
频率
阐释视角
逻辑
情感
现象学
试点
Q-方法论
质化
量化
研究问题
修辞学家
科学研究方法
社会科学家
调查法
三角测量法

应用练习

每章最后部分的应用练习是你可以做的准备活动或者心理实验，并且有助于你在实践中理解这一章的主旨。例如，接下来的应用练习会帮助你完善你的研究兴趣点。第一组练习是基于本章一开始的学生互动，接下来的研究方法和思考部分不会涉及这一内容。

除了简单地寻找你感兴趣的主题领域和问题之外，还有更多需要研究的。比如，你必须选择一种研究方法或者方法论，使用这种方法论你能够收集到数据，用来回答你的研究问题。下面是一些普通的研究方法论，你可能会用这些方法论去回答本章开始部分学生互动的研究问题。

● 观察：通过近距离地接触这些伙伴或小组，你可以记录他们的言行。你也可以加入其中（如果他们允许），更近距离地观察。

● 采访：针对工作和关系的问题，你可以逐个采访他们，也可以采用群体采访的形式。

● 调查：你可以要求该组成员单独完成一份问卷调查，要求他们排列在关系中对他们来说重要的东西。

● 实验：你可以设置一些实验去比较人们在不同环境下的观点和行为。比如，你可以问一组成员对广告中性诉求的反应，而问另一组成员对同一广告中恐惧诉求的反应。

● 内容分析：有些研究完全可以不需要人的参与。例如，你可以观察广告的内容并记录下每种广告的诉求，以了解哪种是最常用的。

● 多重方法：通常前面的方法要一起使用才能达到最好的效果。比如，你可以记录咖啡广告中的诉求，在布莱恩看美食片时与他讨论，并与一群人讨论广告以了解他们对广告诉求是否有同样的感觉。

所有这些都是有效的研究方法，但是为了选择一种能提供最可靠和最完整的 20
数据的方法，研究者必须考虑每种方法的积极性和消极性。比如，根据之前的对话，你可能会思考以下几个问题：

● 如果你采访这一对或者一个组的成员，他们是不是只会告诉你他们想让别人听到的？如果你逐个采访他们是否会更好？

● 如果不是面对面地采访，个人调查是否会给你更加诚实的答案？如果填写问卷有时间限制，是否意味着你会得到更少的答案？

● 私下交流会产生伦理问题吗？如果是那样，你是不是应该介绍你自己或者征询小组的同意？你的出现会改变讨论的实质吗？

练习 1：发现研究问题

在本章的前面部分，在一个学校的咖啡馆里，我们看到了学生的三组互动交流。在前两个互动中，我们根据研究者的概要再现了对话和一些互动问题。

在第三个互动中，我们把研究问题留给你，这些问题要尽可能涉及媒体。请不设限地广泛思考。毫无疑问，在这个阶段你思考的任何问题都有意义。思考很可能是点燃你研究兴趣的火花。

练习 2：人际吸引

描述一下你是怎样研究人际吸引的。是什么能让你预测第一个互动中的两人是情侣？他们的关系会一直这样持续下去吗？

练习 3：群体表现

看看第二个互动中的讨论，你会研究什么，以及怎样研究，从而决定这个小组在决策制定上是否有效率？

推荐阅读

访问校园图书馆的目录你可以发现，传播学研究有很多可利用的图书和杂志。从行政管理理论到女性研究，大量的杂志都有可能涉及人类传播。下面是几个重要的期刊。在第四章，我们将提供一些相关信息以及有针对性的阅读。

普通期刊

《传播学专论》(*Communication Monographs*)

《传播学研究报告》(*Communication Research Reports*)

《人类传播学研究》(*Human Communication Research*)

《应用传播学研究杂志》(*Journal of Applied Communication Research*)

《话语季刊》(*Quarterly Journal of Speech*)

群体传播类期刊

《群体和组织管理》(*Group and Organization Management*)

《群体动力：理论、研究和实践》(*Group Dynamics：Theory，Research and Practice*)

21 《人际关系》(*Human Relations*)

《小群体研究》(*Small Group Research*)

人际传播类期刊

《应用心理学杂志》(*Journal of Applied Psychology*)

《家庭传播杂志》(*Journal of Family Communication*)

《个性研究杂志》(*Journal of Research in Personality*)

《社会与人际关系杂志》(*Journal of Social and Personal Relationships*)

大众传播类期刊

《大众传播的批判研究》(*Critical Studies in Media Communication*)

《公共关系研究期刊》(*Journal of Public Relations Research*)

《新闻与大众传播季刊》(*Journalism and Mass Communication Quarterly*)

《影视评论季刊》(*Quarterly Review of Film and Video*)

组织传播类期刊

《管理学会评论》(*Academy of Management Review*)

《管理科学季刊》(*Administrative Science Quarterly*)

《商务传播季刊》(*Business Communication Quarterly*)

《管理传播季刊》(*Management Communication Quarterly*)

推荐网络资源

新闻与大众传播学教育协会(AEJMC):www. aejmc. org

加拿大传播学协会:www. acc-cca. ca

格拉斯哥大学人类传播学研究中心:www. hcrc. ed. ac. uk

国际传播学协会(ICA):www. icahdq. org

国内传播学协会(NCA): www. natcom. org

确定人类传播学研究的边界是很难的,同时也是个有争议的话题。在美国学术协会中,国际传播学协会、国内传播学协会以及新闻与大众传播学教育协会是致力于研究传播学的三个协会。在"传播学伞"的指引下,上面的网站会提供给你很多专业领域的研究思路。而格拉斯哥大学网站有很多研究机构,在这里传播学研究正在被计算机、哲学、心理学和语言学研究融合并概念化。

参考文献

BioQUEST. (n. d.). *3p's approach to science education: Problem-posing, problem-solving and peer persuasion*. Retrieved from http://bioquest. org/the-3-peas-concept.

Kleinfield, N. R. (2006, January 9). Bad blood: Diabetes and its awful toll quietly emerge as a crisis. *The New York Times*. Retrieved from http://www. nytimes. com.

Shannon, C. W., & Weaver, W. (1949). *The Mathematical theory of communication*. Urbana: University of Illinois Press.

22

学习网站

访问学习网址 **www. sagepub. com/treadwell2e**，可获取以下资料：

- 网络资源；
- 推荐阅读；
- 电子抽认卡；
- 研究问题。

第二章 / 初始决定

First Decisions

是什么、为什么、怎么样?

What, Why, How?

在我看来,我们所需要的是在两个相互冲突的需求之间寻求精准的平衡:持最审慎的态度去审视我们遇到的所有假设,同时对新观点保持开放的心态。

——卡尔·萨根(1934—1996)

本章概览

对于新手来说,“怎样启动研究”可能是最难的。正如我们在第一章介绍的,问题是我们有太多可能的切入点。试想,从平日的谈话中就可以概括出多少问题?当然,这也是好事情。研究问题确实存在于我们身边,发现你感兴趣的问题是一个良好的开始。你甚至可能对如何回答这些问题有很好的想法,尤其是等你读完本书后面的几章内容。

本章主要讲述如何从那些一般性问题引出更具体的问题,怎样设计合适的研究以得到可信的答案,并为人类传播这一知识领域增添新的内容。从普通的问题过渡到专业的研究和假设是一个过程。假设可以引导一个有计划、结构化和可辩论的活动,这些活动可以帮助你收集、分析和解释数据。合适的研究方法能够最好地匹配你的人类传播理论和你打算收集的数据。每一个研究项目背后都是你无法逃避的关于人类传播和研究本质的假设和初始决定。

本章要讨论一些假设和一些支撑传播学研究的基本切入点,并在最后讨论如何表述我们期望得到答案的问题。

开篇问题

- 我可不可以在没有明确目的的情况下开始一项研究？
- 我所研究的课题必须要有理论依托吗？
- 是不是某些研究方法比其他的研究方法更好？
- 作为一位研究者，我的立场会改变我的研究内容吗？
- 我能对人类传播进行一般性总结吗？
- 研究结果可能是确凿无疑的吗？

24

》从"是什么"问题开始：观点和观察

研究之初，最明显的问题是"我要研究什么？"

仅仅听滚石乐队的《将我启动》（*Start Me Up*）可能没有多大帮助，除非你对摇滚音乐感兴趣。但是，在摇滚音乐中的传播学现象，个人行为、集体动态、广告、新闻报道和虚拟现实都发生在我们身边。所以好的切入点就是观察你感兴趣的传播学现象。

"传播学"是一把大伞，在这把大伞下可以找到很多研究兴趣。正如第一章提到的，某些传播学者可能在媒体传播、组织传播、群体传播或者人际传播领域擅长，但是其他一些人超越了这些兴趣领域，对修辞学和辩论更感兴趣。你的职业兴趣和学术选修课可能会使你走向一个你感兴趣的领域。通过观察本章最后列出的学术传播学组织的网站和回顾第一章表 1.1 中的传播学研究兴趣领域，你可能会找到一个具体的研究领域。

阅读相关的学术文章是必需的。请参阅第四章有关研究一开始最重要的切入点之一——学术图书馆的讨论。通常情况下，新闻、漫无目的的观察或者职业兴趣可能会激发我们的研究兴趣。例如，下面这个学术研究可能就源自一个随意的问题："人们为什么要使用交友网站？"

Kang, T., & Hoffman, L. H. (2011). Why would you decide to use an online dating site? Factors that lead to online dating. *Communication Research Reports*, 28(3), 205-213.

接下来的学术研究可能聚焦于一次看似随意的观察，即一位英俊的政客似乎能得到更多的电视曝光。

Waismel-Manor, I., & Tsfati, Y. (2011). Why do better-looking members of Congress receive more television coverage? *Political Communication*, 28(4), 440-463.

虽然大众新闻、娱乐媒体、重大事件再加上自己的观察可能会激发一种研究兴趣，但是学术图书馆依然会给你提供最好的研究案例，这些案例基于严谨、系统的观察和适当的测试方法，并由其他研究人员在发表前进行审查。正如第四章所述，你在学术资料库发现的学术文章会提供给你正确的方法，指出其他相关的文章，帮助你检验你的研究是否能产生一种新的理解或者仅仅是“再次发明车轮”。

如果没有证据的支持就提出传播学理论或者一般论断是不行的。所以，研究者们要平衡理论和观察这二者的关系。他们可能会从一个理论出发，而这一理论需要通过观察来验证，抑或他们要用观察的方式来建构或重建一个理论。将观察和理论联系起来的三个思考过程分别为归纳、演绎和溯因法。

归纳

归纳是从观察推导理论，这个理论可以用来解释你的观察。回顾第一章，我们观察了喝咖啡和社交的学生。作为一位观察者，你可能会对这种传播行为做如下的记录：

- 性别集群——男生更喜欢和男生坐在一起，而女生也趋向和女生坐在一起。
- 等级区别——高年级学生比低年级学生更多地在咖啡馆进行社交。

哪些理论可以解释这种观察？你可能会想出几个。根据你对性别集群的观 25
察，你可以推论：

- 同性之间的交流比异性之间的交流让人感觉更舒服。
- 在上课时，男生之间的合作比男女合作有更多的默契，反之亦然。
- 由于男女生宿舍分开，男生和女生早已形成了各自的社会群体。

根据你对等级分类的观察，你可以推论：

- 高年级学生更可能有做兼职、获得助学金和奖学金的机会，从而可以支付得起应酬和喝咖啡的花费。
- 高年级学生更多住在校外，完成项目唯一的办法是在校园里和其他小组成员聚集讨论。
- 高年级学生更紧张，因为临近毕业，急需和朋友一起放松放松。

得出这样几个结论后，你就可以设计你的研究了。这些研究可以帮助你选择能够最好地解释上述现象的理论。

演绎

演绎是从理论出发去寻找用于鉴定该理论的观察。比如，你可能有一些理由推论女生比男生更有可能去讨论成绩和学术表现。然后，你可能会设计一个研究，去捕获可以证明这个观点的现象。如果是那样的话，你的研究就会涉及记录男生和女生的对话，记录每个小组说的某些词语的次数，比如“成绩”“平均分”或“作业量”。如果你能发现在女生的对话中，这些词语出现的频率比在男生的对话中高，你的观点将得到验证，但要小心两个“不确定因素”。

首先，如果你想进行普遍的陈述——女生讨论她们学术成就的频率比男生更高，那么你必须确认这个描述对所有的女生都适用，而不只限于你所观察的小组。其次，如果你想确认你所观察的结果在任何时候都成立，而不只是在你观察的时候，这时合适的取样就可以帮助你（参见第八章）。

在某种程度上，演绎比归纳更有效率，因为它会引向一个特殊的、可以验证你的**假设**的观察——你希望发现的关系的陈述。通过归纳，你可以进一步从你观察所得的众多可能的理论中选择正确的理论。归纳要求你有足够多的观察去支持你的结论，以及你能够排除从观察中得出的其他结论。

溯因法

在研究的语境中，**溯因法**讲的不是被来自佐格星球的外星人绑架，而是从一些可能产生影响的原因中推论出来。比如，许多孩子聚集在学校的咖啡馆是不寻常的现象，但是如果大学的教职人员是在参加一个“带着你的孩子来上班”的活动，那就显得非常合理了。在推论中，你的起点是结果，从这个结果中你可以推论出可能
26 的原因。比如，你的研究课题可以是确定校园里是否有可以解释你的观察的事情，或者是否有其他的事情可以更好地解释你的观察。

》从“为什么”问题开始：目标和价值

“为什么研究？”可能是一个更有哲学性的切入点。大多数学者最终是因为好

奇,更专业地说,是被理解人类传播的渴望所激发。研究的具体"原因"可以和人类活动的各种动机一样丰富多彩,每一种研究都有一定的目的,不论是热衷于验证一个复杂的理论概念还是想在研究课程中取得高分。来自同侪的压力、自尊心或金钱激励都有可能成为研究者的动力。

总之,研究者有几种研究目的:探索、描述、阐释、预测、控制、解释和批判。

探索

探索是以好奇心为基础的研究。好奇心可能会将你引入无人之境,但那也无妨。你探求新知的好奇心令人赞赏。良好的开始就是瞄准文献研究,和志同道合的人讨论你的兴趣点和最初的观察。

"我想知道为什么两个宿舍的人会有不同的生活习惯"或者"学生们不再和以前那样经常看电视直播"可能分别是你对组织文化和媒介研究的开始。

通常情况下,探索研究的结果是描述你感兴趣的领域。描述可以是量化的,也可以是质化的。比如,根据对学生小组的观察和调查,我们可以运用统计学知识进行归纳,统计他们的性别、专业、年级、饮料的选择、谈论的话题或者校园地址。但是这个研究也可以是质化的研究,因为我们要采访每一个人,引用学生的话语做报告,学生的特质是什么、社交的特征是什么,或者好的咖啡馆气氛是怎样有利于他们进行社交和完成任务的。

下面是两个宽泛的研究问题,这些问题可能来自研究者对学生行为和媒介使用的最初探索。在研究的最初阶段,研究者更可能会设计一些宽泛的研究问题而不是具体的假设。具体的假设会随着研究者研究数据的积累而出现,这些研究数据将构成他或她希望发现具体陈述的基础。在本章中我们以 RQ 和 H 分别指代研究问题和假设。

RQ_1:在校园里,不同宿舍的生活有什么差异?

RQ_2:什么原因可以解释学生对电视直播的使用?

描述

描述,特别是对人们丰富多彩生活的描述更能够吸引读者。事实上,检测对人类行为的描述是否精彩的标准就是文章是否具有引人入胜的阅读性。但是,描述往往会让我们想要知道更多，特别是想要知道“为什么”问题的答案。比如，报告说与男生相比，女生可能会更多地讨论她们的成绩或者更喜欢在小组中工作是有益的，但这是为什么呢？

27

阐释

侧重于**阐释**的研究试图解决“为什么”问题。比如，你可能会观察到，相对于男生，下课后可能有更多女生会在喝咖啡时进行社交。随着采访的深入你会发现，住在学校外面的女生比男生多，并且在下课后，完成小组作业最轻松的办法是社交。因此可以从居住状况和更喜欢一起完成作业这两个方面来解释所观察到的主要的女生社交行为。

下面是研究问题和研究假设，这些可以促使研究者将注意力集中在阐释学生的社交行为上。这两方面的用词比前面“探索”中的问题更具体。探索性的问题必然是宽泛的，而阐释研究将在研究开始前提出可能的解释，如下所示：

RQ_1：学生校园生活的模式与学生的身份有关系吗？

H_1：女生和男生在语言上的差异可以解释他们不同的社会行为。

预测

通常情况下，如果我们的阐释有**预测**性，那么它们的可信度是非常高的。如果研究成果能预测人类行为和证实理论，那么它会带来知性的满足感。对于研究，也有来自几乎社会各个部门的需求，那就是能够对人类行为进行预测。政治传播咨询员想知道什么样的诉求可以预测一个摇摆不定的投票人会向特定候选人靠拢，网络课程教学的教师想知道沉默寡言的学生会更多地还是更少地参与网上讨论等等。

我们得到的关于女学生喝咖啡行为的结论是理性的和可核查的，但是我们的理论如果可以预测这个行为，就可能会更让人印象深刻。实际上，这是很容易做到的。我们可以设计一个实验，采用同一小组作业，分别予以相同数量的在校学生和校外学生。如果我们的理论是正确的，那么我们应该会发现更多的校外学生在咖啡馆里讨论如何完成任务。请注意这个设计有很多不足，因为它没有排除其他可能性。比如，我们不能排除我们观察的那组学生不能使用网络的其他原因，并且就是因为这个原因他们要聚在一起而不是因为居住在校外。我们将在第十章讨论如何强化这样的实验设计。

如果我们预设好了研究目的，那么可以这样做出假设：

H_1：学习小组互动模式主要是通过组内学生的居住状况进行预测的。

H_2：摇摆不定的投票人会把选票投给那些关注当地问题的政治候选人。

H_3：性格内向的学生参与在线课堂讨论比在线下课堂更活跃。

注意，上面的每一种假设都有可能成为研究问题。之所以以假设的形式提出，是因为尝试预测即是尝试将两个或两个以上的变量联系起来，而这在研究之前就需要确定。

控制 28

另一个研究目标可能是**控制**（将在第三章中讨论）。在物质世界中，控制意味着研究是可以预测和控制的物理过程，如数据统计、燃烧和太空飞行。对于人类传播而言，比如妄想控制受众对广告、广播和直接邮寄广告反应的广告商，他们的目的是最大程度地激发人们去观看特定的广告、购买特定产品和开通直邮。《广告时代》《广播和有线电视》和《广告周刊》等杂志提供了这方面的建议，比如怎样以"如果……那么"的形式"控制"受众。"如果你让你的直邮与众不同，那么会吸引更多的受众"是个一般性的建议。

控制性研究的研究问题和研究假设跟预测性研究中的假设和问题一样具体，例如：

H_1：直邮邮件接受者更倾向于打开貌似官方的邮件。

H_2：如果学费打折，那么学生们更倾向于上早课。

基于此类经验的直邮计划或教育政策的问题在于它假设可能只有一种因素对人类行为产生影响（直邮的出现与上述两种情况下学术信用的成本）。很明显，人类行为受到多方面的影响，如投票行为、社会行为、课程安排和对直邮的反应。

解释

对解释研究最好的理解是，尝试把自己放在"他人的位置"上。换句话说，研究者试图从人类的行动出发来理解人类交际。比如，和同学一起去买咖啡，对其中的行为者究竟有什么意义？这是一个确定周末约会的机会、与亲密伙伴交谈的机会、用传播学理论去阐释一个复杂概念的机会、一起完成小组作业的机会，还是所有这一切的机会？作为研究者，我们的研究不是在其中强加我们的解释，而是捕获参与者们自己的解释。这几乎从定义上就决定了我们要用同伴的语言来撰写研究报告。

在这个小组完成班级项目的案例中，研究兴趣变成了“这个小组的‘咖啡会议’意味着什么？”显然，学校的咖啡馆是学生们聚集的地方，咖啡起到了社会润滑剂的作用，但除此之外，茶、果汁和苏打水也会出现在饮品清单上，所以“咖啡会议”不能从字面意义上理解为饥渴，而应该是个隐喻。那么这个隐喻是指什么呢？请关注我们在第十一章中的讨论。

在解释性的框架中（见，例如 Fish，1990），研究者的问题更集中在语言的运用及其意义上，它可能包括以下研究问题：

RQ_1：学生们通常使用哪些隐喻或类比来描述和解释课堂作业？

RQ_2：学生们提到的关于作业的事情有多少是可信的？

29 RQ_3：学生和教师在课堂上对作业的解释有何不同？

注意，在解释的环境中，我们可能写出更具体的假设，但更有可能提出开放式的研究问题，因为我们需要以开放的心态去接受参与者可能会告诉我们的一切，而不是寻求简单的是或否的答案。

批判

批判理论家的基本追求是理解和解释传播被用于行使和维持群体、组织和社会权力的方式。为此，批判研究者可以观察组织的结构及其形成过程如何抑制或促进某些特殊组织的发展。比如，在学校的咖啡馆里，喝咖啡的习惯会延续和强化年级和性别的差异吗？男生可以加入女生讨论小组吗？低年级学生不能和高年级学生交友是否存在潜规则？个人的语言能否决定他在圈内还是圈外？

批判研究的基本出发点是这样一个假设：行为和言语加强或延续了社会组织中的权力结构。这一基本假设允许批判研究者以一般探索性问题对传播行为和言语提出具体的假设，例如：

RQ_1：为了提高对组织的忠诚度，员工杂志和通讯是如何运用修辞策略的？（这里假设员工交际的内容是受管理者控制的。）

H_1：在员工大会上，民主的领导人使用“我们”的次数要多于“我”。

以上出发点可能或多或少地会混合在一起。正如卡帕兰(Kaplan,1964)提出的,不需要预测的解释也是可能的,反之亦然。比如,我们可能会很好地理解小群体的动态,但是无法预测一个新群体是否也如我们所想。或者,我们能够预测随着这对伙伴关系更加亲密他们使用的语言所发生的变化,但却未必理解为什么会发生这样的变化。

》从"怎么样"问题开始:方法论和认识论

很多研究者从方法偏好开始研究。比如,一位政治传播顾问可能会从以往的经验得出:在全国范围内,电话随机调查投票者是唯一能快速、准确地追踪和总结投票人偏好的途径。在品牌顾问咨询新产品应该如何命名时,可能会知道焦点小组提出的对于一个新的品牌名称所产生的所有理解(误解)。

在这个意义上,"方法先行"完全不可取。因为这相当于你知道怎样摄像所以你会将人类的行为拍摄下来。但是对于有经验的研究者而言,方法先行是建立在 30
人类传播的概念以及如何了解人类传播的基础上的。一个方法的可行性,取决于它本身的历史与研究者兴趣的契合。

方法论根植于**认识论**,即问题是我们如何知道我们所知道的。可能是由于**固执**——我们总是以那种方式去理解或者执行;或**直觉**——本能;或**权威**——一个可信的消息源告知;或**理性主义**——逻辑推理;或**经验主义**——观察。

通常,科学的方法融合了经验主义、理性主义和实证主义(现象是被规则约束和解释的)。这个方法有两个优点:开放性和自我修正。开放性就是研究者的方法和数据是公开的,可以被其他研究者监督,特别是在同行评审的出版物中。自我修正就是其他研究者可以复制研究,如果第二次研究结果可以支撑第一次的研究,那么就可以提升研究人员的自信心。

》从世界观开始:基本信仰

关于人类行为,我们相信什么?人在根本上都是一样的,还是完全不同的?他们的行为是可预测的，还是不可预测的？倾向于合作，还是对抗？生活在一个共享、有形的世界里，还是他们自己内在、主观的世界里呢？

由于所有的观点都有证据支持，最终我们必须选择基本的理念，引导我们的研究，并做出自己的最佳判断。就研究的角度而言，对于人类行为的基本假设在更广泛的意义上就是**世界观**。

世界观Ⅰ认为，人类行为是可预测的、客观的、可衡量的和可概括的。秉持世界观Ⅰ的研究者致力于在空间和时间上将真实的人际传播抽象化。这种强调测量和概括的方法是一种**常规**方法。

对广告商和受众的研究属于世界观Ⅰ的范畴。研究者试图找到能预测广告、直接营销或播放成功的规律，比如如何增加销售额或留住电视观众。研究显示，电视购物大体上是一类特别的人展示产品，重复播报1—800次手机号码，这会让消费者的数量达到最大。原则上，这样的规律适用于大多数产品和电视观众。

相反，世界观Ⅱ把人类行为看作是个人主义的、不可预测的和主观的。这种观点假设知识是人与人之间主观的社会建构。基于这些研究假设，我们可以尝试描述和评估人的主观性和人类传播的独立性，而不是仅仅去挖掘研究普遍规则。这种强调对个人的理解是一种**表意**的方法。

比如，对研究媒介内容是否影响消费者内心反应感兴趣的研究者会关注受众的主观看法，花大量时间去倾听个人的心声。他们的目标是了解为什么一些电视观众对肥皂剧人物产生一种特别的情感和如何描述这些情感。研究人员不会假设他们的发现是可归纳的，通常拒绝统计或估量他们报告的受访者的言语。他们的总体目标是理解而非总结或预测。

31 你选择的研究方法必须符合你对人类传播行为所做的基本假设的逻辑。比如，那些拥有世界观Ⅰ的研究者认为人类的思维是可以测量的，认为精心挑选的样本可以使小样本的结论适用于大范围的人群，他们可能会问“我能进行什么类型的调查？”一个喜欢倾听人们用语言描述自己主观感受的研究者更有可能问“我需要什么焦点小组或访谈？”前者根据其世界观会采用定量研究方法，后者更倾向于定性研究方法。

一种旨在发现组织生活背后隐喻的人类学研究暗示，实验和量化的方法不适用。理论、方法和数据之间必须合理搭配。在此情况下，为了能用组织成员自己的语言阐释组织的意象和隐喻，研究者会倾向于深度调查或者选择焦点小组讨论。

研究者面临的第一个问题不是定性研究是否优于定量研究，而是“我对人类行为的基本假设是什么?”寻找这个问题的答案的过程将推动原始研究数据的收集，因此此研究方法被采用。

关于人类行为的基本信仰和讨论，最终会落到**本体论**的问题，它也可以解决我们研究的本质问题。

本体论问题解决的是存在的本质和语言真正代表的是什么。在传播学领域，本体论解决的是有关人类传播本质的假设和我们在观察时实际上看到的是什么。

举个例子，你曾经看见过他人的态度吗？你可能会回答：“是的，很多次。”但是你真正看见的究竟是什么？你看见的是某人以某种特别的方式表现的行为，可能是在口头上的咄咄逼人。或者也许你看到的是一个态度评定量表上的统计，从统计中推断出的一种态度。态度在哪里？态度这样的东西实际存在吗?

对于传播学学者而言，本体论问题还包括我们能在多大程度上做出真正意义上的选择？比如，你是否是自愿上课？人类的经验主要源自个人还是社会——如果你没有和这个世界进行过交流，那么你对这个世界和你自己了解多少？传播是有语境的还是普遍的——微笑总是表达同样的意思，还是取决于谁在什么情况下微笑?

》从他人的研究入手

不查阅他人的研究成果就做研究是非常危险的事。你冒着风险做他人已经进行过的研究，结果可能没有一点贡献。你也可能会遗漏一些独特的相关研究方法和可能对你有帮助的结论。最重要的是你可能会错过一些“好研究”——一些大多数学者都认为设计得好的研究、一些受到广泛运用的研究和对传播学有突出贡献的研究。

加入传播学研究大家庭的最简单的办法就是分享你的研究兴趣，并有规律地使用学术图书馆。学术期刊(**序列**)通常以文章和信件的方式记录研究者正在进行的研究。诚然，在他们的对话之后可能会出现长时间的沉默，而我们又期待下一期期刊的出版。但经常浏览传播学期刊，你可以了解你感兴趣的领域最新的研究和观点。

在第四章我们会详细讨论这一研究入手之处。

32

》确定研究问题

在世界观Ⅰ的框架中，研究一开始你需要识别关键**结构**并进行**操作**。结构是观点或概念，操作是以你可以测量的方式来定义它们。

比如，假设你对玩游戏和学习成绩之间的关系很感兴趣，你就会观察那些游戏迷。你总结后发现，这些人作息时间异常，有的人还有奇怪的习惯，但是你会发现这对于小组的任何成员来说都是正常的，无论他们是否玩游戏。

结果是，你得出了两个截然相反的结论。第一，玩游戏的时间越多，学习的时间就越少，因此这是学习成绩好坏的决定性因素。第二，玩游戏需要智力、快速思考并做出决断的能力，以及想象力。这样看来，似乎游戏对学习成绩有积极的影响。

你已经拟定了两个重要的研究对象：玩游戏和学习成绩。你认为这二者之间有某种关系，只是不清楚到底是什么关系。

将这些概念操作化，意味着其他研究者可以复制这种方法并进行界定。那么问题来了：我们应该怎样去操作这些概念？也就是说，如何界定它们在研究实践中的意义？

表 2.1　操作结构

结构	
玩游戏	**学习成绩**
结构可操作化	
游戏所用时间	班级排名
游戏所用金钱	获得学术奖的次数
游戏俱乐部的人数	目前成绩的平均绩点
在线角色和角色的数量	累积成绩的平均绩点
玩其他游戏的时间百分比	教师登记的课堂活动参与频率
拥有游戏软件的个数	教师记录的出勤率
游戏术语在交流中的使用比例	学术荣誉协会成员人数

表 2.1 显示了两种结构可操作或可测量的一些方式。我们采用这一观点，并将其转化成可测量、可观察的操作变量。

许多研究的核心是决定使用什么方法，直观地说，一些在表 2.1 中出现过的测量方法似乎优于其他。比如，成绩的平均绩点是很宽泛，但不是完全被接受的衡量学习成绩的标准。另外，游戏俱乐部的成员和游戏所用金钱可能和一个人是不是忠实的游戏玩家没有关系。在所有的选择中，也许玩游戏的时间是最好的检测方式，只要我们能正确地检测出结果。 33

这些结构或者概念已经成为可操作的**变量**。变量是可以被测量的概念或可以被赋予特定价值的维度。也就是说，变量是可以改变的。“游戏”和“学习成绩”的建构是不可以被测量的，但是变量“游戏所用时间”和“成绩的平均绩点”则是可以被测量的。

假设：做出预测

关于你希望发现的变量之间关系的陈述就是假设。你既可以简单地陈述它们之间是有关系的，尤其是直接关系，也可以说它们之间没有我们期望的关系。

双向假设讲的是二者之间是有关系的，但是并未明确说明关系的方向。比如：

H_1：游戏的参与程度与学习成绩之间是有关系的。

单向假设需要更多的勇气，因为你要致力于预测变量之间关系的方向。比如：

H_2：玩游戏的时间越多，学习成绩就会越好。

零假设通常用 H_0 代表，表示两个变量之间是没有关系的。比如：

H_0：游戏的参与程度与学习成绩是没有关系的。

研究问题：少一点确定性，多一点发展空间

假设的作用是指明你期待从你的研究中找到的结果。但是假设你的初步研究没有给出具体的预测呢？如果是那样的话，你只有研究问题而没有预测。

开放式问题仅仅是问两个变量之间是否有关系。比如：

RQ_1：玩电子游戏与学习成绩有关系吗？

封闭式问题关注的是关系的方向。比如：

RQ_2：学习成绩的下降是玩电子游戏的时间过多造成的吗？

对于你要探索的研究而言，如果你没有充足的证据去证明即将发生的，最好以开放式问题开始，比如 RQ_1。只有当你有其他论据时，才可以质疑两个变量之间的关系方向，比如 RQ_2。如果有更多的证据，你或许可以预测一种关系，并且以假设的形式写下那种预测。

34 假设比研究问题具有更强的专注度，因为这相当于你在说："我知道是怎么回事了。"然后，你的研究就变成一个检验你的假设是否得到支持或证明的试验过程。

与假设相比，研究问题更具有探索性。你感觉到什么即将发生，但为了挖掘你没有预料到的关系，在设计研究时你可能需要更开放的思维。

》质疑问题

假设有利于你专注于研究。但是在最开始，你可能无法，甚至也不想缩小焦点。对于一些研究者而言，试验研究的特殊性本身就是一种缺点。尤其是对于没有了解民族方法学和现象学传统的研究人员，他们会认为复杂的人类行为不能简单地转化成变量，正如我们在电子游戏中所做的假设。更有甚者，他们可能会认为两个变量之间关系的结论，不能解释这种关系存在的原因，并且由于集中在几个变量上而不是在影响人类行为的众多因素上，会过度简化这种关系。从根本上说，他们感兴趣的是有助于理解的详细描述而不是一个简单的答案："是的，确实存在一种关系。"对于这种方法我们将在第十一章充分探讨。

》从没有问题出发

一个具体的问题或假说可以凝聚你的研究焦点，帮助你选择研究重点和方法，但也可能影响你对当前焦点现象的关注。因此，另一种途径是：在你开始研究时不要嵌入先前臆断（这本身就假设你已经选择了一个合适的切入点）。比如，作为组织文化的研究者，埃弗雷德和赖斯（Evered and Reis，1981，p. 387）描述了他们发现了一个新组织的过程：

> 我们是"在黑暗中摸索"隐藏在我们周围的组织，同时在很多方面形成和

> 检测具体的假设……我们没有进行文献研究，没有精密的研究工具，并且没有使用样本统计或者取得具有“0.05 级显著性”的推论。与理想化的科学方法相比，我们过去用来理解组织的过程是混乱的、重复的，尽管我们也逐步构建了我们熟知的组织系统途径。

和设计一项研究来测试一个特定的想法完全相反，这个方法是一步一步进行的，直至研究人员有足够的信息，能够自信地陈述他们感兴趣的话题。

在研究界，“我的研究方法‘打败’了你的研究方法”的争辩屡屡发生。但是读完这章后，你应该会发现从来没有一种方法能“打败”另一种方法。真正的问题是，“在理论上和实践上，你的研究方法是否适合你想要的研究？”

正如你在表 2.2 中看到的，人类传播的假设和最适合研究它的方法之间应该有一座桥梁。你也可能从你读过的研究报告中发现研究者可能“混合搭配”假设和方法。比如，健康传播研究者为了全面掌握酒对于年轻人的意义，可能会花大量的 35
时间和酒后驾车的青少年相处。这种主观信息可以用来发掘更多的定量分析问题，以此来更广泛地调查青少年饮酒行为。

表 2.2　人类传播假设及其研究提示

人类传播假设	研究提示
人们通常是相似的、可预测的，并且受事件、性格类型和其他人的激励。我们可以归纳他们的行为。	调查、实验和其他可以从小样本中获得准确数据和概括的量化方法。
每个人都是独一无二的个体，每个人的行为都是不可预测的，受自我激励。我们不能对其他人的行为一概而论。	人类学、采访和观察可以使研究参与者用自己的语言阐释真实、深刻的理解。

伦理专栏

与其他方法相比，某些研究方法具有更多的伦理内涵吗？

人类传播的主体性要求你在撰写研究报告的过程中探索个人的生活。通常，这就意味着采访和“探索”他们为什么会以自己的方式看待事情。为了促进这个过程，你需要向采访对象保证你会尊重他们，报告中不会暴露他们的隐私。

当你在人数众多的群体中探索组织文化的复杂性时，信息提供者得到你保密的保证后会变得“放松”。你所听到的都是他对工作条件和个人生活的不满意以及对未来的担忧。采访中出现的隐蔽威胁表明，如果不是他本人，他可能会对同事构成危险，这时你会怎么做？

当你带着里面有你认为暗含威胁的陈述的录音机离开时，你会思考这样的事实：如果你问了简单的是/否或多项选择题，让你感到困惑的信息可能永远都不会出现。

问题

- 某些研究方法会引起更多的伦理问题吗？
- 如果你发现某些人的威胁将转化为行动，你的责任是什么？
- 你对采访对象的责任是什么？
- 你在研究过程中的责任是什么？比如，当你发现参与者或其他人可能会有危险时，你是否会远离这一研究并违背你关于保密的承诺？

36

本章要点

- 传播学研究者持有各不相同的本体论（怎样定义传播）和认识论（如何更好地理解传播）。
- 通常情况下，研究者要么假设人类传播是可以客观衡量的，可以概括出规律和得出结论，要么假设传播是主观的和个人主义的，并且必须这样描述。
- 归纳、演绎和推演过程将观察和理论联系起来。
- 理解传播的方式包括坚持、直觉、经验和权威。
- 研究的总体目标是描述、阐释、预测、控制、解释和批判。
- 研究以具体的假设、一般的研究问题或非特殊性的问题开始。
- 可信的研究中，所选择的方法和所支持的假设之间要有逻辑关联。

重要术语

溯因法
权威
封闭式问题
建构
演绎
描述
规范性研究
零假设
单向假设
本体论
开放式问题
可操作化

经验主义
认识论
阐释
探索
假设
表意的
归纳
直觉
实证主义
预测
理性主义
序列
坚韧
双向假设
变量
世界观

应用练习

练习 1:确定你的研究兴趣

事实上,研究常常是兴趣领域和适用方法的交叉口。使用下面的清单,以确定你的广泛话题兴趣以及最吸引你的研究类型。

首选内容	
大众传播和传播技术	
组织	
群体	
人际关系	
其他	
首选方法	
数据收集	
(a)统计行为和媒介内容	
(b)观察行为	
(c)采访和聆听	
研究的原因	
(a)得到可以应用的结果	
(b)检验观点和理论	
与研究者的关系	
(a)远距离观察	
(b)参与式观察	
研究热点	

续表

(a)研究大量的人或媒体	
(b)深入研究一些人或媒体	
研究层次	
(a)研究信息“面值”	
(b)“解码”信息背后的意义	

练习 2：世界观

如本章所讨论的，所有的研究者在他们的研究中都有关于人类传播的世界观或基本假设，以及怎样做最好的研究和报告的方法。

这个练习为你提供了一个探索和识别自己世界观的机会。下面是一系列关于人类传播的表述以及理解它的两种完全对立的方法。思考每一对陈述，在你最认同的陈述旁边打√。如果决定不了，请在中间 B 栏里打√。

当你完成所有的选项，总计每栏√的数量。如果 A 栏里的√最多，你就有世界观 I；如果 C 栏里的√最多，你就有世界观Ⅱ；如果 B 栏里的√最多，就表明你在两种世界观之间徘徊。如果是那样的话，你最好重新做一遍练习，这次你要把注意力集中在 A 栏或 C 栏。复习这一章，讨论每种世界观以及其研究提示。

38

	A	B	C	
人基本上都是一样的。				每个人都是独一无二的。
人是可以预测的。				人是不可以预测的。
人类的行为是可以概括的。				人类的行为是不可以概括的。
人类的行为是由事件和环境决定的。				人类的行为是由自己内心的选择和决策决定的。
人们生活在一个对任何观察者都有意义的客观世界中。				人们生活在一个仅对个人有意义的客观世界中。
理解人类传播最好的方式是通过一次深度的检测。				理解人类传播最好的方式是审视所有的方面。
要理解人类传播，最好和参与者保持客观距离。				要理解人类传播，最好参与到参与者的活动中。
人类传播的最准确报告源自量化研究，比如调查和实践。				人类传播的最准确报告源自质化研究，比如采访和观察。

续表

	A	B	C	
通过阅读以学术性语言撰写的研究报告可以最好地理解人类传播。				通过阅读以研究参与者的语言撰写的研究报告可以最好地理解人类传播。
总计				
世界观Ⅰ				世界观Ⅱ

推荐阅读

Anderson, J. A., &Baym, G. (2004, December). Philosophies and philosophic issues in communication, 1995 - 2004. *Journal of Communication*, 54(4), 589-615. 这本书对本章讨论的许多问题都有评述。

Becker, H. S. (1997). *Tricks of the trade: How to think about your research while your're doing it*. Chicago: University of Chicago. 这本书探讨了实际研究中的方法。

Littlejohn, S. W., & Foss, K. A. (2008). *Theories of human communication* (9th ed.). Belmont, CA: Wadsworth/Thomson Learning. 这本书论述了专业的传播理论、智慧源泉和研究关系。

Lowery, S., &DeFleur, M. L. (1988). *Milestones in mass communication research: Media effects*(2nd ed.). New York: Longman. 这本书总结了有关大众传播的主要创新理论并回答了主要问题。

Pirsig, R. M. (1974). *Zen and the art of motorcycle maintenance: An inquiry into value*. New York: Morrow. 这是一本关于个人旅行认知的畅销书。

Powdermaker, H. (1967). *Stranger and friend*. New York: Norton. 鲍德梅克(Powdermaker)以对美国偏远地区和好莱坞的非裔民族志的研究闻名。她的书名指出了传播学研究者在与研究参与者合作时必须时常做出的平衡努力。

Trent, J. S. (1998). *Communication: Views from the helm for the 21st century*. Boston: Allyn & Bacon. 这本书从各类传播学者的角度分析、回顾了传播学的发展。

推荐网络资源 39

传播学研究(世哲出版社):http://crx.sagepub.com/。你可以在这个网站注册后免费获取资料。

思想平台：www. cios. org。它是一个传播学术直线交流组织，对传播文献中的显著概念进行配对。将该领域中具有很高知名度的概念进行配对，并评估该配对的独创性。

视觉传播概念探险家：www. cios. org。你可以使用"视觉传播概念探险家"在传播学文献中探索相关概念，并了解其他相关概念。

学术组织

新闻与大众传播教育协会：www. aejmc. org

国际传播学协会：www. icahdq. org

国内传播学协会：www. natcom. org

这几个网址只是众多学术传播组织中的三个。点击网址可以探索不同的学术领域和研究方法。

传播学应用研究

美国广告协会：www. aaaa. org

美国市场营销协会：www. marketingpower. com

直销协会：www. the-dma. org

国家广播电台协会：www. nab. org

美国社会公共关系协会：www. prsa. org

这五个网址是针对主要传播产业群的。你可能无法访问这些网站的所有内容，但是你可以浏览当前的研究观点、研究问题和可能趋势。

参考文献

Evered, R. , & Reis, M. (1981). Alternative perspectives in the organizational sciences: "Inquiry from the inside" and "inquiry from the outside". *Academy of Management Review*, 6(3), 385-396.

Fish, S. L. (1990). Interpretive research: A new way of viewing organizational communication. *Public Administration Quarterly*, 14(1), 67-74.

Kaplan, A. (1964). *The conduct of inquiry: Methodology for behavioral science*. San Francisco: Chandler.

学习网站

访问学习网址 **www. sagepub. com/treadwell2e**,可获取以下资料:

- 网络资源;
- 推荐阅读;
- 电子抽认卡;
- 研究问题。

第三章 / 研究的伦理

Ethics

研究者的责任是什么?

What Are My Responsibilities as a Researcher?

千真万确,伦理十分复杂。
我们要充分考虑很多标准。
但有一条快捷指南:
那就是永远谨记——
"换作是你,你会接受吗?"

40

本章概览

研究人类的传播行为意味着与人互动,不可否认的是,这一过程涉及伦理。作为研究者,你与参与者的关系将会受你的道德标准引导。还有一些伦理准则和法律规范被用来保护参与者以免他们受到身心伤害。本章聚焦于人类传播学研究中出现的一些伦理问题,规范针对受试者研究的伦理准则,在学术背景下进行人类传播学研究的审批手续,以及在互联网研究中产生的新问题。

开篇问题

- 欺骗在研究中是正当的吗?
- 未经同意便对人们的行为进行记录是正当的吗?
- 研究的哪些内容需要征得参与者的同意?
- 如果参与者要求匿名,我必须保证为之匿名或保密吗?
- 文献综述的写作或最终的研究报告中存在伦理问题吗?
- 使用或发布他人发布在网页上的信息需要征得他人的同意吗?

》引言：一些伦理决策 41

你或许会赞成将本章开头的诗句作为“己所不欲，勿施于人”这一原则的一种解释。不过，在人类传播学研究中涉及的具体伦理决策可没这么简单，因为要考虑到也许在设计传播学研究时就要做出伦理决策。比如，你会对研究参与者提供性裸露或暴力方面的素材吗？你会有意蒙蔽参与者吗？你会在确保一些人得到重要信息的同时却拒绝提供给另一些人吗？你会接受以商业宣传为目的的企业所提供的研究资金吗？你会传播谣言吗？在他人不知情或不同意的情况下，你会控制他们的行为吗？

下面为传播学研究者列出了一些伦理问题、一些解决伦理困境的“典型”方式，以及任何意欲研究人类传播行为的人都应该了解的一些具体的伦理标准和伦理实践。

性、暴力和欺骗

“性”“暴力”“欺骗”也许听起来像是真人秀的成分，但它们每一个都可能成为一项重要的传播学研究的焦点，并且每一个都具有明显的伦理内涵。

争论通常由政治动机引起，争论的焦点涉及性暴露和暴力的媒体内容，以及它们所产生的影响的性质。从研究的视角来看，这主要有两大问题：第一，观看这些内容会产生什么影响（若有的话）？第二，是什么导致了这些影响？换句话说，我们能否认为接触此类内容会导致一些情形出现，或者说这些情形是否有可能导致对此类内容的自发性接触？很多课题和研究都提出过这两个问题，但是如果你的研究进行到了需要决定是否让参与者接触暴露性内容以获取他们反应的阶段：对未成年人而言，这可能变成了法律问题，回答便是“不能”；对成年人而言，你也许可以这样做，但是你真的应该这样做吗？回答因情况而异，如研究参与者的年龄和性格、参与者将经历的具体研究过程、研究背后的发起机构，当然，还有研究者的个人价值观和伦理标准。

你可能对观众的反馈如何影响演讲者这一话题感兴趣。比如，支持的观众会推动演讲者表现得更好吗？反对的观众会使演讲者表现得更差吗？为了回答这样的问题，你决定让研究中的演讲者接触**预先串通好**的观众。后者也是研究的参与者，他们的行为被规定以特定的方式进行。换句话说，他们是“假装如此”，是在欺骗演讲者。演讲者面对的是一群假装热情或不感兴趣的观众。这样做合法吗？当然合法。但是这样做合乎伦理吗？

要是对信息如何在组织中传播感兴趣，那么你能够全面掌控研究的方法只有一个：制造流言、询问周围有哪些人听到了流言，再追踪第一个听到谣言的人。这能让你发现信息在组织中传播的速度和模式。为了进行试验，你决定和一群陌生人坐在学校咖啡馆里，以交谈的形式释放出信息：学校理事会正在计划下学期提高30%的学杂费。当然你是在撒谎。你的研究价值与欺骗他人的代价到底孰轻孰重？

许多健康传播研究寻找使人获得健康信息最有效的方法。一个基本的研究设计是以个人的方式向一个社群提供信息，再通过大众媒介向另一个社群提供信息，以及用两种结合的方式向第三个社群提供信息。为了证明以上方法的有效性，你还需要第四个**以供对照**的社群，他们不接受任何信息。作为你研究的一部分，你拒绝给予第四个社群任何信息，即便这些信息有可能拯救或延续一个生命。这样做合法吗？当然合法。这是欺骗吗？可能是欺骗。那么这合乎伦理吗？

42 金钱和人际关系

如果性、暴力和欺骗赫然出现在我们关于伦理标准的清单上，那么金钱和人际关系可以被忽略吗？

让我们看一看这家我们设想中的ClickAQuiz教育技术公司。这家公司制作的软件允许学生通过手机下载多项选择的测验试题，以便他们能在方便的时间和地点进行测验，再通过无线设备上传答案并被批改评分。你的兴趣在于此类技术是如何影响学习成绩的，并且你已经设计出关于技术和学习成绩的调查问卷。ClickAQuiz公司对你关于交互技术的研究有着强烈的兴趣。实际上，这家公司已给你开了支票以支持你的研究。为了回报，ClickAQuiz公司想让你在研究中加入大量的附加问题，如学生是如何并在哪里可能会使用这项技术？他们愿意为此服务支付费用吗？他们对出现在手机屏幕上的通栏广告有何感觉？你会配合这家公司将这些问题加入研究中，还是会因其与研究主题不相关而且是不必要的商业“植入”而拒绝？如果使用ClickAQuiz公司的问题，会影响学生对你原本想提问的问题的回答吗？比如，将技术“构架”为“使用者付费”而不是免费？在什么情况下你会改变或放弃 ClickAQuiz 公司的问题?

在“人际关系”部分,研究者可能会与他们的研究参与者进行互动,方式包括从公正客观的观察到心理层面的亲密接触。

比如,互联网站除了内容以外,还能用什么方式吸引访客对这样的研究产生兴趣?也就是你或许对网站的界面设计很有兴趣。这是研究的一个重要方面,因为你的研究结果可以改善在线教育、提高在线新闻阅读的便利性,并可能引导网页在视觉和听觉上更易于被接受。你找到了大量有着相似内容的网页,如大学主页。你请求获取这些机构的服务器日志,并解释你需要这些信息仅仅为了了解访问者在这些网页上花了多少时间、他们来自哪里,以及他们是如何通过网址进行导航的。这些机构可能会断然拒绝你的要求,然而它们一定会答应来自政府机构的类似请求。你与你想要追踪的互联网使用者之间没有利害关系且不涉及个人情感,但你的请求如何能够被接受?

监控互联网行为是**无干扰测量**的一个实例,按照定义这是一种观察他人行为而不被他人察觉的方法。这一方法经常被用于检查人们提供的关于其个人行为信息的可信度。比如,大多数人可能在被采访时会说自己在驾驶时系了安全带。用无干扰测量法来检查,就是简单地观察人们驾驶并记录下你看到他们系安全带的次数。

另一种极端情况是,当你研究家庭动力以及父母与兄弟姊妹之间是如何隔代交流时,你会发现你需要深入地面对面采访,这样才能理解一个特定家庭的文化和交流模式。当你深入询问家庭成员时,你可能会发现你需要询问的问题使你的采访对象感到困惑。或许你会发现他们泄露了其他家庭成员的秘密,如果后者知道这些秘密被家庭之外的陌生人——“你”所知道,他们将会很难过。

一些不那么引人注目的决定,比如在一场对话中只是倾听,也具有伦理成分。在本书的第一章中,你曾被邀请去聆听一组学生的讨论并且提问:“你应该这么做吗?”从直接的研究角度来看,这也许是件很有意思的事,但这似乎是出于直觉,比如我们在加入讨论组之前会先征得同意,我们记录、发布报告和对于小组讨论的
解释都应该得到允许。当我们研究互联网的人类传播时,这就变得特别重要。 43
研究者访问许多网络社区能够获取宝贵的数据,但是他们能够公然提取访问的网络内容,并将之作为研究项目的一部分公之于众吗?这一问题会在本章的后面充分讨论。

涉及选择研究和报告哪些内容以及不选择研究和报告哪些内容时,即使不是

针对人的研究，而是针对文本的研究，也可能会涉及伦理问题。

在以上所述的所有假想案例中，最重要的问题是："我在研究中应该采用什么行为标准？"在传播学研究中，一些经典的问题将在下面讨论。有些涉及你与研究参与者的关系；有些涉及你与读者的关系，读者将从你那里获取有关你的研究的精确描述；有些这两个群体都涉及，并且对你作为一名职业研究者来说同等重要。

》传播学研究中的伦理问题

诚信

诚信是最好的策略，这似乎已成为公理，但将诚信付诸实践却并不容易。欺骗可以合法且是专业研究的一部分。诚实地"预先"揭露欺骗可能会削弱整个研究设计。专业的伦理准则总体上可以解决这一难题，在一些研究中可以允许欺骗，只要在研究结束后及时让参与者意识到研究中对其进行的欺骗。

研究者不仅对他们的研究参与者负有伦理上的责任，对读者同样负有伦理责任。这意味着研究者不仅要报告研究的积极结果，还要报告可能存在的缺陷以及负面的结果。多数的研究报告会有一个部分专门讨论研究中可能存在的不足。这样的部分是有益的而非多余，因为它为未来的研究提供了启动的平台。研究"一无所获"或发现与期待的结果不同也许不会对你的研究本身产生有益作用，但也不会令你的研究毫无价值。很明显，一个重要的研究发现很有可能被出版，但事实上，一些你曾期待却并未出现的结果仍然是对知识的贡献，你也可以诚实地报告这个结果。

保密和匿名

对给予你个人资料的人予以保护，并为他们**保密**是惯例。这意味着你不能透露任何可能导致你的参与者被辨认出来的信息。但是，作为研究者，你必须知晓每位参与者为你提供了什么信息。

为了充分地保护参与者并使他们安心，你可能需要提供**匿名**。匿名使得对信息提供者的保护更进了一步，你收集的来自他们的数据完全不会使他们被辨认出来。即便是你，也不知道是哪位参与者提供了你收集到的某条信息。通常情况下，可通过告知受访者不要在提供的信息后面署名来确保匿名。他们签名的知情同意书被单独上交，这样那些可以识别他们身份的文件和其他文件就不会有关联了。

报告研究结果时，如果违反了匿名或保密协议，就会出现伦理问题，甚至是法律问题。在定性研究中，研究者为了保护受访者的匿名权，通常用“受访者 A”来指代，或者用一个错误的或很有代表性的中性名字，如“鲍勃·史密斯”或者“简·琼斯”。在定量研究中，报告通常是针对一群人的统计数据和平均值，因而无须突出某个特定的人。然而对互联网研究参与者的匿名保护很可能比较困难，因为他们 44
的上网“痕迹”和有关参与者的上下文信息很可能使得某些人辨认出他们的身份，即便研究者并未在研究中提供任何有关参与者的身份信息。

进行归纳

以下所讨论的专业行为守则以参与者自愿参加为前提。如果你在研究中只招募了志愿者，你还要招募一些对研究有“偏见”的人，这些人在某种程度上也是愿意参与到研究中的。因而，研究中的归纳可以仅仅针对这些类型的个体。因为在你的研究中招募的是志愿者，你就不能对“非志愿者”材料的可能性影响做出陈述。从伦理上来说，我们不能强迫他人参加一项调查研究，因而在道德上我们不能对从非志愿者那里得到的结果进行归纳。

事后情况说明

如果你的参与者在研究中受到欺骗，研究结束后，在伦理上你有义务联系他们说明情况，解释欺骗的原因，回答他们可能会提出的问题。没有做这一步意味着你的参与者始终认为他们经历了一个真实事件，而事实上并没有。美国心理学协会的心理学家对伦理原则和行为准则的要求是：任何欺骗的情况都应在数据收集结束之前告知参与者，如果参与者有取消参与的意向，要尊重他们的意愿。

更普遍地说，研究者应该立即回复参与者对于研究性质、成果、结论等信息的疑问。大多数研究者会要求参与者签署一份知情同意书来作为同意参与研究的证明。知情同意书代表性地描述了研究的性质、情况，参与者有随时放弃参与研究以及获取研究结果的权利。由于知情同意书必须在研究之前签署，所以他们不会解释作为其中一部分的任何欺骗行为。就像上文提到的，受欺骗的参与者应该尽快被告知欺骗的情况，你的研究报告的读者会想知道在欺骗的情形下所获得的研究结果。

文献综述

文献综述占任何研究项目的一大部分，是你对其他研究者已经发表的相关话题的研究成果的总结和评价。你通过回顾这些文献来获得如何最好地完成你的研究的想法，但更为重要的是向他人明确展示你的研究将如何促进这一知识领域的发展。

传播学研究中存在着大量的文献。你需要有选择性地阅读和描述。这也意味着你所选择的写作内容和写作方式，将会形成读者和你自己的学术视角。下面是你对文献综述可能会提出的一些问题。

我应该回顾多久之前的文献？我能使用二次（综述性的）文献而非第一手（原始的）资料吗？我应该报告不支持自己观点的文献吗？

我能够报告相关的但却是有著作权的研究吗（比如，我没有得到授权发表的文章）？

传播学的观点本应随着时间而改变。就像仅仅选择特定作者进行回顾有可能歪曲当前的知识状态，选择特定时间的文献进行回顾也有产生误导的可能。回顾
45 研究总结而非原始报告，可以了解某一学术领域的概况，但是概括研究总结可能会导致过度简化，甚至进一步夸大你所阅读的研究总结中的偏向性解释。另外，你要报告不支持你的观点和方法的文章，因为你的读者需要了解你的兴趣领域里的辩论和争议，你有责任总结这些。

专有信息一般被公司所有，未经允许不能发表。作为研究者，你可能有办法获得这些专有信息，但发表这些信息可能既违背伦理又违法。

总而言之，你写什么和如何写塑造了读者对你研究领域的理解。你的写作可能会精确地再现其他研究者的研究成果，当然也有歪曲的可能，因此你需要在伦理方面保持敏感。

肯定他人的价值

很少有人将研究项目的成果全部归功于自己，特别是在自然科学界和生物科学界，因为团队的技术人员和其他同事是项目成功完成必不可少的一部分。一篇论文的发表不仅仅是写完而已，还意味着原创作者要对所报告项目担负责任。在这个意义上，如果他人对你的项目有所贡献，应将他们列为合著者或至少感谢他们的帮助。

当研究者报告来自上百个调查对象的数据时，不太可能将每个人都感谢一遍。如果研究者的成果是基于一两个合作者的亲密协作，倒是应该肯定他们的价值，但对于要求匿名的人不能这么做，因为他们会被认出来。

合适的语言

如果需要参与者理解你的研究，在向他们征求许可或传达结果时，需要以他们的认知水平让他们理解。美国国家卫生研究院人类保护课题研究办公室建议，对于高中未毕业的人，知情同意书应写得容易理解。需要向儿童、非英语母语者以及对研究内容不清楚的人解释研究的知情表格和其他文件，需要特别注意措辞的通俗易懂(Office of Human Subjects Research Protections of the National Institutes of Health，2000)。

信息的传述超出参与者的理解水平，是对参与者伦理上的侵犯，因为你的文章可能会误导他们，造成不良影响。

同理，研究团队中和你有同样兴趣的成员也想要充分地理解相关文献、你的研究方法、研究结果以及你的解释说明。报告中任何方面的偏见都会产生伦理问题，因为你会误导你的受众。

抄袭

对抄袭的反感有很多原因。首先，将别人的作品据为己有明显有违伦理(甚至可能违法)。在你忙碌的研究伙伴看来，抄袭也代表着“二手货”。复制他人作品作为自己的成果意味着读者可能会放弃阅读原始研究和被抄袭的研究版本。这无益于想要了解趋势的研究者，因为他们可能会被误导去阅读同一研究的两个不同版 46
本。当然，如果抄袭者要将抄袭的内容以专著的形式发表，就是侵犯版权。

》一些传统的伦理立场

必须解决上面提出的所有问题，才能设计出伦理正当的调查研究。研究者必须以遵守具体伦理准则的方式解答问题，一旦违背则会受到处罚，比如经济上的损失。

更为一般地说，研究者可能会将以下的一或两种"传统的"伦理准则作为指导。

犹太-基督教伦理是本章开头诗句的基础。它的伦理行为准则比较简单。你自己愿意成为你研究中的参与者吗？如果你不愿意，由于你的项目会对其他人产生影响，所以其在伦理层面是令人质疑的。

哲学家伊曼努尔·康德提出了一条**绝对命令**——一种行为只有在你愿意视其具有普遍性时才是正确的。比如，如果你愿意将欺骗作为研究设计中的一部分，那么你应该有所准备，接受欺骗作为一项普遍性原则。

功利主义原则赞成为最多数的人谋取最大的利益，哲学家如杰里米·边沁、约翰·斯图尔特·密尔、大卫·休谟都曾这样主张过。这一原则认为，研究设计只要是为了多数人的利益，即便可能伤害到少数人，也是公平公正的。比如，在传播学研究中我们可能会争论：如果由于某项研究而能够充分了解如何最好地使用非正式传播网络，尤其是在紧急情况下，即便研究通过造谣误导了少部分人，该研究也是合理的。

哲学家约翰·罗尔斯的"**无知之幕**"原则让我们采取公平冷静的方式，平等地评估一项决策的所有方面。这要求我们戴上面罩隔绝所有可能蒙蔽我们的信息。举例来说，假设我们的研究设计可能会让研究参与者产生严重的心理困扰，我们需要对这项研究能否被接受做出伦理上的决策。"无知之幕"原则会隐去我们在研究中扮演的角色，这意味着我们可以是研究者的身份，也可以是参与者的身份。一旦意识到心理困扰是不可接受的，并且也许会发生在自己身上，我们就很有可能决定我们的研究不应该对参与者造成任何困扰。

》现代的伦理准则

以上提到的任何研究设计都不会像外科实验那样伤害到人们。然而，它也存在心理伤害的可能性，比如将研究参与者暴露于暴力画面下，或者要求他们做出违背自身信仰的行为。伦理准则试图为研究者建立专业的行为标准，来保护研究参与者免于受到任何形式的伤害。对受试者专业的关注要追溯到公元前 4 世纪的希波克拉底誓词。

从纳粹德国到如今互联网对人们行为的监控经历了很长的时间，但是“二战”期间纳粹的医学实验反而是 20 世纪将伦理准则覆盖受试者的推动力。战争结束后，一大批纳粹医生和行政人员因反人类罪被指控，更为具体地说，是因为他们对未经同意的集中营囚犯实施了医学实验，并造成了伤亡。

《纽伦堡法典》 47

纽伦堡审判的一个结果就是 1948 年的**《纽伦堡法典》**，这是第一部强调以下内容的国际性法典：

- 研究对象必须同意参与研究。
- 研究必须利大于弊。

《赫尔辛基宣言》

1964 年，世界医药协会的**《赫尔辛基宣言》**为研究人类受试者的医学专业人员建立了国际性的伦理指南。《赫尔辛基宣言》继续修正并强调：

- 在研究开始前研究协议必须由独立委员会评审。
- 必须获得研究参与者的**知情同意**。
- 研究必须由具有医学或科学资质的人进行。
- 研究必须利大于弊。

《贝尔蒙特报告》

生物医学和行为研究人类受试者保护国家委员会于 1979 年起草了**《贝尔蒙特报告》**。报告围绕人类受试者研究概述了三条基本伦理原则，分别是**自主性**、**关怀性**和**公正性**。原则和实际应用总结详见表 3.1。

表 3.1 《贝尔蒙特报告》——原则、适用性以及互联网研究中的相关问题

原则	适用性	互联网研究中的相关问题
自主性 ● 尊重他人。 ● 自主性受约束的人有权被保护。	**知情同意权** ● 受试者必须有机会选择什么能发生或什么不能发生在他们身上。 ● 同意的过程包括三个因素： · 通知 · 理解 · 自愿	● 替身可以充当受试者吗？ ● 研究者如何证明： · 参与者的身份是什么？ · 参与者对“知情”“同意”如何理解？ ·“已签署的”同意表格是否有效？ ● 可以使用假名来“掩藏”易受伤害的人群（如未成年人）吗？ ● 同意表格里应该告知参与者有关互联网研究的特殊风险吗（例如，匿名权可能无法得到保证）？ ● 当在线人群持续变化时，研究者如何询问所有的参与者，并且如何进行长期的跟进研究？
关怀性 ● 受试者不应受到伤害，要尽量确保他们的身心健康。 ● 研究者应该最大化可能的益处并且最小化可能的风险。	**风险和益处的评估** ● 必须系统地评估风险和益处的性质和范围。	● 研究参与者能够知晓所有可能的风险和益处吗？ ● 研究者能够保证匿名权吗？ ● 当在线人群持续变化时，如何评估长期的风险和益处？
公正性 ● 必须公平分配研究的益处和危险。	**对象的选择** ● 选择研究对象的过程和结果必须公平。比如，对象不能简单地在可接受的基础上被招募进来。 ● 当一部分人在研究中获益时，另一部分人绝不能承受不成比例的风险。	● 网民与广大民众并不相同，那么如何公平分配网络研究的风险和益处？

资料来源：部分改编自人类受试者研究办公室（未注明出版日期）。

〉规章

许多国家都有规章来贯彻如上文列出的原则。在美国，用来贯彻这些原则的卫生和公共服务部制定的规章，已经被许多资助或实施人类受试者研究的机构所采用。这些共享的标准被称为保护人类受试者的联邦政策，或“共同规则”。

共同规则涉及确保研究机构遵守法规的要求、获得和记录知情同意的要求、机构审查委员会（见下文），以及针对易受伤害的研究对象，如孕妇、囚犯、未成年人和残疾人的特殊保护。

〉行业评审和机构审查委员会

行业评审是由兴趣相投并具有资质的研究者，对彼此的工作成果进行评价。针对你的研究设计进行的正式和非正式的**行业评审**，可能会影响到你对研究的想法及研究的伦理意义（参见第四章和第十四章）。

非正式的做法，比如研究者在一起喝咖啡时的集思广益、开会中的思想交流，以及为了主要的项目组织成立的研究团队。一般来说，这样的交流互动可以在任一项目启动之前，对伦理事项和研究设计进行非正式的检查。当然，这可能是一次 48
或成功或失败的操作，取决于研究者的网络活跃度。

当研究者为联邦政府或受雇于联邦资助的机构进行人类受试者的研究时，正式的评审是必需的。

本着对伦理和受试者尊重的态度，正式的行业评审最典型的方式是成立**机构审查委员会**（简称 IRB）。机构审查委员会是为评估研究计划而成立的组织，尤其评估研究对受试者的影响。每一所进行人类受试者研究的大学都有不同形式的机构审查委员会。

事实上，大多数传播研究都不会对参与者造成身体方面的影响，但这并不能免于机构审查委员会的评审。涉及心理方面的保护几乎和身体方面的保护一样多。 49
就如你在本章开头看到的例子，研究对象在接触暴露材料、被欺骗或者被要求以违背自身信仰的方式行动时，可能会潜在地遭受心理痛苦。

》如何称呼？参与的伦理

学生—教授之间的关系，如果无法预测的话，通常通过称呼是“教授”“博士”“女士”还是“弗雷德”来描述。“博士”暗示正式的师生关系；“弗雷德”则意味着非正式的关系。同样，描述研究中涉及的人所用到的标签随着研究者与他们关系的性质不同而不同。当研究者被认为是研究员或调查员时，参与研究的人可能会被称为“受试者”“被调查者”“参与者”或“合作者”。

过去，研究者通常用“受试者”这一个标鉴，其中暗含着一位穿白大褂的专业人士为了伟大的事业观察一群顺从者的意思。“被调查者”这一标鉴让人们更好地认识到，没有参与人员提供的信息，研究者将会毫无进展。“参与者”和“合作者”是更为现代的标签，使人们认识到只有参与者在研究中扮演了主动又自愿的角色，才能推动研究项目的顺利进行。

从表 3.2 中可以看到，专业术语、研究计划、参与者三者之间是密切相关的。所有的研究者都受到相关规则和专业守则的约束，但是当参与者从受试者发展成为合作者，他们面临的伦理困境也会增多。一位研究者出于“我们要调查 1,200 个人”的目的，而需要去从专业角度关注每一位研究对象的私生活，这种情况并不可能。在另一种极端情况下，与一小群合作者一起工作的研究者更有可能为他们的身心健康承担起伦理责任，因为合作者是团队的一部分，从一开始他们便决定了研究的性质，并持续不断地影响着研究的进程。

表 3.2　传播研究中的研究者—参与者关系

<table>
<tr><td colspan="2" rowspan="2"></td><td colspan="2">研究者对参与者的调查程度</td></tr>
<tr><td>低</td><td>高</td></tr>
<tr><td rowspan="7">研究者对参与者的定位</td><td rowspan="4">客观观察者：“陌生人”</td><td>客观地衡量参与者</td><td>探究参与者的主观认识</td></tr>
<tr><td>不深入参与</td><td>深入参与以引出主观的信息</td></tr>
<tr><td>行为受规则和伦理准则约束</td><td>行为受规则和伦理准则约束，并且需要建立信任的关系</td></tr>
<tr><td>被称为“受试者”</td><td>被称为“被调查者”</td></tr>
<tr><td rowspan="3">深入到参与者的环境：“朋友”</td><td>深入到生活中，仅为观察参与者</td><td>深入参与，以参与者的立场推动研究的设计和完成</td></tr>
<tr><td>行为受规则和伦理准则约束，并且需要成功地进入参与者内心深处</td><td>行为受规则和伦理准则约束，并且参与者意识到研究目标的重要性</td></tr>
<tr><td>被称为“参与者”</td><td>被称为“合作者”</td></tr>
</table>

》美丽新世界！新事物"互联网和研究伦理"的产生 50

互联网作为一种研究工具，提供了很多可能性也引起了很多问题。可能性包括方便快捷地访问大量的研究参与者，低成本接近他们，省去出差一类的研究经费，可以一直使用如成立焦点小组、调研、观察、采访这样传统的传播研究工具。

随着时间的流逝，一些问题也逐渐变得明显，包括与互联网性质有关的概念性问题以及像抽样和接近潜在研究参与者等实践问题。概念性问题集中在这个新兴的"互联网世界"是否应该被当作一个社区，一种文化，而且是截然不同的文化，或是一种广泛但松散的个人互动关系。实践问题包括抽样和再现、获得参与者同意的问题，还有最为复杂的问题，即真实性。我们如何通过互联网来确认我们所认识的简·史密斯是真实的？

对于许多传播学学者而言，互联网研究是一个灰色的伦理地带。可以说，互联网研究的伦理只是争论的开始，远未结束。下面列出了互联网研究中的一些理论和实践问题，以及其中的伦理意义。

当然，互联网提供了丰富的人类互动领域以供探究。涉及研究的所有基础类目——人际传播、群体传播、媒介传播曾在第一章中被概述，结合使用文本、声音、图片、录像，同步或不同步地在组织之间、文化之间以及国家之间，以单向或双向传播的形式而存在。

什么是互联网？

"什么是互联网？"这个重要的理论问题影响着对互联网研究伦理的思考。"互联网研究"这一术语的模糊性就指出了基本的定义问题。互联网是一个研究工具，还是研究议题？或者二者都是？简单地说，互联网既可以是过程，也可以是内容。如果将互联网当作互动的过程，或是人类进行交流的虚拟场所，那么就会有人认为可以适用社会科学的研究标准，因为对互联网的研究是个人的传播行为。研究者有义务去尊重被研究的受试者，并且要像本章前面提出的那样获取相关机构的批准。

然而，这种情况也可以这样理解，研究者研究互联网的行为仅仅是在简单地研究发表的内容（比如网页），因为互联网从根本上说是文本或者内容。互联网只不过是内容这一见解引发了与研究伦理相关的两个议题。第一个是研究者不需要获得研究批准，因为研究者并没有直接对个人进行研究，并未使他人的生活受到影响。互联网研究在这样的观点下基本变成了内容分析的一种类型。第二个是关于网络帖子的争论，不同于个人的电子邮件和受限的小组讨论，网络帖子是发表意见
51 的一种形式，其中隐含了同意有兴趣的用户获取内容的决定。就像研究者可能会分析广告牌或是汽车保险杠贴纸而无须征得同意，因此有人主张，研究者可以分析并报告网络内容，且不用经过内容发布人的允许。

举例而言，塞沃尔（Thelwall，2010）主张学术研究者在调研公共网络时不应该在（合法的）数据的使用方面受到任何限制，如果是对公共网络的信息进行研究，也无须征得同意。他认为互联网是一个会场，人们可能会期待他们的帖子具有私密性，但不应该假设他们的隐私在其中会受到保护。比如，一个工作小组的帖子也许对这个工作小组而言是隐私，但是鉴于雇主有权监视雇员的电子邮件，这个工作小组没有理由对隐私进行保证。

类似的情形是：当游客参观城市的公共空间时，通常可以自由地走动和拍照，但是有些城市和区域不允许这么做。而关于谷歌的街景地图，公众认为有争议的是照片的使用意图，而非拍照本身。不过，研究者们遇到的类似伦理问题是，也许并没有那么多关于互联网行为的记录和分析，而是决定如何报告研究结果，以及报告中涉及的个人是否会被识别出来。

互联网中的匿名和身份识别

当然，真正的问题要比上面的案例复杂得多。即便认可互联网基本上是内容的观点，也仍然存在这样的问题，那就是很多互联网内容具有知识产权并且受著作权法保护。另外，也是更重要的一点，有关人类受试者研究的问题是很多网络内容都含有可识别个人信息的名字。

对这一事实不屑一顾的反应是，如果人们选择将标语和姓名喷绘在广告牌上或贴在汽车的保险杠上，那么他们理应预料到会有研究者或者新闻媒体可能对其内容进行公开报道。但是，很多网民是匿名发布帖子，或者仅仅是限于小组讨论而

不对外公开。事实上，如果使用互联网研究工具的话，他们不在帖子下署名并不意味着他们不会被辩认出真实身份。同样还存在一个问题我们可以称之为“发表意向”。保险杠贴纸、广告牌和报纸文章的产生都存在发表意向。这些都不是想发表就能够发表的，几乎所有的出版物在“公开”前都经过了审查的程序。

然而，这同样不能被称作互联网内容。“公开”并不一定意味着“发表”。虽然很多互联网内容公开的方式和在广告牌上打广告一样，但前者更接近于“昨天想到的事，今天便不以为然”这样的非正式讨论。后者的内容也应该引起研究者的关注，因为它不一定代表其背后人们深思熟虑过的观点，因为它引起了如何以及何时取样的问题，也因为这样的内容可能更多地是“有声思考”的过程，而不是成熟的观点。

有关互联网研究的问题日趋复杂，而不仅仅限于互联网是否是工具的问题，比如，互联网是搜索引擎还是类似新闻讨论组、博客、推特的媒介。互联网的庞大规模、不断变化的用户量、真实性及安全性这样的特殊方面也使互联网研究的问题日渐复杂，同时出现的还有非互联网研究的问题，比如隐私、知情、参与风险、方法适当性、取样、招募和匿名。

美国科学发展协会（AAAS）的一份报告（Frankel & Siang，1999）重点研究了互联网研究与《贝尔蒙特报告》之间的关系。该报告重申了《贝尔蒙特报告》的基本观点——自主性、关怀性和公正性。以下是互联网伦理研究应该注意的问题。 52

互联网拥有巨大的流动的用户量，这意味着个人可能从一个网址流向另一个网址，或者持续使用多个网址，这与大多数人只拥有或租赁一处住宅不同。互联网用户容易受性别、种族、收入以及地理分布的影响，人们可能会或多或少地因其所处的互联网环境而泄露个人信息。打个比方，你会发现你可能准备“公布于众”的内容，很大程度上取决于你是在诊所、和朋友在餐厅，还是在面试的地方。

表面上看，调查可通过互联网软件轻松完成，但并不能保证调查对象的匿名权，因为在他们所传送的文件或电子邮件的地址中有可识别他们身份的链接。知情同意因此更加复杂，因为给予同意答复的人必然不能简单地被识别出来。例如，两个及以上的人可能共享同一个电子邮件地址。哪个使用这个网址的人同意参与调查？他和实际回答调查问卷的人是同一个人吗？同样地，研究者如何确定任何一个回复调查的人是否是未成年人？（你要取消对未成年人或其他获得机构审查委员会批准的特殊群体的研究。）

互联网的知情同意

要获取知情同意首先需要告知参与者有关研究的事项，研究者应确保参与者理解研究事项，并且取得参与者签署的自愿参与研究协议。每一步都对互联网提出了难题。例如，研究者可能无法完全知道参与者可能会面临的风险，因为研究者并不知道参与到研究中会对回应者及网络空间中的其他人产生什么影响。原则上，研究者应能够回答关于研究的任何问题，但确保回应者完全理解研究会更加困难，因为事实上"签署"同意表格经常仅意味着回应者在网上填表时敲击"同意"选择框而已。也许，相比更能让回应者充分地了解研究及其影响的签署文件的方式，这种方式提供给研究者的自信更少。与知情同意相关的更深层问题在于"来自谁?"，一个讨论组或电子邮件列表中的一名参与者可能会同意将他的内容提供给研究者，而同一组的其他参与者难道没有权利来决定这份内容可以被使用吗?

接下来要做的是事后情况说明。如何确保每位参与研究的人都收到一份后续的研究说明? 原则上，可以发送给每位参与者一份事后情况说明的电子邮件，但研究者无法精准得知何人可以使用电子邮件账户，因而也无法得知邮件发送给了何人。向一个电子邮件地址发送敏感的或有争议的材料，可能会将参与者置于研究者预料不到的难堪处境中。

上文提及的美国科学发展协会报告给出了一些建议，即对生物、公共信息和私人信息做出了清晰的定义。报告还呼吁对互联网研究参与者要有清晰的风险、利益和弊端的评估，与被研究的社群进行对话，并且对网络在线的研究者予以特殊的关注。

表 3.1 列出了《贝尔蒙特报告》的基本原则和应用，并提出了与世界互联网研究相关的问题。

劳森(Lawson，2004)认为一些涉及获取知情同意的问题，或许可以通过设定获取知情同意的不同程度来解决。例如，网络内容及其相关作者可能仅仅被用作数据分析和报道，而不标明作者的身份。或者是可以发表作者的姓名但并不链接到内容，这样内容中将没有可被识别身份的作者。还有就是发表内容并将之链接到作者的姓名。无论是否事先得到了参与者的同意，后两种做法都行得通。

53 ## 互联网研究的基本指导

互联网研究员协会(AoIR)在 2002 年为互联网研究提供了指南。指南建议，互联网研究引起的问题是伦理问题,“正是因为它们引发了对某一具体困境或问题在伦理层面不止一个合理的回应”(Ess & AoIR Ethics Working Group,2002,p. 3)。有鉴于此,互联网研究员协会在指南中意在设计对研究的伦理回应,以及定义伦理行为的边界。指南不会对具体的伦理问题明确回答是或不是,而是帮助个别研究者决定他们的伦理决策是否符合实际情况。

根据两条广泛且有用的互联网研究员协会指南,我们至少能够做出关于互联网研究的决策。

- “越是在公认的公开场合,保护个人隐私、机密、知情同意权等的责任就越少。”(Ess & AoIR Ethics working Group,2002,p. 5)
- “作者或对象越脆弱,研究者越有义务保护他们。”(Ess & AoIR Ethics working Group,2002,p. 5)

一个更需要思考的问题是,现有的法律要求如何以及人们遵守的伦理准则覆盖到研究中的程度如何。美国心理学协会的伦理原则或适用的法律要求等行为准则并不能提供现成的答案,研究者可能需要阐述文化价值、研究参与者的期待、任何潜在的风险和与之平衡的研究益处。

互联网研究,无论是作为工具还是主题,正在改变人类受试者研究的规则。哪里出现新的实际问题,如参与者评估、获取知情同意和事后情况说明,哪里就有更新的且具有争议的如何更好定义网络内容的理论议题。

伦理专栏

污染数据、欺骗、虚拟研究

1. 污染数据的使用

污染数据即用非法或不道德手段获取的可能对研究者自身有用的数据,包括窃取的、未授权发布的,或是威胁所得的信息。常见的问题是,研究者能使用通过非法或不道德手段获取的数据吗?举例而言,研究者可能会对不同性格类型的人如何在紧张的情形下进行交流感兴趣。此类信息也许能够从刑事审讯或军事审讯记录中获取。使用此类信息有两个问题:获得此类信息可能违法,并且如果审讯结果是在可耻的或无人性的情形下获取的,可能会产生伦理问题。

问题

- 你同意“数据仅是数据”的观点,并建议可以使用这些数据吗?或者你认为使用这些数据就是认可获取它们的途径吗?

54 **2. 斯坦利·米尔格拉姆(Stanley Milgram)实验**

20世纪60年代在耶鲁大学进行的一系列实验中，研究者斯坦利·米尔格拉姆发现研究对象中的大多数之所以愿意对他人施加显然具有伤害性的电击，仅仅是因为一位科学"权威"让他们这么做。即便他人明显处于痛苦中，仍有一部分参与者在研究者的命令下继续提高电击的等级。

这些实验的总体目标是解释顺从权威的情况。实际上，"受害者"是一位演员，"疼痛"是假装的，这些信息会在实验结束时向参与者揭示。

问题

● 在实验目标下，你认为许多参与者感受到的心理压力在什么程度上是正当合理的？

3."虚拟的米尔格拉姆"

2006年，研究者梅尔·斯莱特(Mel Slater)及其同事报告了一份"虚拟的米尔格拉姆"，其中研究参与者在网络实验中可以"电击"一个虚拟的人。研究参与者在网络环境中被要求去执行一组针对"虚拟的女性"的测试，如果回答错误可以对"她"进行电击。电击的等级随着错误回答次数的增加而提高。虽然研究参与者们知道女性和电击都是虚拟的，没有人类受试者参与其中，也不会发生真实的事件，但他们却在实验过程中表现出与之前米尔格拉姆实验参与者们同样的焦虑状态。

问题

● 在这个实验中，你能找到哪些伦理上的考虑或顾虑？他们和上文提到的米尔格拉姆实验中的那些人有区别吗？

本章要点

● 伦理是有关对错、责任的学问，在本章它是指对于研究参与者适宜的行为。

● 传播学研究伦理与医学以及心理伦理共享一个基本的重点，即保护人类参与者的身心健康。

● 机构审查委员会是大多数机构评估对人类受试者的保护的正式机制。

● 行业评审和出版物也会对研究伦理进行检查。

● 伦理性决策关系到人类参与者的待遇、研究设计以及研究报告。

● 正式的伦理准则包括《纽伦堡法典》《赫尔辛基宣言》《贝尔蒙特报告》、"共同规则"，以及美国心理学协会心理学家伦理原则和行为准则。

● 互联网既作为研究地址页又作为研究工具，带来了新的问题和挑战，涉及参与者的选择、匿名、知情同意以及事后情况说明。

重要术语 55

匿名
自主权
《贝尔蒙特报告》
关怀性
绝对命令
共同规则
同盟
保密性
控制组
事后情况说明
《赫尔辛基宣言》
知情同意
机构审查委员会(IRB)
犹太-基督教伦理
公正
《纽伦堡法典》
功利主义原则
专有信息
无干扰测量
无知之幕

应用练习

练习 1:内容分析的伦理

一位进行传播学研究的学生想要分析学生发布在网络上的博客内容,并发表其分析结果。

请列出她应该为这一研究征得机构审查委员会许可的原因,也列出机构审查委员会的许可并非必须的原因,得出其研究是否需要机构审查委员会许可的结论。识别网站资源,可最大限度地帮助她决定是否需要征得机构审查委员会的许可。如果这些博客是她所参与网络课程学习内容的一部分,会影响她考虑是否征得机构审查委员会的许可吗?

练习 2:伦理与虚拟应答

你是"第二人生"中的一员,在这个虚拟世界里居住着阿凡达。对于一个研究项目,研究结果要在一定时间内发表,你去采访其他两位成员——强大的屠龙者、恶毒的公主莫拉格和她的伙伴粗人梵高——对于龙灭绝这一事实的态度是否受到观看《哈利·波特》电影的影响。

请写出你认为你需要为这项研究获取的任何研究许可。

练习 3:小组参与的伦理

你想要分析一个网络讨论组成员们的修辞策略。为了接近这个组,你必须首先成为成员,登记你的真实姓名和联系信息。你对这个小组或小组的兴趣焦点并非出自个人兴趣,而仅仅是学术研究的兴趣。

请找出决定你加入或不加入这个小组的伦理方面的因素。如果加入，你应该公开你加入的理由吗？在进行这项研究之前，你认为哪些许可是必要的？

练习 4：互联网研究的伦理

你被要求向你所在大学的机构审查委员会提建议，关于互联网研究是否意味着需要一套针对互联网研究特殊的"电子伦理"。有人认为，保护人类受试者研究
56 的基本原则充分地覆盖了互联网研究，此类研究不再需要其他的具体指导原则。列出你可能会访问的信息源，写一份报告和建议提交给该委员会。

推荐阅读

Hamilton, A. (2005). The development and operation of IRBs: Medical regulations and social science. *Journal of Applied Communication Research*, 33(3), 189-203. 这篇文章概述了机构审查委员会，评估了有关人类受试者的研究最普遍采用的方法。

推荐观看

Milgram, S., & Johnson, C. (1965). *Obedience*. University Park: Pennsylvania State University Audio-Visual Services. 这是斯坦利·米尔格拉姆创作的一部纪录片，展示了在本章提及的顺从实验及其结果。

推荐网络资源

伦理规范和实践准则

美国舆论调查协会专业伦理及实践准则：http://www.aapor.org/AAPOR_Code_of_Ethics/4249.htm。

直接营销协会企业责任资源中心：http://www.dmaresponsibility.org/。

以上两个网站提供了应用传播学两个领域——公共舆论和直接营销的伦理准则。

美国心理学协会(APA)心理学家伦理原则和行为准则：http://www.apa.org/ethics/code/index.aspx。美国心理学协会制定的许多伦理原则被应用于传播学研究，许多传播学研究论文采用的都是美国心理学会规范。

英国社会人类学协会和英联邦良好研究实践伦理准则：www.theasa.org/ethics/Ethical_guidelines.pdf。这个网站除了提供了一些伦理准则，还列出了所有可能影响或被人类受试者研究影响的相关方面——研究参与者；发起者、资助者、雇主；同事和纪律；政府和全社会。

伊利诺伊理工大学专业伦理研究技术中心：http://ethics.iit.edu。这个网站

有多门学科上百条的伦理准则，包括传播学。除了这些准则，你还能发现关于此类准则和指南对建构你自己的组织准则的讨论。

国家传播学协会传播学学者/教师专业伦理准则：http://www.natcom.org/Tertiary.aspx?id=2119。这些有关专业责任的准则是为美国主要的传播学学术协会之一设定的，包括研究、教学和社区服务的专业标准。

常规

托马斯·布拉斯博士的斯坦利·米尔格拉姆网站：http://www.stanleymilgram.com/。这个网站提供了关于社会心理学家斯坦利·米尔格拉姆和他备受争议的研究的信息，参见本章的伦理座谈小组。

美国国家卫生研究所生物资源：http://bioethics.od.nih.gov/IRB.html。这是一个以美国的人类受试者研究的相关信息为主的重要网站。你可在该网站找到信息、规章和网络指导。

总统委员会生物伦理问题研究：http://bioethics.gov/。这个网站提供了关于人类受试者研究和研究伦理的信息。

美国卫生部门和保护人类研究的人类服务办公室：http://www.hhs.gov/ 57
ohrp/。这个网站提供了有关人类研究保护办公室、相关章则、教育资源等信息以及有关人类受试者研究的新闻。

互联网研究伦理

美国科学发展协会关于网络空间人类受试者研究的伦理和法律报告：http://www.aaas.org/spp/sfrl/projects/intres/main.htm。这份 1999 年的研讨会报告列出了大量有关互联网研究的具体建议，从建立一个取样知情同意表格的网站到为网络研究者提供特殊认证的可能性。

互联网研究员协会（AoIR）：http://aoir.org/。互联网研究员协会是一个由学者、学生以及该协会对伦理网络研究的指导等资源构成的多学科交叉的组织（见 www.aoir.org/reports/ethics.pdf）。

电子研究伦理：http://eresearch-ethics.org。这是一个提供论文和进行有关“电子研究”讨论的网站。

国际互联网研究伦理杂志：http://ijire.net/。该跨学科期刊发表了关于互联网研究伦理的理论性和实践性文章。

互联网研究伦理数字图书馆、资源中心和公共资源：http://internetresearchethics.org/。这个网站提供了信息、学术文章、建议和关于网络环境研究的伦理问题的“社会公共资源”。

参考文献

Ess, C., & the Association of Internet Researchers Ethics Working Group. (2002, November 27). *Ethical decision-making and Internet research: Recommendations from the AoIR ethics working committee*. Retrieved from http://aoir.org/documents/ethics-guide.

Frankel, M. S., & Siang, S. (1999, Novermber). *Ethical and legal aspects of human subjects research on the Internet*. Washington, DC: Scientific Freedom, Responsibility and Law Program, Directorate of Science and Policy Program, American Association for the Advancement of Science. Retrieved from http://www.aaas.org/spp/dspp/sfrl/projects/intres/main.htm.

Lawson, D. (2004). Blurring the boundaries: Ethical considerations for online research using synchronous CMC forums. In E. Buchanan(Ed.), *Readings in virtual research ethics: Issues and controversies* (pp. 80-100). Hershey PA: Information Science.

Office of Human Subjects Research Protections of the National Institutes of Health. (2000, August). *Sheet 6 guidelines for writing informed consent documents*. Retrieved February 12, 2007, from http://ohsr.od.nih.gov/info/sheet6.html.

Office of Human Subjects Research. (n. d.). *Regulations and ethical guidelines: The Belmont Report*. National Institutes of Health. Retrieved October 14, 2009, from http://ohsr.od.nih.gov/guidelines/belmont.html.

Slater, M., Antley, A., Davision, A., Swapp, D., Guger, C., Barker, C., … Sanchez-Vives, M. V. (2006). A virtual reprise of the Stanley Milgram obedience experiments. *PLoS ONE*, 1(1), e39. doi:10.1371/journal.pone.0000039.

Thelwall, M. (2010, July 12). Researching the public web: *eResearch ethics*. Retrieved from http://eresearch-ethics.org/position/researching-the-public-web/.

学习网站

访问学习网址 **www.sagepub.com/treadwell2e**，可获取以下资料：

- 网络资源；
- 推荐阅读；
- 电子抽认卡；
- 研究问题。

第四章 / 阅读研究

Reading Research

勇敢地踏入他人走过之处

To Boldly Go Where Others Have Gone Before

在学生时代，他与时间赛跑，并赢得了无数个检索冠军的称号，在机智而严苛的法官为他准备的列表中，他挖出了隐蔽的信息。（“在大学棒球赛的这一天，当全场全垒打第二高分出现时，世界上最小国家首都的降雨量是多少？”这是一个他带着特殊情感回忆的问题。）

——A. C. 克拉克(1984, p. 136)

本章概览 58

所有优秀的研究都是建立在前人研究的基础上的。对这些研究的回顾和综述是任何学术性论文开始的基础。回顾研究文献时应该提出研究主题、研究方法，最重要的是要提出拟将开展的研究如何促进我们对人类传播学的理解。找出相关的信息可能很简单，但学术性研究需要你找到既相关又可信的信息来源。本章将帮助你识别最为可信的信息来源并探讨检索它们的方法路径，以使你获得最相关且可信的结果。

开篇问题

- 为什么需要阅读其他人的研究？
- 在哪里能找到相关的研究？
- 来源之间有优劣之分吗？
- 找到相关研究有最好的方法吗？
- 如何识别出高质量的研究？

59 》图书馆研究：何必麻烦？

“如果说我比别人看得更远些，那是因为我站在了巨人的肩膀上。”

这句名言出自英国物理学家和数学家艾萨克·牛顿爵士（1642—1727），这句话说的是他的研究依赖于先前伽利略·伽利莱和约翰尼斯·开普勒对物理学和天文学的研究。

任何研究的目的都是增添新知识，其关键词是“增添”。除非你知道曾经有过什么研究成果，否则你不会知晓你的研究是否会增添新的知识或仅仅是对他人已有成果的复制。如果你想对未来有所贡献，你必须了解过去。

了解你所在领域里的学术研究，用研究术语来说，也就是“文献”，将启发你的研究，给予你在专业领域里一个宽广的视野，提出适宜的研究方法，并且向你展示你的研究在更广泛的知识领域里处于哪个位置。

一旦了解了已有的研究成果，你就能确定你需要研究的内容，并且相信你的努力会对人类传播领域产生深远的影响。你还能看到在你兴趣领域内他人所使用的研究方法，围绕你的兴趣领域展开的争论，以及如何以最好的方式进行研究。通过对你的兴趣领域以前和现在研究的综合和思考，你将能够比以前看得更远。

大多数情况下，你可以在大学图书馆找到已出版的相关文献。大学图书馆是学术性研究报告的一站式服务点。那里也会有其他资料，比如与传播学研究相关的报纸和录像。你也许想去查看此类资料，以便找到和你的研究相关的资料。然而，最终你会想去关注“文献”，即已经出版的符合学术标准的研究，你通常能够在大学图书馆的数据库中找到。

一份优秀的文献综述将会在以下方面对你有所帮助。

方法

焦点小组还是实地访谈？民族志还是实验法？阅读文献可以找出在你的兴趣领域内已被接受的研究方法。一份优秀的文献综述也会展现挑战传统智慧的方法，以及展现如何以最好的方式进行你感兴趣的研究的辩论。

伦理

大多数传播学研究是对人类受试者的研究。如何招募受试者、如何对待他们、如何进行事后的情况说明，这些在心理层面对受试者很重要，在专业层面对研究者也很重要。通过研究文献你会知道如何处理好这些关系，比如，作为研究必需的一部分的未成年人、欺骗问题，以及如何处理机密信息和保护信息提供者。

语言和风格

研究的专业性是由其语言和写作方式定义的。从你阅读的文章中，你将看到大多数研究论文所采用的公式化格式，代表每一门分支学科的语言以及其特定的引用、缩写和图表使用方式。就像广泛阅读是扩大词汇量和提高写作技巧的好方法，阅读研究论文也是扩大研究词汇量和写作技巧的好方法。

灵感 60

进行全面文献检索一个出乎意料又令人高兴的结果，就是找到“突破性进展”的论文，这会让一个难懂的概念突然明晰起来，准确地展示如何使用一种具体方法，或指出一个全新的方向。当你看到它时你会明白这一切。你可能会在一次不经意的搜索中发现它，但是系统全面的检索将会增加你发现它的概率。

总而言之，有目的的、系统的对相关文章和书籍的检索会让你“站在巨人的肩膀上”，并且使你正视研究项目，想象自己将如何着手进行，以及期待它将对我们理解人类传播做出贡献。

》找出关联信息，发现优质信息

在文献检索中我们想要获得两样东西——关联信息和优质信息。二者并不相同。

关联信息即对你有用的信息。在学术性研究符合研究界标准的情况下，优质信息是可信的、可靠的信息。信息可能具有高度相关性，但不具有任何学术品质，或者它可能具有高可信度却没有相关性。比如，你可能会发现《国家询问报》上有关于外星人传播的信息，这与你的兴趣高度相关，但并不具有任何学术价值。《新英格兰医学期刊》发表的研究具有高可信度，但可能和你公司研究的兴趣不相关。一项优秀的文献检索，其艺术性和科学性在于使关联性和品质相一致。

识别关联信息

大量高度关联的信息“就在那里”，大量无关联的信息也在那里。例如，用“传播”作为**搜索关键词**，你会搜索到关于大众传播、群体传播、人际传播和组织传播的资料，你还会搜索到电信传播、动物传播、外星人传播的信息。如果你的兴趣是修辞学和公共广播，那么你会被淹没在你不需要的信息里，即便它和传播相关。

图 4.1 解释了关联搜索的策略。你想找的仅仅是相关联的信息，你不想找出无关联的信息，也不想错过有关联的信息。在传播学领域，这可能很困难，因为其他学科——从进化心理学和网站设计到计算机系统和营销都可能与传播学研究相关联。获取关联信息的一个关键是拥有丰富的词汇，并且理解不同关键词之间的区别。比如，“团体”和“团队”虽然概念上相似，却可能在作为关键词搜索时产生相当不同的检索结果。

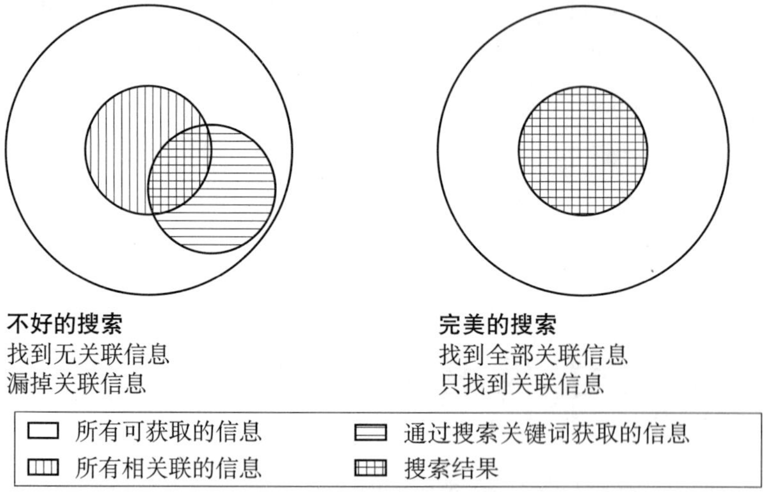

图 4.1　关联搜索

识别优质信息

优质信息即以满足学术标准的方式获取的信息。这些标准包括一个清晰的、可阐释的、符合伦理的研究设计；数据收集方式和分析在逻辑上适合研究设计；结果和结论对传播的理解做出原创性贡献。学术型期刊刊登的研究报告都是经过**行业评审**或**审核**的。一篇被评审的文章在被接受出版之前是被作者所在学术领域（同一行业）的其他研究者评估过的。在定义上，学术性期刊刊登的是符合学术标准且被评审过的文章，而其他期刊大多并非如此。

》学术数据库和搜索引擎 61

需要特别注意的是，并非所有学术性的相关研究发现都是在网络上进行的，寻找学术性研究之处是学术**数据库**，通常由大学图书馆托管。不可混淆数据库和**搜索引擎**，如谷歌、雅虎、必应、莱科思和元搜索引擎——对多个搜索引擎的结合。

搜索引擎受到欢迎的原因是其优雅简洁的界面。在输入框中输入所要搜索的关键词，得到的结果通常远不是你能处理的。比如，当我在写这一章时，用谷歌搜索“传播学”，结果显示 11.9 亿“检索结果”（是写作本书第一版时的两倍多）。搜索引擎的优点在于使用方便、获取便捷、界面简洁；其缺点，最为典型的是完全难以管理的搜索量和令人怀疑的搜索结果的质量。

如果你在研究中使用搜索引擎，要考虑一下你无法搜索到的内容。举例来说，我们很容易猜到《加拿大传播学期刊》（*Canadian Journal of Communication*）的文章是不会出现在搜索结果中的。搜索引擎的用处在于让你感知到“在那里”有什么内容，有哪些内容受欢迎。比如，本章结尾处列举的网络资源中包括谷歌的“zeitgeist”网站，这个网站能让你找到最流行的搜索关键词和搜索趋势。这是一条获知网民当下兴趣所在的途径，但任何建立在这些排行榜基础上的理解显然都是浅薄的。

从另一方面来说，数据库具有固定数量的条目，条目下有许多已经通过行业评审的学术性文章。你不会得到上百万个不相关的“检索结果”，你的研究结果应该具有高可信度。你可能自然而然地提高了搜索结果的质量，仅仅因为你更喜欢使用数据库而不是搜索引擎。

数据库类似于电话簿，你不得不去了解如何找到它们。你必须输入正确的姓名，才能找到正确的条目。错误的搜索关键词将会带给你“错误的”结果，或者根本没有结果。

62 相比搜索引擎，学术数据库的界面更加复杂。数据库的**检索字段**可以使你通过作者、发表日期、标题、主题，或其中的任何组合，来搜索一篇文章，这样搜索结果会更精确。一次精细的数据库搜索应该能够给你想要的结果，而没有任何你不想要的结果。比如，表 4.1 展示的是使用检索字段来扩大或者提炼搜索。

表 4.1 通过组合搜索关键词和检索字段来聚焦搜索结果

搜索关键词	检索字段		
	所有字段	主题搜索	标题搜索
传播	209,386	66,933	25,048
组织传播	2,418	2,215	21
非营利的组织传播	3	0	0

由于不同的数据库包含不同的内容，搜索相关文献时，你可以简单又集中地寻找最具关联性的数据库。比如，EBSCO 数据库的“传播学与大众传播”可能是你进行文献综述时一个不错的入手之处。如果你对商务沟通特别感兴趣，那么“商业资源数据库”也许更适合。

不要忘了第二章提到的在线学术交流协会（CIOS）。你可以使用一个关键词系统来开始你的研究项目，比如“可视化传播探索”或“理想的猴子”。

将相关的学术数据库和同行评审过的论文结合起来，你可以增加获得关联的、优质的搜索概率。但是，有两个注意事项：第一，不应局限于行业评审过的期刊，书籍、新闻媒介、网站也许具有关联性；第二，传播学研究的范围广泛，你可以在政治学、国际事务、心理学、新闻学，或者商业数据库中找到你需要的论文，最初的搜索既需要开阔的视野也要有集中的焦点。

再一次提醒，不是所有关联性的学术信息都必须是在线的，在学术数据库中使用具体的搜索关键词，应该就能够简单地完善研究结果。相比之下，在搜索引擎中使用概述性的搜索关键词，将会产生大量的结果，其中大多数是非学术性质的。不过，表 4.1 中的搜索结果显示，一次过于具体的搜索可能会使你错失与你兴趣相关的论文。

》学术性出版物、流行性出版物和商业性出版物之间，有什么不同？

学术性文章和流行性文章有什么不同？**学术性论文**，正如前文指出的，在发表前经过了行业评审。行业评审意味着期刊编辑在同意发表某篇论文之前，会征求相关领域研究学者的意见。这些评审人员通过审阅论文来决定此项研究是否符合专业标准、是否会对行业有所贡献，以及是否存在违反伦理的情况，比如抄袭。

如何知晓我阅读的是一篇学术性论文？ 63

标题“……期刊”是一个很好的提示，但其并不一定是学术期刊。另一个提示是文章格式。如果你看到“摘要”“方法”“文献综述”这样的开头，这很可能是篇经过评审的论文。出版频率也是一个提示，被评审过的出版物通常都是季刊，也可能是月刊，但通常不会是日刊或周刊。

相比之下，**流行性文章**的发表并没有经过评审，一般都是日刊或者周刊，并且受众群定位是一般读者。这类文章没有上面提到的副标题或是像学术性论文那样的参考文献列表。报纸和杂志文章是典型的流行性文章。

处于这两类中间的是所谓的**商业性出版物**。商业性出版物的文章，像学术论文一样，由专家所写，但这里的专家更可能是从业者而不是学者，并且他们的文章通常没有被同行评审或评估过。

相比学术性论文，商业性出版物中的文章更多是话题性的，因为这类出版物每天、每周或者每月都会出版，并且不会由于评审而延误发表。然而，对研究者重要的信息，比如文献综述、方法阐述、引用，将不会被包括其中。

选择学术性的、被评审过的期刊或书籍，是因为它们给了你获得第一手(原始的)研究资料的机会。流行性和商业性文章可能有摘要，但你需要深入到学术性的来源中去阅读原作者所写的内容。学术性论文经常在文章最后列出**引用**(“援引”)出处，以便让你知道它们的来源。流行性和商业性文章没有这个，你不得不接受一位作者告诉你的关于其他作者的内容。

》第一手资料和第二手资料

图 4.2 向你展示了两篇不同的关于“色情短信”的文章。如果你阅读的是第一篇文章，即**第一手资料**，你会发现篇幅较长，且具有学术研究论文典型的结构——摘要、方法、研究结果、探讨、结论和参考文献。相比之下，第二篇文章，出自《纽约时报》，是一份**第二手资料**，在一个相对短小的报纸专栏中，概述了第一手资料 10 页的内容，并且没有典型结构。（两篇文章的出处请见本章末尾的参考文献。）

全国性研究：青少年色情短信的流行和特点

Kimberly J. Mitchell, David Finkelhor, Lisa M. Jones and Janis Wolak

Pediatrics; originally published online December 5, 2011; DOI: 10.1542/peds.2011-1730

研究发现，未成年人发送色情图像并非如想象中的流行

安那海信·奥康纳报道

发表于 2011 年 12 月 5 日

图 4.2　关于色情短信的第一手和第二手资料

64 请注意，第二手资料在标题中便抓住了要点“未成年人发送色情图像并非如想象中的流行”，因为作者尽可能地对第一手资料的内容进行了概括。

第二手资料也许是可信的，就如上面《纽约时报》所展示的那样，或者从研究的角度来说，无论什么都毫无可信度。第二手资料的特点在于它们是对他人研究的概括总结，因此省略了其他研究者所需要的细节，而正是这些细节能够让他们充分理解研究。

阅读第二手资料可以快速概览整项研究。但如果你将自己的总结基于第二手资料，则是错误的，因为在对他人的概括进行总结的过程中，可能会放大第二手资料中的偏差和误解。你可以用第二手资料作为起点，但作为专业的、学术性的研究者，你需要深入研究第一手资料，然后写出你对这项研究的总结。

》文献研究的香槟杯模型

简而言之，你的**文献**研究应该呈现出香槟杯的轮廓。首先开始大范围的搜索并且获取大量的搜索结果，接着将你的发现缩小至很少的相关结果。有时，仅有一篇“突破性的”文章概括了一个话题的历史，解释研究方法并激励你进一步研究。在这些十分突出重点的发现被你引用后，你将能生成一系列更多高度相关的阅读文献，如图 4.3 所示。

(1)最初的搜索带来的是大范围的发现结果
这应该会使你获得
(2)非常具体的
引用文本，
随后
会生成
(3)更为高度相关的阅读文献。

图 4.3　文献研究的香槟杯模型

》搜索关键词和检索字段

搜索关键词是一次搜索的逻辑开始，同时也是对你使用词汇以扩大或限制搜索的一次练习。例如，如果“团队”作为搜索关键词没有产生很好的结果，可以尝试使用“团体”作为搜索关键词。

另一种扩大或限制搜索的方法，是使用学术数据库提供的检索字段。例如，如果你要探究 EBSCO 数据库“传播学与大众传播”，你会发现可以用作者姓名、文章标题和许多其他的字段来进行搜索。你可以只搜索一项或者将它们结合起来搜索。从任何给定的搜索关键词得出的结果，会由于是否选择的是数据库的综合搜索，或者文章标题或主题的限定而有所不同。主题词如“健康传播学”，是由作者和 65

出版者为了帮助搜索而指定的。主题词很重要，因为它们有助于查找文章，但不一定是出现在标题中的词语。想一想将标题视为文章的名称或标签会是什么情况。主题是文章的相关内容，因而主题搜索比标题搜索能获取更多的文章，而且很可能是更好的搜索起点。

表 4.1 展示了结合搜索关键词和检索字段来获得更多细节的例子。要注意的是选取具体检索字段的不同方式会造成搜索结果的迥异。表格最左边那栏引出了综合的和具体的搜索关键词。

在表 4.1 中，你可以看到，综合的搜索，如使用"传播"这种内涵广泛的搜索关键词，出现的是大量的难以控制的结果。另外，在主题或标题搜索中使用非常具体的搜索关键词，比如"非营利组织传播"，又搜索不出任何结果。在所有领域使用这个搜索关键词会产生三种结果：

- 国际传播协会年度会议的一篇论文。
- 连续出版物《传媒艺术》中关于非营利刊物设计和印刷的一篇文章。
- 一篇学术性期刊文章列出如下 61 篇参考文献。如果你对非营利传播有兴趣，那么你可以在这个搜索中找到这 61 篇相关的参考文献，至少根据刘易斯、理查森和哈梅尔（Lewis，Richardson，& Hamel）：

When the "Stakes" are Communicative. By: Lewis, Laurie K.; Richardson, Brian K.; Hamel, Stephanie A. Human Communication Research, Jul. 2003, Vol. 29 Issue 3, p400, 31p, 6 charts; (AN 10718624)

Cited References (61)

（要注意的是，上面的引用是对原始搜索结果的复制，不是美国心理学协会规定的格式，即我们在传播学研究中经常使用的引用格式，我们将在本章后面部分讨论。）

》如何利用国会图书馆进行文献搜索？

答案是主题词。你要熟悉国会图书馆的主题词。很多具体的主题词在学术性图书馆中都是标准的参考项目。主题词会告诉你国会图书馆如何进行信息分类。但更为重要的是，主题词提供了可供选择的搜索关键词，也许可以作为对你通过词汇限制或扩大搜索的一个提醒。这里举一个图书馆的例子：

66 如果你搜索图书馆的在线目录，输入关键词"受虐妇女"，你会发现上百条词目,这也许非常不错。但如果不识别图书馆自身使用的主题词——“受虐妇女”“受虐妻子”和“妻子虐待”,你可能会错过有关这个话题最好的资料。将这三个术语字段结合起来进行一次搜索,你会找到一千多条档案信息(Library of Congress,n. d.)。

换句话说,用“女性”和“虐待”进行搜索,能够大幅度增加你获取的相关“匹配记录”的数量。

》其他资源

期刊、书籍和数据库不是唯一可获得的资源,其他的资源包括目录、字典、百科全书、索引、年鉴、年刊、手册和摘要。其中一些作为资源在本章最后被列出。

》如何质疑信息,尤其是网络信息?

在评审过的期刊文章和质量参差不齐的网络资源之间,你最初的搜索结果可能在质量上参差不齐。当一个人在网站上向世界发布他或她的父母是火星人这一“事实”时,你评估网站时需要一点怀疑精神。以下问题会有助于你了解纸质和网络资源中的学术规范。

阶段 1:想想书籍或期刊

对网站提出你在质疑一本书或期刊时相同的问题:

- 作者的文凭(比如,教授、博士、哲学博士、医学博士)。
- 作者的任职机构(比如,大学、学院、公司、“智囊团”)。
- 出版和版次或修订日期。记住,一本频繁重印或现在已是第二十版的书,可能具有学术信誉,也可能只是很受欢迎而已。
- 出版商。作为学术性出版商,大学出版社和学术机构在学术上受到尊重。这并不意味着它们的书籍和期刊不带偏见,而是仅仅意味着它们有一个可信的学术水平。
- 标题。“在南极发现消失的犹太人部落”比“组织形象的概念化和评估:形象塑造、承诺和传播"，更能给你一些学术提示。

- 目标受众。从写作风格（词汇或句子长度和语言组织）上，你能猜出目标受众有哪些，以及作者的意图是说服性的还是告知性的。
- 客观性/主观性。你能发现哪些偏见？
- 覆盖面——全面的还是有选择性的？
- 写作风格——流行的、专业的，还是学术的？
- 评论（如果有的话）。用作者姓名或文章标题作为搜索关键词，你可能会找到对这篇文章的评论，这会给你提供一些批判的视角。
- 引用。作者借鉴了哪些参考文献（可信的或不可信的）？

67 **阶段 2：有关网站的其他问题**

- 网址告诉了你什么？它是 .com、.edu、.org、.mil、.gov，还是其他的域名？
- 网站有告知你内容接受或拒绝的标准吗？它接受所有投稿，还是要进行审核？
- 网页内容是由哪些人组织编写的？有明确的专业知识吗？要注意的是，"专家"并不意味着没有偏向性。我们希望 XYZ 公司的网站成为有关 XYZ 产品的权威信息来源，并且不出所料地偏向这些产品。
- 网页内容有可能是讽刺文学或喜剧吗？在学术界不常见，但是确实存在。举个例子，查阅《不重复结果周刊》（*Journed of Irreprodnctble Results*，http://www.jir.com/）。
- 是否提供了联系方式？
- 你能够证实网站所说的或所展示的内容吗？如果不能，该网站在学术性上应受到质疑。
- 网站的文件过期了吗？网站最后更新是什么时候？
- 类似的网站：如果你用相似的名称、网址或内容在互联网上对网站进行搜索，得到的信息品质如何？

很多图书馆网站都通过示例演示了如何辨别网站优劣。本章最后列出了一些。

》布尔先生和三只小熊

将搜索结果数量减少至可操作范围的一个方法，是提出正确的问题组合。

英国数学家乔治・布尔（George Boole，1815—1864）发明了一套代数语言，三个最基础的操作是“和、或、非”。这便是**布尔运算符**的相关性。假如你并不十分明智地使用“传播”一词作为关键词进行搜索，即便是在数据库中，你也很可能被淹没在大量无关联的结果中。如表 4.1 所示，一次这样的搜索会产生超过 20 万条结果。如果使用关键词“史密斯”搜索作者，你也可能同样被淹没在大量无关联的结果中。但如果使用“传播和史密斯”进行搜索，搜索出来的结果数量将会明显减少。同样，组合“传播或电信”将会增加搜索结果的数量，“传播非电信”则会减少搜索结果的数量。

表 4.2 展现了在 EBSCO“传播学与大众传播”数据库中搜索时对布尔运算符的使用情况。我对传播学研究中的女性主义视角感兴趣，所以我对“传播”和“女性主义”分别进行了搜索，然后用布尔运算符组合了三个关键词。你可以看到用操作符进行搜索关键词的组合可以明显地减少搜索结果的数量。 68

通过讲述金发姑娘和三只小熊的故事，文学搜索能够产生特别大量、特别少量，或恰如其分的结果。布尔先生的操作符能够助你将搜索调整至“恰如其分”。

表 4.2　布尔搜索关键词的使用

搜索关键词	**结果数量**
传播	171,947
女性主义	2,008
搜索关键词组合	
传播或女性主义	172,901
传播非女性主义	170,893
传播和女性主义	1,054

》保存搜索结果

记录搜索结果的办法包括使用传统的纸和笔、打印或转存到闪存盘以及收藏网址。将结果保存至闪存盘既环保又很有意义，因为能够准确地记录引文。必要时，还可以将保存的内容再编辑为文献综述。但是要注意，准确地记录引文并不一定意味着要用写报告的格式。数据库让你越来越想选择你想用的格式(美国心理学协会格式、现代语言协会格式或者芝加哥格式)来保存引文，但是你应该检查一下。纸和笔仍然是有用的，因为它们会让你对搜索中的重要内容一目了然，而且可以总结你认为重要的细节。

必须记录的信息

你必须记录详细的文献目录信息。文献目录信息是标识具体的书、期刊、报纸文章、网站或者引文的唯一信息，以便读者能够立即查找到它。对于印刷媒介，文献目录信息包括以下项目，确保将这些项目全部记录下来，因为你的文献综述和研究报告的参考文献部分将会用到这些。

- 作者——全名。注意美国心理学协会的引文格式是保留作者名字的首字母和姓氏，其他格式是保留作者的全名。一开始就要将名字的全称记录准确，这样你在需要的时候就能找到。记住，其他的引文格式可能使用的是名字，所以记下名字总比不记要好。
- 书籍或其中出现的文章和期刊的标题。
- 如果是期刊的话，记录下出版日期、卷号和发行号。
- 如果是书籍的话，记录下版本。
- 期刊中这篇文章的页码。
- 从书籍或期刊上复制的直接引语，记录下该引语所在页面的页码。
- 如果是网站，你还要记录下其网址（URL），如果有的话还要记录下**数字对象标识符**（doi），以及你下载信息的日期。报告文件下载日期时，由于网址或数字对象标识符会充分标识出很多网络资源，因此格式就变得没那么重要。举例来说，儿科期刊的一篇关于色情短信的文章会有它自己的数字对象标识符。当你添加 http://dx.doi.org/到网络浏览器的地址栏时，数字对象标识符会直接导向原始文件或对象。

应该记录的信息

你应该记录你最感兴趣的信息，例如为什么和如何进行研究，研究的结果和结论是什么。

69 通常你会想要记录下这些：

- 方法——如何进行研究。
- 结果——研究的结果和得出的结论。
- 参与者——研究对象是哪些人或者是什么事物（进行批判性分析或内容分析时）。
- 研究的独特之处——它的特殊性在哪里。

表 4.3 展示了一个总结和记录搜索结果的可行方案。这一实例最初源于一个研究兴趣点，即搜索有关美国新闻媒介倾向性的研究。开始研究时，你可能更喜欢在笔记本或索引卡片上使用表 4.3 中的标题，直到你对能够最好地概括你的研究发现的标题有了更具体的想法。绘制如表 4.3 那样的表格或你自己设计的表格，正如你在网络数据库中进行搜索，表格式数据库会允许你根据作者、日期、标题、关键词来将你的记录分类。很多数据库允许你建立自己的网络搜索结果文件夹，并且允许你对研究结果采用特定的格式，如美国心理学协会格式。

将文章和网址收藏是组织信息的一种方法，虽然这个过程不会将你标识出来 70
的信息进行总结。对一些人而言，手写的总结样式（如表 4.3）是有用处的，因为手写的过程会帮助他们对材料内容和隐含意义进行更多的思考。另一些人发现的一个总结信息的有效办法是，将他们的研究总结输入到个人建立的数据库，标记他们自己的搜索关键词，这样检索起来会十分方便。

表 4.3　目录学研究的一种总结方法

1		
标题	**作者**	**发表细节**
Group Allegiance and Perceptions of Media Bias: Taking into Account Both the Perceiver and the Source	Ariyanto, Ainarina Hornsey, Matthew J. Callois, Cindy	Group Processes & Intergroup Relations, Apr. 2007, Vol. 10, Issue 2, pp. 266-279 (CMMC database, March 27, 2010)

概述

研究评价了新闻来源可被感知的宗教立场和读者的宗教信仰之间的相互作用。

同样一篇文章如果发表在一份伊斯兰教的报纸上，则被看作倾向于伊斯兰教；如果发表在一份基督教的报纸上，则倾向于基督教。当无法识别出报纸的宗教性质时，则是中立的。

对“敌对”媒体偏见的感知，通常伴随着对自己宗教信仰的强烈认同感。

当人们先验性地觉得媒介对他们有偏见时，他们就会用那些想法来理解媒介。

方法

实验设计。印度尼西亚的伊斯兰教徒和基督教徒分别阅读一篇描写各宗教间纷争的文章。对所有读者来说文章是一样的，但被确定为来自伊斯兰报纸、基督教报纸或无派别报纸。

我的笔记

让有具体宗教信仰的人对据称是其他宗教的文章做出反应，是有趣的（独特的？）设计。这是一个衡量感知而不是媒介内容的实验设计。我能找到对社论的客观评价吗？同样，我的最初兴趣在于美国媒介，我能在美国媒介上发现什么？

续表

2		
标题	作者	发表细节
Objective Evidence on Media Bias: Newspaper Coverage of Congressional Party Switchers	Niven, David	Journalism & Mass Communication Quarterly, Summer 2003, Vol. 80, Issue 2, pp. 311-326 (CMMC database, March 28, 2010)
概述		
调查报纸对国会议员党派变动，即议员在任期内退出原来党派的报道，目的在于找到媒体倾向性的客观证据。基本上发现对民主党人和共和党人退党的报道十分相似。		
方法		
查看变动党派的四位国会议员（民主党和共和党）的报纸报道，调查他们变动党派前 7 天和后 30 天的新闻报道；查看全国性的报纸，每位成员都是本州候选人；分析基于解码器对报纸段落的"语气"（积极或消极）判断。		
我的笔记		
哈哈！的确是我想要的内容。 内容分析是不错的方法，比记者采访更加客观。继续研究本篇文章的引文。不过，还需要查找访谈研究，找出社论或新闻可能产生偏见的原因。		

》写下你的搜索结果：文献综述

当你写研究报告时，读者想知道你的研究理由和对现有知识领域的贡献。这意味着你要以文献综述的形式来总结你的搜索结果。

文献综述是对图书馆研究的总结，但又不能仅限于总结。评价每篇文章和评估其重要性也是你的工作。一篇评论有两种基本写法。

有些评论可能要像"历史"一样直白地书写，以时间为序写下你的相关发现。这会给读者一种你的话题随着时间改变的感觉，让读者随之进行思考。

如果你的观点与学者们不一致，你可以用"赞成—反对"的形式写下你的发现，然后得出结论。比如，你可以基于方法评论，探讨所有以调查的方式进行的研究和所有以实验的方式进行的研究，然后说明为什么你所提的方法最适合你的研究。

记住，文献综述是最终研究报告的一部分，用来向其他学者说明你进行的是可信的、专业的研究。对相关文献的一份深刻评论，应该在读者阅读你的研究细节之前，引导他们得出你“完成了你的任务”的结论，并且认为你的研究项目是有价值的，能够丰富已有的知识。

格式问题 71

学术性论文具有特定的展示信息的标题和方法，可以清楚地标记自己为学术性论文而不是商业性或流行性出版物。社会科学中最常用的是**美国心理学协会**（APA）格式，本书的参考文献部分即应用了这一格式。其他两种你可能会遇到的格式是**芝加哥**和**现代语言学协会**（MLA）格式。我们在表 4.4、表 4.5 和表 4.6 中对这三种格式简单地做了总结。

表 4.4　一分钟了解美国心理学协会格式

下面是对三种常见的美国心理学协会的引文格式的说明。按出现的先后顺序分别是一本虚构的书、一篇检索自数据库的期刊文章、一篇无作者且无日期的网络文章（未注明出版日期）。 你应该正确地引用他人的作品（Able，1945）。贝克和科尔曼（Baker and Coloman，2007）说过，标记出你引用过的他人作品是一项伦理责任。全国困惑格式使用者协会（NAPSU）也认为有必要提供给读者准确无误的信息，以便他们能够找到你进行总结的原始资料（“使用引文格式”，未注明出版日期）。 美国心理学协会格式将所有引用的资料按照作者姓氏的字母顺序排列，并且置于文章最后单独的“参考文献”部分。这一部分常另起一页。 注意“doi”的使用，doi 即数字对象标识符，是一个特有的、永久的知识产权客体标识符——大多是电子文件。如果一份文件具有一个标识符，就无须网址或检索日期来识别它。 参考文献（另起一页） Able，C. D. (1945). *A philosophy of citation*(2nd ed.). Boston：Fictitious Books. Baker，K. ，& Coleman，F. (2007). Thinking about ethical communications：A guide for the perplexed. *Ethical Communications Quarterly*，45(2)，10-27. doi：10. 1234/00456-7890. 123. 4. 567. *Using citation style in a web-enabled millennium*. (*n. d.*). Retrieved from http://www. NAPSU. org.

表 4.5　一分钟了解芝加哥格式

下面是对三种常见的芝加哥引用格式的说明，使用的是作者—日期方式。按出现的先后顺序分别是一本虚构的书、一篇检索自数据库的期刊文章、一篇无作者且无日期的网络文章（未注明出版日期）。

你应该正确地引用他人的作品（Able，1945）。贝克和科尔曼（Baker and Coleman，2007）说过，标记出你引用过的他人作品是一项伦理责任。同样你也有义务提供给读者准确无误的信息，以便他们能够找到你进行总结的原始资料（全国困惑格式使用者协会，未注明出版日期）。

芝加哥格式将所有引用的资料置于文章最后单独的"参考文献"部分。这一部分常另起一页。

注意"doi"的使用，doi 即数字对象标识符，是一个特有的、永久的知识产权客体标识符——大多是电子文件。如果一份文件具有一个标识符，就无须网址或检索日期来识别它。

参考文献（另起一页）

Able，Charles D. 1945. *A philosophy of Citation*. 2nd ed. Boston：Fictitious Books.

Baker，Kevin，and Frederick Coleman. 2007. "Thinking About Ethical Communications：A Guide for the perplexed." *Ethical Communication Quarterly* 45（2）：10-27. doi：10. 1234/00456-7890. 123. 4. 567.

National Association of Puzzled Style Users. n. d. *Using Citation Style in a Web-Enabled Millennium*. Accessed November 15，2012. http：//www. NAPSU. org.

表 4.6　一分钟了解现代语言学协会格式

72 下面是对三种常见的现代语言学协会引用格式的说明，使用的是作者—日期方式。按出现的先后顺序分别是一本虚构的书、一篇检索自数据库的期刊文章、一篇无作者且无日期的网络文章（未注明出版日期）。

你应该正确地引用他人的作品（Able，1945）。贝克和科尔曼（Baker and Coleman，2007）说过，标记出你引用过的他人作品是一项伦理责任。同样你也有义务提供给读者准确无误的信息，以便他们能够找到你进行总结的原始资料（"使用引文格式"）。

现代语言学协会格式将所有引用的资料置于文章最后单独的"参考文献"部分。这一部分常另起一页。

参考文献（另起一页）

Able，Charles D. *A Philosophy of Citation*. 2nd ed. Boston：Fictitious Books，1945. Print.

Baker，Kevin，and Frederick Coleman. "Thinking About Ethical Communications：A Guide for the Perplexed." *Ethical Communications Quarterly* 45. 2（2007）：10-27. Print.

"*Using Citation Style in a Web-Enabled Millennium*." National Association of Puzzled Style Users，n. d. Web. 23 Mar. 2012.

除了这些学术性格式,你还可以发现学术内容出版者所采用的更多的特定格式。可能让人疑惑的是,一些学术性出版物可能会修改某种格式为己所用,比如要求的是美国心理学协会格式,却列出了作者的名字。芝加哥格式还有两种"副格式"。人文科学的书写中用的是注解和索引格式,物理、自然和社会科学中用的是作者—日期格式。表 4.5 是使用芝加哥作者—日期格式的一个例子。

格式指南明显地会因学术研究书写和引用的具体情况而不同。比如,美国心理学协会格式不要求在参考文献中列出作者的名字;芝加哥和现代语言学协会格式却要求列出。紧随作者姓名后的圆括号内的数字,在美国心理学协会格式和芝加哥格式中表示的是发表年份,但是在现代语言学协会中却是页码。但更为重要的是它们的相似之处。所有格式都要求列出副标题来标示文献综述、研究方法、结果、探讨、结论,以及其他人著作的列表。它们也都要求语言和格式前后统一,这样才不会让读者感到困惑,以及要求准确地写出引文出处以便读者找到所引用的资料。

在文后列出所参考的他人著作时,美国心理学协会格式是很多传播学学者采用的格式。在正文中使用"作者(日期)"格式,将引用的全部资料按作者姓名的字母顺序放在论文的最后。

你可以查阅网站和规范指南中(在任何学术性图书馆中都能找到)有关三种格式的详细说明。

伦理专栏

政治和出版

2009 年 7 月,《纽约时报》揭露了国家公路交通安全管理局办公室隐瞒了一份关于开车时使用手机的危险情形上百页的研究报告(Richtel,2009)。

批评者认为这项决定会导致伤亡,并且让开车时做其他事的文化蓬勃发展。研究指出,开车人边打电话边开车,发生车祸的概率是正常驾驶时的四倍(Richtel,2009)。因此,我们质疑为什么这项研究没有被及时公布。

这里似乎会出现两个答案。其一,机构负责人显然被勒令隐瞒研究报告,以 73
免得罪国会议员,这些人不想公路交通安全管理局去游说政府通过立法手段解决问题。其二,研究数据可能只是初步性的而非结论性的。

这一研究提醒我们,并不是所有关于人类传播的研究数据都可以在学术图书馆里查阅得到。此类数据也可能只掌握在商业组织和政府机构手中。更重要的是,这一研究提出了几个重要的伦理问题。

问题

- 研究报告的出版权受制于政治机构、学术机构和商业机构,这种情况公平合理吗?

● 涉及健康和安全的研究永远是“结论性的”吗？比如，在传播学研究中，研究者需要什么类型以及何种程度的研究，才能有足够的自信去建议不能向一定年龄以下的儿童售卖动作视频游戏？

本章要点

优秀的图书馆研究将会在这些方面引导你：

- 在相关的学术领域其他研究者的发现；
- 研究方法；
- 研究伦理；
- 语言和风格。

你应该了解：

- 数据库和搜索引擎的区别；
- 第一手资料和第二手资料的区别；
- 学术性、商业性和流行性出版物三者的区别；
- 如何通过使用合适的数据库、搜索关键词和搜索技术，来进行图书馆研究；
- 学术性论文的基本格式和风格。

重要术语

美国心理学协会
目录学
布尔运算符
芝加哥格式
引用
数据库
数字对象标识符
检索字段
搜索关键词
现代语言学协会
行业评审
流行性文章
第一手资料
审稿工作
学术性论文
搜索引擎
第二手资料
商业性出版物

应用练习

练习 1：美国心理学协会格式

看看图 4.2 中第一篇文章的标题，摘自《儿科》(*pediatrics*)期刊的主页，将其改写成美国心理学协会的引文格式。

练习 2:比较第一手资料和第二手资料

看看图 4.2 中引用的《儿科》期刊论文和《纽约时报》关于色情短信的文章,仔细比较这些第一手资料和第二手资料,并回答下面的问题:

- 《纽约时报》的文章省略了《儿科》期刊论文中的哪些内容?《纽约时报》的文章中哪些内容是《儿科》论文中没有的?
- 假设《纽约时报》的文章是用来帮助和指导父母的,你认为可以使用哪些写作技巧来吸引和鼓励这样的读者并且使他们保持兴趣?

练习 3:搜索关键词和布尔运算符

写下所有你可能使用的关于社交媒体学术论文的搜索关键词。

运用布尔运算符来整合这些搜索关键词,将研究集中于:

- 社交媒体和青年;
- 社交媒体和亲密关系;
- 社交媒体和公共关系。

要注意的是,这不仅仅是对于布尔运算符的练习,还是对词汇的训练。比如,“社交媒体”这一搜索关键词可能范围相当广泛。除了“社交媒体”,你还可以用哪些关键词来缩小搜索范围?同时也要注意,“青少年”“亲密的”“公共关系”这些关键词是类似的,可能会产生更好或更差的搜索结果。对于这三个关键词,找出可以替换的词语以缩小或扩大搜索范围。

推荐阅读

Communication Yearbook. 这是关于传播学研究的年鉴,由国际传播学协会出版。它汇集了传播学研究方面的深度论文,比如有关人际、健康、组织、跨文化、国际、技术、政治、修辞等方面。

Cull, N. J., Culbert, C., & Welch, D. (2003). *Propaganda and mass persuasion: A historical encyclopedia, 1500 to the present*. Santa Barbara, CA: ABC-CLIO. 这是有关重要的宣传活动、人物、概念、技术和现有研究的调查。

Danesi, M. (2000). *Encyclopedic dictionary of semiotics, media, and communications*. Toronto, ON: University of Toronto Press. 这本书描述了关键词、概念、人物、学派以及与之相关的历史运动。

Jones, S. (Ed.). (2002). *Encyclopedia of new media*. Thousand Oaks, CA: Sage. 这本百科全书研究了新媒体环境下人物、技术创新、理念以及法律和社会问题。

75 Lievrouw, L. A., & Livingstone, S. (Eds.). (2009). *New media*. Thousand Oaks, CA: Sage. 它涉及与新媒体相关的历史、经济、社会，以及行为方面的问题。

Rubin, R. B., Rubin, A. M., & Haridakis, P. M. (2010). *Communication research: Strategies and sources* (7th ed.). Belmont, CA: Wadsworth. 这本书有助于你学习图书馆研究技巧、学术性写作以及美国心理学协会格式。

以上文献提供了传播学一些关键领域的概览。你可以在你的学校图书馆找出更具体的资源，如《广播和有线年鉴》或者《政治传播学研究手册》。

推荐网络资源

传播学学术期刊：http://www.ascus,info/#。传播学学术期刊一统一系统(ASCUS)是一个非营利性的、社会主导的、全文本的传播学学术出版物。该期刊联合了学术界、社会团体和出版商，以低价广泛发行。

美国心理学协会：http://www.apa.org。它提供了有关人类传播学在心理学方面的建树和资源以及美国心理学协会格式规范。

传播学电子期刊：http://www.cios.org/www/ejcmain.htm。这是最早实行同行评审并以电子方式发行的学术期刊之一。

国会图书馆分类大纲：http://www.loc.gov/catdir/cpso/lcco/。这一网站列出了国会图书馆馆藏的分类和主题标目，有助于你在文献研究中识别关键词。

媒介和传播学研究网站（阿伯里斯特威斯的威尔士大学）：http://www.aber.ac.uk/media/index.html。这是一条元索引，提供了相关论文、参考文献、推荐阅读，以及有关电视、电影等其他媒体的访问链接。

飞梭之声：媒介研究：http://vos.ucsb.edu/。圣塔芭芭拉的加利福尼亚大学的刘艾伦，提供了有注释的资源链接，内容涉及媒介理论及理论家、媒介历史、电视、电影/视频、新媒体流行音乐、新闻、广播、漫画、电信议题、消费主义和广告、审查制度、期刊、部门、项目和专业协会。

评估网站

康奈尔大学图书馆"评估网站：标准和工具"：http://www.library.cornell.edu/olinuris/ref/research/webeval.html。

新墨西哥州立大学图书馆"评估标准"：http://lib.nmsu.edu/instruction/evalcrit.html。

普渡大学"对印刷资源和互联网资源的评估"：http://owl.english.purdue.edu/

owl/resource/553/04/。

以上网站是众多提供网络内容学术可信度评估标准的一部分。珀杜大学网站探讨了印刷内容和互联网内容框架的区别。

其他

美国图书馆协会伦理准则(ALA):http://www.ala.org/ala/issuesadvocacy/proethics/codeofethics/codeethics.cfm。这个网站提供了美国图书馆协会伦理准则,其强调的是学术自由和信息的自由流动。

其他人在搜索哪些内容?

你可以在这个网站根据时间、分类或国别找到最受欢迎的非学术性搜索关键词:http://www.google.com/intl/en/press/zeitgeist/index.html。

参考文献 76

Clarke, A. C. (1984). *The fountains of paradise*. New York: Ballantine Books.

Library of Congress. (n. d.) *The library's catalogs*. Retrieved from http://memory.loc.gov/ammem/awhhtml/awsearchcat.html.

Mitchell, K. J., Finkelhor, D., Jones, L. M., & Wolak, J. (2011, January 1). Prevalence and characteristics of youth sexting: A national study. *Pediatrics*, 129 (1), 13-20. doi: 10.1542/peds.2011-1730.

O'Connor, A. (2011, December 5). Sending of sexual images by minors isn't as prevalent as expected, study finds. *The New York Times*. Retrieved from http://www.nytimes.com.

Richtel, M. (2009, July 20). U. S. withheld data on risks of distracted driving. *The New York Times*. Retrieved from http://www.nytimes.com.

学习网站

访问学习网址 **www.sagepub.com/treadwell2e**,可获取以下资料:

- 网络资源;
- 推荐阅读;
- 电子抽认卡;
- 研究问题。

第五章 / 测量

Measurement

用数字进行研究

Research Using Numbers

我经常说，当你能评估你要说的内容，并且能用数据表达出来，你对所说的内容是有一定了解的。但是如果你不能评估你要说的内容，而且不能用数据表达出来，那么你的知识属于贫乏且不符合要求的类型。

——开尔文勋爵[威廉·汤姆森(William Thomson)，男爵一世]
(1824—1907)，英国物理学家和数学家，见《流行的演讲与演说》，
第一卷(London，1889，p. 73)

77

本章概览

本章主要介绍一种研究人类传播的定量方法。如果我们对研究数据有信心，它们就一定能测量出测量对象的内容(效度)且能持续如此(信度)。本章讨论有关效度和信度的一些重要概念，等类、等序、等距和等比测量标准，还有在传播学研究中被广泛使用的两个**量表**——李克特(Likert)量表和语义分化量表。

开篇问题

- 怎样测量传播?
- 什么是测量?
- 所有的传播现象都能被测量吗?
- 如何确认我真的在测量我应该测量的?
- 如何测量智力、忠诚或隐私之类的属性?
- 数据可以比文字更好地描述人类传播吗?

》头围、态度和可读性之间有什么共通之处? 78

19 世纪的**颅相学家**认为头盖骨尺寸及形状可能与精神属性,比如说理解语言或数学概念的能力有某种联系。毕竟,如果你有颗大脑袋就一定很聪明,对吧? 21 世纪类似关联会被否定,但是头围、可读性和态度之间有一点关联,它们都经过了测量,这就是本章主题。

正如我们将在第十一章所述的,定性研究者对本章开头所引述的开尔文勋爵的观点存有异议,但是我们中的大多数人都本能地认为,测量并以数字表示事物不失为一种理解世界的好方法。思考一下生活中的数字。卡车是根据其每加仑行驶的英里里数来做广告的;委员会是在“六票支持,两票反对”的基础上做出决议的;学院升学和助学金也基于类似测量比如说 GPA、GRE 和 SAT 的成绩;广播电视节目成败依赖于市场占有率和观众收视率;政客的胜败取决于支持率、民意调查,当然还有投票情况;网络广告要考量广告点击次数;你根据自己身体的尺寸来买衣服和鞋子。还有滞空时间、码距、跑垒得分、助攻和让步赛等级统计数据。

用数字表示事物看似赋予了这个模糊的世界以精确性,当然它也是所有统计分析的基础。

本章讨论传播学研究中的**测量**。首先来看两个定义:

- **数字符号**是标签。单独来看,“13”“2013”和“64”不是数字而是现象的标签。它们可以是街道地址、商标名字、新型飞机或者古龙香水。
- **数字**赋予现象以价值和关联性。比如,可以用数字 1~5 表示对一种说法赞同的加深程度,要求人们根据这个尺度来给出他们的赞同度,这个尺度就是“1=极度反对”和“5=极度赞同”。作为年龄来说,“64”岁意味着这个人在地球上生活的时间长于“13”岁的人。

数字也使得研究者有能力做精确的区别和概括。

当试图判定团体之间是否存在“真的”差异时,做出精确区别的能力很重要。比如,一项调查显示,一个女性团体的 48%和一个男性团体的 52%更偏向于候选人 X,那么我们可以假设在更大范围的投票中,候选人 X 将会赢得男性的青睐而失去女性的支持吗? 或者存在两个团体在态度上是相同的可能性吗?

数字和统计方法使我们能够通过各种置信标准进行概括。直观来说,如果上述小组只有 10 名男性和 10 名女性，我们就很难预测全国大选的结果；如果上述小组每组有 100 人，我们会确信；如果是 1,000 人的话，我们会深信不疑。正如下文所述，统计计算赋予了我们基于数字进行概括的能力，并指出对这些普遍化推论可持的置信度。

数字在应用传播领域，如市场、政治传播、广告、员工传播以及舆论跟踪中的一个主要优势在于处理答案的简便性。如果 2,000 个人每人写一页关于媒体暴力的观点，你就会陷入无限繁复的阅读中。如果将同样的 2,000 个人关于媒体暴力的观点置于 1（极度反对）到 5（极度赞同）的尺度之中，他们的反应可以通过邮件、电话、网站或者光扫描器轻易收集，并且一旦被收集，就可以立即用电脑对其进行分析。

79 当然，那些反对开尔文勋爵观点的人认为，仅仅采取数字的方法会忽略定性信息，因此会错失很多信息和深入理解人类传播的可能性。他们也是对的。我们将会在第十一章中更详细地探讨定性方法的优势。

》尺度介绍

本质上，测量是确定人们或媒介内容是否具有我们感兴趣的内容的过程。比如，我们可能对人们一周看 5 个小时或 50 个小时的电视、对宗教宽容度的得分是高还是低、或者他们是富裕还是贫穷这样的问题感兴趣。很明显，这些问题的答案精确度参差不齐，研究者的主观判断也不同。

例如，测量一个人花在看电视上的时间相对容易。仅计算他看电视的时间就能得到答案。如果两位独立的观察者进行了测量，且结果一致，那么我们就对这一测量有更多信任度。

另外，测量一个人是贫是富是存在疑问的。我们可以测量出一个人的财产，但这会引出两个问题。第一，我们怎样才能精确地测量财产？第二，假设我们已有好的测量财产的方式，比如说美元，但我们怎样判定拥有多少美元算是富裕，拥有多少美元算是贫穷呢？虽然银行账户里的美元总数可以被计算和证实，但是富裕和贫穷是相对的。尽管标准很清晰，比如说一年收入超过或低于 5 万美元，但建立这种分类以及将个人归类，都是主观的，并可能受到政治因素的影响。

在测量过程中常会产生两个问题。第一，在实践中我们应该测量和记录什么？

第二，测量能捕捉到我们感兴趣的内容吗？例如，传播学研究者经常记录人口统计学方面的信息，如政党归属、教育水平或者性别，这些是合理和常见的“测量”。但是精确来说，共和党人比民主党人好在哪里？毕业生比大二学生好在哪里？女性比男性好在哪里？这些问题不易回答。其中一些人口统计学的可变因素比分类还多，分类是一种非常低水平的测量，我们将在后面讨论。

》NOIR 研究

本书并不涉及黑色电影，NOIR 是首字母缩略词，可以帮助你记住测量的基本标准。NOIR 代表四项最基本的测量标准——**等类、等序、等距和等比**。

测量可以是等类的——本质是分类，等序的——允许等级排序，等距的——允许统计计算，等比的——允许更多、更复杂的统计操作。

等类测量

例如：纽约、内华达、爱达荷、加利福尼亚、安大略湖、魁北克；

男性、女性；

报纸、广播、电视。

等类测量实际上是分类或整理。例如，男性、女性；佛教徒、基督教徒、穆斯林、 80
印度教徒；还有 413、508、603、775 也都是一种等类“测量”。尽管前两个例子在用电脑处理时会被编码，或转化为数字，但它们仍然是类别。将男性**编码**为 1，女性**编码**为 2，无非是找了个标签替代，因为此例中“1”和“2”是数字符号而非数字。同样，413、508 和 603 是地区代码，它们是数字编码而非数字，它们“测量”不了任何东西。你不能使它们增加或者使用一种“平均地区代码”。775 地区代码并不大于 413 地区代码(除了可能主观臆断那些人生活在内华达)。

从等类变量中能够生成的唯一数字是百分比，比如说“调查对象中，30％为男性，70％为女性”。

等序测量

例如：大一学生、大二学生、大三学生、大四学生；

第一、第二、第三；

学士、硕士、博士；

列兵、下士、军士。

等序测量表示的是连续标准。在某种意义上，一个种类所包含的事物是“多于”另外一个种类的。例如，学校档案表明二年级学生比一年级学生受到“更多”的教育。一般来说，父母、教师、学生对这种排序感到满意，但这种排序并不精确。大一学生和大二学生之间的区别只是在校时间、学分，还是二者兼有？如果这个区别是学分，那么多少学分才会有影响——一分、三分、六分还是九分？这个区别不甚清晰。我们不能说大二学生比大一学生多受了 X 时间的教育；我们只能以某种不太精确的方法，说大二学生在学校的时间“更长”和/或有“更多”的学分。

公众投票时，**排序问题**属于等序测量的范畴。如果你是根据某些属性给餐馆排序，比如说物超所值、便利性或者卫生条件，你就是在告诉研究人员你心目中的顶级餐馆是“更好”而不是“好多少”。作为研究者，我们得到了一种差别或比例的观念，但是没有数据可以计算。你不能从这种排序中得出餐馆 X 比餐馆 Y 好两倍，只能说“更好”。

等距测量

等距测量的基本特征是假设尺度上点与点之间的间距相同。在 NOIR 研究标准中，我们有工具可以将数字而非数字符号与可进行量化分析的结果联系起来。

在传播学研究中有两个经典的测量量表，分别是根据其发明者伦西斯·李克特（Rensis Likert）命名的**李克特量表**和由奥斯古德（Osgood）、苏吉（Suci）、坦嫩鲍姆（Tannenbaum）所倡导的**语义分化量表**（1957）。这两个测量量表将在后面讨论。等距测量在定量传播学研究中很常见。因为每学期期末都要填写课程评估表格，你很可能会对这种量表相当熟悉。

等比测量

等比尺度包含捕捉到属性空缺的“真正的”零数。有很多真实存在的零数，比
81 如零速度、零心跳或零大脑活动，还有绝对零度。同样，在人类传播中也有真实存在的零数。比如课堂出勤率或者去电影院的次数都可以是零，因为没有出勤或

去过电影院。也可能存在零收入、零就业率，如果你从没上过学就是零正规教育。

我们之所以注重此类型数据，是因为其决定了我们是否可以处理统计数据。等类数据只能用数字或百分比来报告。从以上等类数据的例子来看，我们只能做一些类似下面的报告：在一个 20 个人的样本中，12 人(60%)为女性，8 人(40%)为男性；或者 3 人(15%)偏爱报纸，7 人(35%)偏爱广播，还有 10 人(50%)偏爱电视。我们不能平均分配男性和女性去得出一个复合或者平均性别得分。

等序数据亦是如此。我们不能计算列兵、下士和军士身份的平均值，也不能计算大一学生、大二学生、大三学生和大四学生身份的平均值。同样，我们只能记录每学年的数据和百分比。但是注意，如果我们根据在校年数来明确上课情形，就可以在样本中为每个人平均分配数字，为样本得到一个年平均数。

在 NOIR 研究标准中有两个明显的变量分类(属性不同)。等类数据和等序数据属于“不连续”变量分类；等距数据和等比数据属于“连续”变量分类。

不连续数据在类别中“跳来跳去”。也就是说，一个人可以是大一学生或者其他年级学生，可以是军士或者其他军衔，可以是男性或者女性等。

连续变量会连续变化。比如说年龄，每天每小时每分钟每秒都在变化；收入会随着美元或美分变化；速度会随着每小时英里数或者每秒英尺数变化。很明显，连续变量提供了一个更为精确的测量标准，因此其比不连续变量更能捕捉到细微的差异和变化。相应地，它们也允许使用更为复杂的统计工具。我们可以计算等比数据和等距数据平均数或均值，以一种对不连续变量来说不可能的方法来探测它们之间的联系和差异。

因此，等比测量处于我们 NOIR 研究层级的顶端。需要注意的是，尽管不能像看待连续变量那样看待不连续变量，但是可以像看待不连续变量那样看待连续变量。例如，研究者可能收集了年龄之类的人口统计学方面的信息，但是却决定其真正感兴趣的是学生是否已过或未到法定饮酒年龄。这个例子检查了每个人的年龄，在此基础上每个人都会被贴上“已过饮酒年龄”或“未到饮酒年龄”的标签。实际上，这就有了两个不连续分组——“已过”和“未到”。我们现在有了一个等序标尺，而且这个连续变动的“年龄”不存在了。

将一个连续变量，如例子中的年龄转变为不连续变量，其优势在于，如果研究者几年内需要做涉及年龄的更为复杂的分析，最初的年龄依旧可用。但是这种方法仅适用于连续变量到不连续变量，反之则不适用。

在实际研究中，研究者可能会默认使用连续变量，因为连续变量允许进行最复杂的统计分析。原则上，我们应该考虑与理论（我们所探索的观点）、方法（怎样获取我们感兴趣的数据）以及数据（什么数据能更好地启发我们的研究）达到最大程度的契合。如果不连续变量足够，理论上就没有理由再去使用连续变量，尽管后者可以“博采众长”。

NOIR 的使用

下面探讨的是怎样用 NOIR 的四种不同标准来测量年龄变量：

82 等类：父母、孩子（注意：孩子可能年长于父母）

等序：孩子、青少年、成年

等距：年龄（年数）：____0～4 ____5～9 ____10～14 ____15～19

等比：____岁（年数）

之所以需要记住 NOIR，是因为统计计算会呈现出一种特殊类型的潜在测量。比如，如果你发现样本里有 7 名女性和 3 名男性，你就不能将女性编码为 1，男性编码为 2，然后平均这些得分，并且记录这组的平均性别是 1.3。“性别”作为变量是一个类别，它会导向分类而非计算。

大部分人不会犯这个错误，但其风险伴随着统计软件的应用而产生，其中大多数需要用数字编码的信息。尽管将男性编码为 M、将女性编码为 F 是可能的，但容易混淆之处在于可以用数字来表示一切事物并将男性、女性分别编码为 1 和 2。如果你要求，电脑恰好就能做它被要求做的，“平均”男性和女性，然后得出一个“平均”性别为 1.3 的报告。

》达到 NOIR 是不够的：信度和效度

可信的实验结果需要使用可信的研究工具。“可信”从一般意义上来讲意味着值得相信或可以信任。你必须使用你和阅读你研究的读者所信任的工具。在研究中，尽管从来达不到完全确信，但知道你的测量既有**信度**又有**效度**，信任可以达到最大化。

》信度

想象你有只走时不准的表。你 9:59 到教室,发现其他人的表都是 10:15。你迟到了！你调好你的表,隔天 10:00 到教室,却发现你来早了。其他人认为时间是 9:45。这就引出了一个认识论问题,即是否我们大多数人都认同的就是事实,也许其他人都错了。现在的关键问题是,你的表似乎不太准,你不能相信它。

很明显,我们不能依靠这只表给的结果,同样我们也不能依靠一个不可信的研究设备提供的数据。只有当我们接触到的其他计时装置显示是上午 10:00,且其他独立的观察者每个人看表后都认同是上午 10:00,以及当一个公认的独立标准,比如说官方"原子时间"显示是上午 10:00,这只表显示的也是上午 10:00,我们才能相信这只表显示的时间。换句话说,当这只表显示的是上午 10:00 时,我们想一遍又一遍地从多方来源看到和听到时间是上午 10:00。

准确的工具是必要的。不准确的里程表会使你陷入麻烦,不准确的传播学测量也是如此。一个捕捉到一对夫妇周一相亲相爱、周二彼此充满杀气、周三漠不关心的人际亲密度测量,可能抓住了任何关系中的天然摇摆性,但如果我们假设夫妻之间有一定程度的坚定的相互尊重,这个测量似乎就不那么可信了。

作为研究者,我们致力于尽最大可能去消除测量中的信度错误。如果能达到
理想状态,我们将会了解到研究数据的任何变化都是所研究现象的变化所致,而非 83
测量工具的不稳定性。下面将进行时间信度和空间信度的信度测试。比如,**测试—重复测试**的测试就是力图在确认其他因素不变的情况下,测量在两个不同时间产生同样的结果。**一个关于编码员之间或观察员之间信度**的测试,就是力图确认在其他因素不变的情况下,两个编码员同一时间对同一现象记录的结果一致。

从概念上来讲,测量的信度是通过对同一现象的重复测量,每次都能得出相似结果来确立的。如果结果不是这样,那么这个测量的信度就可疑。接下来我们讨论一下信度评估的方法。

测试—重复测试

最常见的信度测试是测试—重复测试。组织一组人员进行测试，在一到两周之后对同一组进行重复测试，通过一种**关联性**的方法比较他们的测试得分。这个案例中的关联得分就是**信度系数**，在 0～1.0 之间变化，1.0 是最完美的，通常无法企及。大多数传播学研究人员将得分高于 0.85 视为可接受，认为高于 0.95 的事物接近完美，对低于 0.75 的事物持怀疑态度。

管理、时间选择以及对测试—重复测试得分的解释都关乎判断。重复测试如果在首次测试的 24 小时内进行，会导致高关联性，因为被测试者可能还记得他们第一次是如何回答的，然后照做。他们也会发现重复测试更容易，因为之前已经做过一份相同的。而在一个月之后进行重复测试，可能意味着一部分人会改变他们的想法，会做出其他选择，他们也会发现测试很难，因为他们没有记住上次是如何作答的。因此，最多的测试—重复测试通常发生在一周或两周之内。

编码员之间或观察员之间的信度

正如你想要测量不受时间影响一样，你想要不同的观察者认为他们观察的是同一事物，且对观察物始终保持一致的态度。换句话说，我们想要观察者 A 和观察者 B 观察同一事物时能得出同样的结果。

两个典型的需要观察者信度的研究情形，是人类互动的观察和电视节目的内容分析。比如，两个案例中你感兴趣的是对于侵犯的测量。首先，你要以所有观察者都认同的方法去定义侵犯，然后判定观察者是否见过这类情形。这是第二章介绍的可操作化。接着可能会形成两个广泛的关于侵犯的分类，即持械侵犯和徒手侵犯，需要观察者将见过的侵犯事件按持械或徒手进行分类。持械侵犯的特点似乎足够明确。涉及轻武器或刀具的嚣张行为都属于持械侵犯——只要你对“嚣张”有可操作化的定义。但如果你的观察者是在厨房看到用满盘热腾腾的意大利面酱汁攻击家人的行为呢？就这一行为是持械的还是徒手的，甚至是否具有攻击性，观察者很容易产生分歧。

编码员之间或观察员之间形成高信度的诀窍在于深入培训，使观察者对行为定义和分类有清晰的认识。完成这一步之后，你仍然想了解你的观察者是否用同样的方式对同样的内容进行分类，所以你会计算观察者编码之间的关联性来进行确认。

如果我们想要对我们的测量信度有充分信心，另外两个测试也必不可少。那就是测量的**条目间信度**，还有一个针对其他既定条目的测试来测量我们感兴趣的现象。

中间或内部信度 84

如果我们想要精确地捕捉个体对概念的反应，一系列的衡量性问题比是非题效果更好。我们之所以需要衡量性问题，是因为态度很少能用非此即彼、是或不是的措辞来表达。因此，我们需要允许人们以强度不同的措辞来表达他们的情感，比如使用李克特量表。通常，我们也需要不止一个问题才能捕捉到一个概念，因为只用一个问题可能捕捉不到研究者问题的核心，或者可能会过度简单化。比如，仅仅问一个关于战争的问题可能捕捉不到更广泛的对暴力概念的态度。

我们的一系列问题也需要捕捉到我们期望从任何个体样本中得到的答案的自然差异。这个差异是有意义的，因为我们想知道，态度、知识或者行为是否会或怎样随着相关的其他变量变化，比如年龄、受教育水平或电视广告的接触次数。之所以需要关于条目间信度的测试，是因为我们想尽可能地确保设置的所有问题都是基于同一概念而非不同的概念。如果这些问题基于不同的概念，结果中的任何变量都可能是问题设置的结果，而不是样本态度的变化导致的。

中间信度的测试，即一个问题设置中单个问题与其结果保持一致的测试。

例如，假设我们已经设计好一系列问题来获取对社交媒体的态度。我们会问受测者对使用一般媒体如微博、维基、照片分享或者可能特殊的媒体如脸书、推特、第二人生等的感受，在此基础上再提出其他问题。如果提出 12 个这样的问题，我们应该期望每个问题都能得到近乎相同的回答。也就是说，这 12 个问题应具有强关联性。检查这一关联性的一个方法叫**"分半信度"技术**，即 12 个问题中 6 个问题的答案与其他 6 个问题的答案相关联。如果这一测试有个整体的高标准信度，那就应该是高分半信度。另一种方法是从测量中随意选择几组问题，计算它们得分之间的关联性。

计算条目间信度允许研究者修改问题设置，以便确保每个问题都阐释同一概念，但不能雷同到每个受测者在每个问题上都是同样的得分。这样研究者会感到满意，因为一个样本人群得分的变化源于这组人对同一概念态度上的变化，而不是对不同概念的不同回答。

既定测量信度

既定测量信度是你的测量所得结果与已知的、为同样目的而设计的测量所得结果之间的比较。你的测量与既定可信测量之间的高关联度应该会增加你对测量的信心。

所以为什么不直接用既定测量呢？如果它看似能满足你的需要，你就应该采用。你将会了解它的过去，以及基于这项测量公开发表的研究所报道的信度。通过这种测量，你可以直接将你的结果与早期的研究相比较，或进行跨文化的比较，尽管测量或许不能跨越文化边界，而且以前的测量也许不能恰好与今天的研究相
85 契合。例如，在美国使用的问题在其他国家使用时可能需要大幅度修改。随着网络技术的发展，一个为获取关于网络银行、电影观看、约会或者在虚拟组织工作的态度而策划的测量，几乎无可避免地需要修改、检测。

你可以通过以下方式提高你的测量信度：修改特定问题、根据条目间关联性增加或删减问题、预先测试给观察者的指示、培训观察者，并且尽量确保重复测量在最初的环境下进行。

》效度

用一个100％可靠的工具来测量错误的事物是100％无用的。在物理学中，这一点尤为明显，我们不期望气压计能测量风向或者温度计能测量气压。但在社会科学中，事情没有这么简单。例如下面的李克特量表式问题：

	强烈赞同	赞同	中立	反对	强烈反对
我喜欢看电视。	____	____	____	____	____

如果调查对象通过在纸上勾选答案来回答问题，那么你所有的记录就是这些纸上的标记。因为你使用了等距测量，你可以进行总结，比如“13％不赞同或强烈反对，50％持中立态度，37％或者赞同或者强烈赞同”。但是他们赞同或不赞同的是什么呢？

“喜欢”可能意味着喜欢所看的电视节目。所以当37％的人赞同或强烈赞同

他们喜欢看电视，实际上部分人是在告诉你他们喜欢看足球比赛，而其他的人喜欢看厨艺秀，或者是24小时新闻或天气预报。“喜欢”也可能意味着享受看电视的过程，因为这些观众真正关心的并非播放的节目，而仅仅是喜欢电视机发出的声音。他们在做其他事情（甚至是阅读一本书）时，房间里有其他声音，也许是背景音乐，这就是他们所说的“看电视”。一些研究者认为人们被电视所吸引，是由于其产品特性如音量、音质、图像画质等。换句话说，电视之所以吸引一些人，是因为其具有催眠特质，与电视内容无关。

此外，“喜欢看电视”这个问题捕捉到了什么？如果这个问题的目的是获取电视观看体验而不是内容偏好，那么它就没有效度。从某种意义上来说，它“误报”了一种传播现象。

这就是为什么我们要确保测量能够捕捉到一开始我们想要捕捉的信息非常重要，而且研究报告的读者也能确信，比如，我们想要获取的是对一位政治候选人的态度，而不是对候选人所属党派的态度。测量与想要获取的概念的切合就是效度。

效度有几种不同的类型。文献对它们的命名和分类稍有不同，但是我们可以考虑最基本的三种效度——内容效度、建构效度和效标效度。

内容效度：看起来有效 86

如果在调查研究中，一项测量契合或者覆盖了概念的所有方面，它就有**内容效度**。例如，前面“喜欢看电视”和其他围绕“电视”的问题，如果问题设置是为了捕捉个人对看视频节目的反应，那么这个问题就可能由于缺乏内容效度而被错误设置。因为大部分视频可以在手机、平板电脑和笔记本电脑上观看，问题设置并未覆盖到所有的视频观看情况，因此缺乏内容效度。

内容效度在某种意义上是一种判断。它可能是研究者基于广泛的文献综述或者通过预先测试研究对象而确立的。例如，如果“互动”是被研究的概念，询问一组网站设计者问题是否充分抓住了“互动”这个概念。由专家给出的解答给予问题以**专家效度**或**专门效度**。专家效度受到偏爱，是因为它意味着你的问题通过了同行的测试，即该领域的其他专家赞同你所做的。

表面效度是与内容效度密切相关的概念，基本上是指问题似乎在测量其正在测量的。然而，表面效度在不同的团体中情况各异。比如，一个非专业人士可能认为前面关于电视观看的问题具有表面效度，但是一些传播理论家或广播员可能不这么认为，他们认为“我喜欢看电视”实际上是在测量渴望逃避和幻想的程度。

然而，表面效度很重要。一系列关于对性的态度的问题可能对那些认为自己被招募来回答关于浪漫问题的调查对象没有表面效度。他们可能不认为二者有关联。调查的政策或许也需要表面效度。例如，你也许会怀疑沉溺于网上聊天会对学生的成绩有负面影响，并且你想要通过一整套的问题来探索学生在这方面的情况，然而资助你研究的机构或基金可能会期望看到直接捕捉学生课堂活动的问题。你的"聊天"问题对他们来说可能没有表面效度，而且会导致他们质疑你的研究关联性。

建构效度：理论上有效

建构效度是在你试图去测量的概念或结构与其他相关概念之间有显而易见的一致性。比如，在组织传播研究中，我们可能期望雇员在身份认同、忠诚度和责任的测量评价之间展现出高关联性，这就是**会聚效度**。每个测量都抓取了稍有不同的概念，但是都处于一个更广泛的概念之下，如"自愿待在这个组织"之类的。

相反，我们可能希望那些对忠诚度测量有较高评价的雇员对独立性的测量会有转低的评价。也就是说，那些极端个人主义、以自我为中心的个人是被很多组织活动的团体精神所吸引的。如果组织责任的评价与个性的评价有低关联性，我们可以认为这个测量具有很好的**分散效度**。换句话说，有效率的测量不仅与类似测量有密切关联（会聚关联），也应该与不同类的测量没有任何关联（分散关联）。

效标效度：测试起来有效

效标效度是通过两种方式将你的测量与其他特殊测量联系起来。

如果你测量的评价与其他为同样建构设计出的测量有高关联性，那么你的测
87 量就有高度的**契合效度**。比如，你构建起一个"政治疏远"的测量，你会期望测量的评价与其他"政治疏远"的测量有高关联性。

如果你的测量能预测到"真实世界"的结果，那么你的测量就有高**预测效度**。比如，SAT 分数应该能够预测是否能考上大学；GRE 应该能够预测是否能考入研究生院；专业倾向测试即使预测不了在某一特殊的职业领域是否成功，也应该能够预测出是否感到舒心。如果事实确实如此，它们就有高预测效度。申请学院或大

学时你填写的个人兴趣问卷，可能被用于挑选室友。如果这种关系依然很活跃，那么这个问卷就有很好的预测能力（可能！）。

通常，进行这项测试是为了预测在职场和人际关系方面的结果。私人企业、政府机构、学校、职业和心理咨询机构、交友中心以及军队都采用具有高预测信度的测试去帮助确认以特殊方式行事的人。含蓄点来讲，测试的第二个目的就是根据受试者的得分排序，预测一个特殊工作、研究生院或职业中谁是最可能或最不可能成功的。目前有很多可用的专业测试，每种测试都基于其预测效度而被推广。

在信度—效度大战中，谁更胜一筹？

理想的工具既有信度也有效度。它应该能很好地和持续地测量它所测量的内容。但是理论上效度有优先性。一个工具有多可靠并不重要；如果它测量的并不是你所考虑的，那么在某种意义上，它捕捉到的是没有价值的不相关数据。当然，信度也很重要，因为如果一个工具不可靠，你永远不可能恰当地评估它的效度。

》两个常见的测量量表

接下来会讨论很多捕捉人类传播行为的方法。说到标准的测量，你应该知道在学术界和工业界的态度研究中经常使用的两个量表——李克特量表和语义分化量表。另外还有很多其他类型的量表，但李克特量表和语义分化量表是在学术和应用研究中最常见的，比如，你可能曾经填写过课堂评估表，或者参加过市场调查研究。在本章中，我们将这两个量表作为测量工具来介绍。在第九章，我们将会回顾这些量表，对于它们的解释将会更加详细。

李克特量表

请注意，在接下来的例子中，李克特量表不是被设计为一个问题，而是一个阐述，是对每个标准的不同阐述。

这个量表可能在 5～7 分变化。最常见的为 5 分，供选择的选项经常是从“强烈赞同”到“强烈反对”。调查对象会被要求勾选出他们对叙述赞同程度的答案。每个答案都会被给予 5 分量表中 1～5 分的分值，每个人对每个问题的答案会被记录为得分。

例如，假设我们对消费者对混合动力车的态度感兴趣，我们可能会提出一些下面的李克特式的问题：

88

	强烈赞同	赞同	中立	反对	强烈反对
1. 混合动力车很有力。	____	____	____	____	____
2. 混合动力车很安全。	____	____	____	____	____
3. 混合动力车很贵。	____	____	____	____	____
4. 我甘愿为车辆支付高于平均水平的燃油费。	____	____	____	____	____

语义分化量表

语义分化量表使对一个概念或事物的相反观点成对，并且邀请调查对象决定他们的观点在这两个对立观点中间的位置。每个概念都可能有多词量表。

下面是对混合动力车概念态度探索的语义分化，与上面的李克特量表例子中的概念相似。它有五个量级，每一量级都被赋予 1～5 分的分值。调查对象在代表他们观点的量级下方做标记，每个人对每个问题的得分都会被记录。

混合动力车

有力的	____	____	____	____	____	弱的
昂贵的	____	____	____	____	____	廉价的
安全的	____	____	____	____	____	危险的

很明显语义分化量表更难建立。在使用形成对立观点的词语之前需要找出并预先测试其含义。例如“昂贵的”，反义词是“廉价的”，还是“支付得起”？李克特式的问题，一般只需要进行一系列的阐述，不需要如此费力。当然，任何类型的问题都不能免除良好的信度和效度要求。建立良好的信度和效度可能需要大量时间做测试准备工作。

上面两种类型的量表都有“操作步骤”。对每个步骤我们都可以设置一个数字，调查对象的结果出来之后，我们就可以做一些关于数据的总结报告。

例如，表 5.1 展示了一个基本的李克特式问题，从五个调查对象得出的答案以及对第六章的预习，可以得出总结这些答案的简单的描述性数据。经过检查这五个答案，并做基本的计算，我们得出：

- 得分在 1～5 分之间变动；
- 最常见的得分是 5；
- 平均得分是 3.2，即(1＋2＋3＋5＋5)除以 5。

我们可以做出这样的总结：尽管有人持反对态度，但是 3.2 分的平均值更接近赞同，因此受试者总体而言更可能赞同多于反对。

表 5.1　李克特式问题、回应和基本描述性数据 89

(陈述)我愿意为车辆支付高于平均水平的燃油费					
	强烈反对	反对	中立	赞同	强烈赞同
得分	1	2	3	4	5
调查对象给出的分值					
调查对象 1		√			
调查对象 2			√		
调查对象 3					√
调查对象 4	√				
调查对象 5					√
描述性数据					
样本个数					5
最低得分					1
最高得分					5
得分幅度					(5－1)＝4
平均得分(得分总数/样本个数)					3.2

我们可以用等类和等序变量对结果的分布进行陈述(比如 65％的调查对象为男性，35％为女性)，等距测量允许我们进行总结陈述，比如“平均得分是 3.2 分”。

注意，假设在李克特量表和语义分化量表中得分之间距离相等，从数学上来讲，量表中任意相邻两点之间的距离是相等的。然而，从心理上来说，这对调查对象而言并非如此。人们往往不愿意走极端，也许更可能赞同中间立场，比如说“同意”多于“强烈同意”。还有一个问题，在李克特量表中，中间立场对调查对象来说意味着什么。它可能意味着“不确定”“不知道”“中立”或者“既同意也不同意”。与此相关的一个更广泛的问题是，人们对一些事物比如说生育权、同性恋结婚或投资理财等的复杂情感是否可以通过 5 分量表中的选项被充分捕捉。

总之，以等类和等序标准来测量传播现象允许我们将其分类和排序。等距和等比标准允许我们使用数据作为报告和决策工具。

这种量化不利的一面是所有不能转化为数字的信息有丢失和**物化**的风险，即用测量本身取代理应测量的现实的风险。正如进化学家史蒂芬·杰伊·古尔德（Stephen Jay Gould，1996）在对测量人类属性的批判性综述中指出的，量表和测试会引导我们相信测试就是事实。地图并非领土，但是事实上 IQ 测试引导我们相信
90 确实存在独立可测量的所谓“智力”的实物。还有一个问题就是根据这种量表排序所产生的风险。假设用现有的 IQ 量表测量智力，那么根据一个单一标准来给人分等级能有多明智呢？这是本章伦理讨论的重点。

伦理专栏

测量量表的伦理

史蒂芬·杰伊·古尔德（1996）在他的著作《人的误测》（*The Mismeasure of Man*）中，讨论了 IQ 测试之类的测量存在的主要问题。首先，假定存在名为“智力”的独立存在的人类能力；其次，与此相关的假设就是可以设计出一个测试来评估它；最后，个人可以被正确地排序，他们的未来很可能就取决于这个测试。一个人们熟悉的例子就是 SAT 分数，目的是预测在大学阶段学业是否优秀。从一般意义上来说，学业优秀是很多因素的产物，包括高中积累的知识、社会经济地位、个人“追求”、学习习惯和志向，当然还有大学环境。所以，一个 SAT 成绩更高的学生更受大学的青睐有什么依据呢？

问题

- 从伦理层面看，如何仅仅根据类似于 SAT 的考试结果对学生进行排序或评价？
- 通常根据任何单一衡量标准，比如独裁主义、保守主义或教条主义来对人进行分类是否明智？
- 像 GPA 或 IQ 之类的总结测量可能会被怎样误用或误解？

本章要点

传播学测量必须有：

- 效度——测量它们所被期望测量的；

● 信度——持续地产生同样的结果。

测量以四种不同的标准存在：

● 等类——本质上是分类；
● 等序——可以排序；
● 等距——可以统计计算；
● 等比——可以进行更为复杂的统计处理。

在传播学研究中经常使用的两个量表：

● 李克特量表——在“强烈反对”和“强烈赞同”之间变动；
● 语义分化量表——在两极对立的观点之间变动，比如“强”和“弱”。

重要术语 91

编码
契合效度
建构效度
内容效度
会聚效度
关联性
效标效度
分散效度
既定测量效度
专家效度
表面效应
编码员之间或观察员之间信度
中间信度
内部信度
等距
李克特量表
测量

等类
数字
数字符号
等序
专家效度
颅相学家
预测效度
等级排序问题
等比
物化
信度
信度系数
量表
语义分化
“分半信度”技术
测试—重复测试
效度

应用练习

下面的练习要求你用等类、等序、等距和等比格式来提出问题，以便你理解每个格式的优点和缺点。这些练习会让你思考怎样更好地操作概念以及明确概念之间的关系。

当爱变成习惯

让我们从爱情这个话题开始。一般来说，爱情被认为是美好的事。我们可能认为在爱情中的人快乐、对他人体贴、无私心、积极，并且对生活抱持乐观的态度。一个可靠和有效的对爱情的测量可能使我们能够预测，比如，个人所处的浪漫关系是否顺利、作为团队的一员是否成功或者是否有反社会行为。研究者想要测量爱情的原因是其具有良好的理论和实践意义。

练习 1：爱情的测量

建立一系列测量爱情的等类、等序、等距和等比问题。

92 **练习 2：评估测量的效度和信度**

作为对练习 1 的回答练习，你需要把问题集中在“爱情”一词。例如，你可以问人们“在恋爱中”或“不在恋爱中”哪一项能更好地描述他们所处的状态。或者你可以提出一个李克特式问题，要求他们选出从“强烈赞同”到“强烈反对”的一个选项，以此来回应“我在恋爱中”这一陈述。

描述你将会怎样评估这类问题答案的效度。你怎样评估你进行的测量的信度？

练习 3：其他测量和概念

确定你可能想测量形成一个人爱的程度的一些特殊原因。例如，一个人对国家深度的爱可能预示着他自愿服兵役、对政治和公众事务积极参与、关心下一代的成长，并且通常自愿奉献时间和资源来使国家变得更美好吗？凭直觉，这种爱不同于对另一半的爱、对家人的爱、美食家对食物的爱或者极限运动爱好者对攀岩的爱。

考虑到你想研究爱的原因，诸如爱国情怀的概念是否更适合你的研究兴趣？那些捕捉对食物、国家或攀岩运动热爱的测量能够有效测量人类的爱情吗？作为对练习 1 的回答，你提出的问题在不同的文化中测量爱情有效吗？

推荐阅读

Gould, S. J. (1996). *The mismeasure of man*. New York: Norton. 这本书讨论了诸如 IQ 测试之类的单一测量在开发和使用中存在的问题。

Rubin, R. B. Palmgreen, p. , & Sypher, H. E. (Eds.) (1994). *Communication research measures: A sourcebook*. New York: Guilford Press. 这本书列出了很多传播学研究中使用的量表，并且讨论了量表的发展。量表示例包括学生主动性量表、

传播适用性量表和人际吸引力量表。

参考文献

Gould, S. J. (1996). *The mismeasure of man*. New York: Norton.

Osgood, C. E., Suci, G. J., & Tannenbaum, P. H. (1957). *The measure of meaning*. Urbana: University of Illinois Press.

学习网站

访问学习网站 **www.sagepub.com/treadwell2e**，可获取以下资料：

- 网络资源；
- 推荐阅读；
- 电子抽认卡；
- 研究问题。

第六章 / 概述研究结果

Summarizing Research Results

数据缩减和描述性统计

Data Reduction and Descriptive Statistics

统计有助于你解决
数字类问题。
使用为此目的设计的工具
可以帮助你理解
大量的数字。

93

本章概览

统计是帮助我们处理原始研究数据的规则，尤其是处理那些总结原始数据、变量之间关系以及群组之间差异结果的规则。

本章介绍的**描述性统计**是用来描述和总结从研究样本中得到的数据的统计。第七章介绍的**推理统计**帮助我们从样本出发，对更广泛的人口做基于概率的推论。

本章重点在于理解和描述研究数据。本质上，**数据缩减**是减少研究的原始数据，即将可能成千上万的个人回应，归纳至极少数的分类，以便更易于理解研究数据。描述性统计帮助我们描述**数据集合**里的数据分布，寻找这些数据之间的关系，同时理解前面所提及的数据。

在本章中，我们先讨论数据缩减，然后讨论描述性统计。但是首先，我们需要简要解释一下几个常见术语。**样本**由研究者挑选出来的代表更广泛群体的个体组成。这个更广泛的群体被称为**总体**（总体被简单地定义为研究者想要研究的这个范畴内的所有个人）。总体在定义上大于样本，但未必是巨大的。实际上，它可以相对较小，比如私立学校的亚洲特殊教育教师。

统计规则帮助我们将研究的原始数据加工成总结数字，用以描述关于原始数据、变量之间关系以及组织之间的差异。严格来说，统计是估算性的总结数字，用来描述样本。描述总体的数字被称作**参数**。正如我们将在第七章看到的，统计的一个重要运用是估算总体的参数。

开篇问题

94

- 统计分析怎样帮助我进行研究?
- 我需要报告什么数据?
- 统计分析可以提供什么独特视角?
- 对于统计我可以有什么信任度?
- 数据会被错误解读吗?
- 统计数据有多可靠?

》引言

从一个研究项目中得到的数据，不经过处理会难以理解。一份 20 道题的调查问卷有 50 人参与，意味着需要分析 1,000 个答案。同样地，在进行一个典型的 1,200 人参与的国家意见投票的调查时，必须分析、概述和理解 24,000 个答案。如果每个答案都分为五种程度，我们将会有 1,200×20×5＝120,000个要检测的答案。

将这类数据缩减到容易理解的程度主要有两个办法——**表格**和描述性统计。表格用来总结数据和数据之间的关系。描述性统计用总结性数字描述数据分布，如果你对统计有基本理解，总结性数字会告诉你很多关于原始数据的信息。

理解数据背后的概念，以便筛选与你研究问题最相关的统计，这样做是很明智的。尽管大多数的统计计算由计算器或数据处理软件来进行，但你还是应该完成本章提出的计算，以便更好地理解每次统计所要获取的信息。与你通常在量化研究中捕捉的数据相比，表 6.1 中的数据大大简化了。

在本章中，我们将调查 20 个人的传播行为。他们对网络和广播的使用情况、政治倾向、对国际事务的认知以及性别，我们都集中地进行了数据收集。

研究结果如表 6.1 所示。从左到右，我们依次列出了调查对象的名字、身份序号、每周上网小时数、上网时间所占百分比、国际事务认知得分、性别、政治倾向(自由党还是保守党)，以及新闻来源偏好(广播还是网络)。每列还显示了一个简短的变量名，通常用于标记数据以供计算处理(比如，“PTI”指“上网时间所占百分比”)。

每列都有编号方便讨论，编号一般不出现在研究报告里。

除了少数人和变量以及简单数据，这些测量很多变量以及寻找变量之间关系的原始数据或者这种数集是社会科学研究所特有的。通常，我们会以假设或与这些变量相关的研究问题开始，比如：

假设 1：女性比男性花更多的时间上网。

假设 2：国际事务测试中，使用网络作为新闻来源的受试者得分高于将商业广播作为新闻来源的受试者。

95 **表 6.1　对 20 名调查对象的调查结果**

1	2	3	4	5	6	7	8
姓名 (NAME)	身份序号 (ID)	每周上网小时数 (HWI)	上网时间所占百分比 (PTI)	国际事务认知 (KWA)	性别 (GEND)	政治倾向 (POLP)	新闻来源偏好 (NEWSP)
海伦	01	0	0	04	F	L	R
凯丽	02	100	60	06	F	L	I
琳	03	20	40	04	F	L	I
米里亚姆	04	10	20	10	F	C	R
拉科莎	05	10	10	02	F	L	I
托马斯	06	20	40	06	M	L	R
哈里	07	60	60	04	M	L	R
维勒姆	08	40	20	08	M	C	R
雅克	09	80	80	04	M	C	R
卡洛斯	10	60	40	08	M	C	I
玛丽	11	0	0	06	F	L	R
法希姆	12	100	80	06	F	L	I
米希科	13	20	60	08	F	L	I
卡洛琳	14	20	20	10	F	C	R
伊丽莎白	15	10	10	02	F	C	I
戈登	16	20	40	06	M	C	R
阿方索	17	60	60	04	M	L	R
拉斐尔	18	20	20	08	M	C	R
塔里克	19	100	80	04	M	C	R
胡安	20	60	40	04	M	C	I

注：F=男性，M=女性；L=自由党，C=保守党；I=网络，R=商业广播

96 为了进行这项研究，第一步需要从每个调查对象那里收集数据，用表 6.1 记录信息。然后将数据输入电脑，使用类似 **SPSS** 的统计软件进行分析。通常，用 M 和 F 分别代表男性和女性，用 I 和 R 分别代表网络和广播，这些字母在编码过程中用

数字符号(而非数字——第五章提过)替换。我们还要处理成千上万的信息单位或**数据点**,而不仅仅是这里所列的这些。

正如表 6.1 所示,来自 20 个调查对象 8 个变量(从“姓名”到“新闻来源偏好”)的数据,总共有 160 个数据点。乍一看,理解由 160 个数据点构成的表格让人望而生畏。但是 200 个调查对象回答同样的问题会有 1,600 个数据点,2,000 个调查对象将会有 16,000 个数据点。尽管只有 160 个数据点,我们的第一反应自然是尽力去总结这些信息。

怎样总结数据才能通俗易懂呢?如何简化大量的原始数据以快速理解呢?

第一个基本途径是使用总结表格来进行数据缩减;第二个途径是计算总结的统计数据,如集中趋势的测量以及本章后面所述的离差测量。

》数据缩减

数据缩减的目的在于总结表格里的数据。尤其是在调查和实验研究中,我们对团体的兴趣大于对个体的兴趣。从表 6.1 中随意挑选一对名字,我们对作为个体的海伦或戈登没有理论兴趣。我们感兴趣的是作为群体的男性和女性在媒介使用、新闻媒介使用和政治归属方面是否不同、有什么不同,以及这些变量之间有什么关联。

由于对个体没有兴趣,这样便意味着在数据分析时,我们不会考虑海伦和戈登以及其他 18 名个体,因为我们的主要兴趣是像性别和媒介使用这些变量之间的关系,而不是变量背后的个人。

这种“以人作为数据”的研究方法,是在大部分数据分析时隐去个人的名字(列 1),代之以编号(列 2)。当然这些编号还有其他作用,即使个体匿名,但是从数据分析的角度来说,我们感兴趣的是团体以及个人的数据集合,而非团体中的个人。

通常这种数据集合不会描述个体数据,除非他或她有独特的联系和性质,使研究者认为有必要去描述。数据缩减的第一步是看什么数据看起来像团体性质而非个人性质。(从这种角度对比你会发现,第十一章中对人类传播最深刻的理解是对个人或小团体的深入理解。)

正如表 6.1 所示,研究数据表明研究者对六个变量尤为感兴趣(“每周上网小时数”到“新闻来源偏好”),并对每个变量都提出了用于采集数据的问题。统计软件会按要求计算描述性和推理性统计。本章我们致力于阐释描述性统计的深层逻辑。

数据缩减和单变量数据

一般来说，研究者会先观察每个变量自身。这种方法叫作**单变量分析**，因为每次只分析一个变量。

97 检查数据的首要步骤是从最低到最高来分类，如表 6.2a 所示，统计每个得分出现的次数来确认其频率。

“频率”一词指的是某个特定值出现或发生的次数。为了建立**频率表格**，我们需要有包括在测试或调查中期望发现的所有值，并且描述每个分类中值的数量。

表 6.2b 显示的是数据缩减的中间阶段。除了记录独立值，我们还要进行数值分类——“1～19”“20～39”等一直到“80～100”的分类，以便于将每个独立值归类，然后计算出每个分类中值的数量。

分为多少类取决于研究者自己的判断。表 6.2b 显示了五个分类，表 6.2c 显示了这五类数据被进一步缩减至两个。我们也可以有十个分类，从“0～9”“10～19”等一直到“90～100”。分类越少，可缩减或简化的数据就越多，但是在这个过程中也会流失更多的信息。如果你想要捕捉和仅仅辨别出低值、中值、高值，三个分类是最合适的。

有时，分类数目是显而易见的。例如，人们被分为男性或女性、民主党或共和党，这表明这样划分只有两个分类。当然，如果只有一个分类，就会包含对于问题的所有回答。就效果而言，在本例中如果只有一个分类的话，那么这个分类提供的唯一信息只能是有 20 个人回答了这个问题，除此之外，再无其他信息。

一般不需要建立性别之类的表格。例如，表 6.1 的性别数据仅仅被描述为“10 个(50%)调查对象为女性，10 个(50%)调查对象为男性”。

注意，上述表格中的数字并不是从个体那里获取的实际值，而是这些值的数量或频率。例如，表 6.2b 仅仅显示了 5 个人有 0～19 之间的值，6 个人有 20～39 之
98 间的值。看这些表格时不要误以为 0～19 之间的数值有一个平均值是 5。仔细建立和标签化的表格表明了它们所代表的信息，但是研究论文可能如上面所述报告值出现的频率，以及诸如平均值的总结统计，所以最好仔细研读表格。

图表也可以生动地表示值的分布或频率。“每周上网小时数”变量的值分布如表 6.3 所示。

表 6.2a 数据缩减:每周上网小时数原始数据

每周上网小时数 (原始数据)
0,0,10,10,10,20,20,20,20,20,20,40,60,60,60,60,80,100,100,100

表 6.2b 数据缩减:五个分类下记录个人每周上网小时数的频率

每周上网小时数	0～19	20～39	40～59	60～79	80～100
回复频率	5	6	1	4	4

表 6.2c 数据缩减:两个分类下记录个人每周上网小时数的频率

每周上网小时数	0～59	60～100
回复频率	12	8

数据缩减和双变量数据

归根结底,传播学研究是对人与人或者变量与变量之间关系的研究。所以通常研究者更关注两个变量怎样相互联系(**双变量**分析),而不是变量自身的特征。例如本章开头的假设:

假设 1:女性比男性花费更多的时间上网。

这个假设就进行了我们所说的数据缩减。毫无疑问,我们仅关注两个变量——性别和花费在网上的时间(表 6.1 中的变量 GEND 和 HWI)。这时可以忽略其他变量而集中关注这两个变量之间的关系。表 6.4 将表 6.1 中男性、女性的结果分别进行了整理。

现在我们可以探究这两个变量之间的关系了。例如,我们可以得知女性每周上网小时数值在 0～100 之间变化,而男性则在 20～100 之间变化。

将值从最低到最高排列,表 6.4 显示了调查对象似乎聚集在两组。第一组的值在 0～40 之间变化,第二组在 60～100 之间变化。观察结果也表明,多数女性属于较低值这一组,而男性多属于较高值这一组。根据上网时间,男性和女性可能会分别形成独立的群体,用实验性的假设来说,可以根据性别预测网络使用水平。

表 6.3　每周上网小时数个体报告的分布

值的频率			X								
			X								
			X				X				
		X	X				X				X
	X	X	X				X				X
	X	X	X		X		X		X		X
值	0	10	20	30	40	50	60	70	80	90	100

表 6.4　男性和女性每周上网小时数个体报告的分布

值的频率							M				
		F	FM				M				
	F	F	FM				M				F
	F	F	FM		M		M		M		FM
值	0	10	20	30	40	50	60	70	80	90	100

99　为了使结果更为清晰，我们可以做进一步数据缩减，即制作一个简单的"2×2"总结表格，用来呈现性别和上网时间的关系。这种表格又被称为**交叉列联表**，因为一个变量值与另一个变量值在表中以列相互对应；或者被称为**偶然事件表格**，因为表格的组成显示了一个变量值是怎样因另一偶然情况的发生而变化的。这类表格比简单的"2×2"表格更复杂，正如我们下面所讨论的。

表 6.5 是突出显示总结数据的一个简单的总结表格。在此，我们可以定义上网时间的低值是低于 40，高值是高于 60。性别有男性和女性两个分类。

关于类似表 6.5 的表格需要注意几个问题。再次强调，表格主要栏目中的数字不是上网时间值，它们是值的计算值或频率。从某种意义上来说，这是显而易见的。我们知道上网时间值在 0～100 之间变动，所以不可能看到标签是 0～40 的分类取 4 或 8 作为平均值。

实际上，我们已经将上网时间值缩减到**分类数据**——高和低。这意味着我们只能使用适用于分类数据的统计方法，类似年龄或 GPA 等**持续数据**的统计方法在这里不合适。第七章我们将更深入地讨论怎样检测这些持续变量，比如年龄、GPA、国际事务认知以及网络使用。

另外需要注意的是，任何表格都可以行、列互相转换。也就是说，表 6.5 可以将“男性”和“女性”作为行，将上网时间值作为列。这就引出了怎样阅读这个表格的问题。因为最初的研究假设提出了男性和女性之间使用网络的差异，我们需要通过阅读表格来总结这个差异。表格的第二行对比了不同性别的上网时间低值，第三行对比了不同性别的上网时间高值。很明显，我们会评估数值的整体分布来判定男性和女性上网时间之间的差异。但是仅仅看第二列的男性会发现他们的上网时间高值多于低值。同样，只看第三列女性值的分布会发现她们对上网不是那么感兴趣。

注意这个表格最下边和最右边行的总计和列的总计。多数统计软件程序的总计是错误的，但是你可以控制对哪些进行总计。如果你阅读的是百分比而不是原始数字，那么在表 6.5 中，你将会看到，仅一个纵列它们就累计到了 100%。在表 6.5 中，第二行百分比累计为 120%，这一行值的总数是 12——仅占总数的 60%。第三行百分比累计为 80%，这一行值的总数是 8——仅占总数的 40%。第二列和第三列每列百分比总数都为 100。

表 6.5　不同性别网络使用的总结表格

HWI 值	男性(总数 10)	女性(总数 10)	总计(总数 20)
0～40	4(40%)	8(80%)	12
60～100	6(60%)	2(20%)	8
总计	10(100%)	10(100%)	20

阅读这种表格的原则之一就是分辨行或列中的 100%。如果列的总计是 *100*
100%，那就仔细阅读行；如果行的总计是 100%，那就仔细阅读列。在这个案例中，列的总计是 100%，所以我们要仔细阅读行；如果每行总计都是 100%，我们就需要仔细阅读列。

数据缩减和多变量数据

多变量分析是高水平的分析，用来研究三个或三个以上变量的互动。

你可以看到表 6.6 是通过添加另一个变量——国际事务认知(KWA)的值分布来详述表 6.5 的。在上网时间的每个分类中，我们都添加了国际事务认知变量的值的分布。我们把国际事务认知值分为低值（0～5）和高值（6～10）。在表 6.5 中显示每个分类，并突显其中四个分类（上网时间 0～40 和 60～100 分类的男性和女性）描述的国际事务认知值的分布。例如，通过检查我们可以发现，低上网时间值的男性没有低的国际事务认知得分，高上网时间值的女性没有低的国际事务认知得分。请注意，我们最初的关注点仍是最后一行男性和女性的对比，所以参照列来做比较。最后一行每个分类和亚分类的百分比总计依然是 100，所以做比较时我们要仔细阅读列。

我们可以通过在表格中添加更细的分类来继续分析。例如，可以看国际事务认知变量和每个国际事务认知分类中描述的政治倾向（POLP）或上网时间所占百分比（PTI）变量的数据分布。很明显，越复杂的表格越难以理解，因此我们必须用更易于理解的方式去总结数据的分布以及变量之间的关系。

以上便是描述性统计，推理统计将会在第七章详细讲解，以帮助我们进行研究。

描述性统计帮助我们：

- 总结复杂数据。
- 显示数据是怎样变化的，比如在一个 5 分标尺上是所有人都勾选了 5，还是有人勾选了 1、2、3、4。
- 显示不同团体的人是否在某种程度上有所不同。
- 显示变量之间是否有我们所感兴趣的关系。

表 6.6　按照性别、上网时间所占百分比和国际事务认知关系的总结表格

	男性	女性
HWI 0～40		
KWA 0～5	—	5
KWA 6～10	4	3
HWI 60～100		
KWA 0～5	5	—
KWA 6～10	1	2
总计	10	10

》中心趋势测量:平均值、中位数和众数 101

用来概述数据的三个基本统计参数是**平均值**、**中位数**和**众数**。它们之所以被称为**中心趋势测量**,是因为它们表示的是一个数据集的主要特点,而不是它的极端值或无关值。

● 把所有个体值相加,然后除以值的数量所得即为平均值。对于上网时间值来说,其平均值就是所有 20 个值的总数(810)除以20 得到的 40.5。

● 众数是最频繁出现的值。在得分的中列数中,它是常见的但并非必要的。正如表 6.3 所示,相对于其他值,我们得到更多的上网时间值是 20,所以这组的众数为 20。

● 将所有值按从最低到最高排列,我们得到两边相等数量的中间值,即为中位数。当总数为偶数时,中位数是将所有值从最低到最高排列之后最中间两个值的平均值。对于上网时间变量来讲,中间值就是处于中间的两个值 20 和 20 的平均值。20 和 20 之间的平均值是什么? 答案还是 20! 表 6.3 可以快速评价一个样本的基本描述性统计,但很明显,要得到精确数字,计算和统计必不可少。

通过检测我们还可以确认最小值和最大值(0 和 100)以及它们的极差(100－0＝100)。极差是一个离差测量,下面将会讨论。

一般来说,中心趋势的三个测量都是需要的,因为单独任何一个测量都可能产生误导。

例如,一个 10 人小组包含 1 位百万富翁和 9 位只有 1,000 美元收入的普通人,他们的平均收入就是 100,900 美元。这个案例中的平均值并不能精确地描绘出这个小组的个人收入。收入中间值是 1,000 美元,因为一半人的收入超过 1,000,一半人的收入在 1,000 以下。我们可能觉得对这个案例最好的描述是众数,从定义上来说,出现频率最多的收入是 1,000 美元。然而,如果有 2 个人每人都有 1,000 美元的收入,而其他人的收入完全不同,我们也可以得出众数为 1,000 美元。很明显,这些测量中的任何一个都没能很好地总结出小组成员的独特特点。我们需要其他的测量来做这项工作,下面的“离差测量”将讨论这一点。

正如表 6.7 总结的那样,从整体上看,在中心趋势的每个测量中,男性都高于女性,所以我们有理由认为男性每周比女性花费更多的时间上网。用第七章的卡方检验法和 t 检验可以证实这项假设。注意，对于女性来讲，得分 10 和 20 出现得最为频繁，也具有相同的频率。因为有两个众数，我们认为女性上网时间得分有一个**双众数**分布。

表 6.7　每周上网小时数中心趋势测量

	每周上网小时数中心趋势测量		
	平均值	众数	中位数
女性	29	10,20	15
男性	52	60	60

102 》离差测量：最小值、最大值、极差、四分位差、方差和标准差

平均值、中位数和众数总结了分布的主要特点，但并未表达出得分的范围。得分范围和变化是通过**离差测量**来表达的。打个比方说，如果中心趋势测量是对多数人穿什么感兴趣的话，那么离差测量就会关注那些与其他人穿着完全不同的“超级时尚王”，因为他们可能预示着一个新的趋势或流行团体。离差测量包括最小值、最大值、极差、四分位差、方差和标准差。

最小值、最大值、极差和四分位差

- **最大值**＝最高的值。
- **最小值**＝最低的值。
- **极差**＝最大值减去最小值。

就上网时间变量来说，值在 0～100 之间变化，所以这个极差是 100－0＝100。如果所有的得分是完全相同的，比如说 75，那么极差就是 75－75＝0。

- **四分位差**是一种看离差的“中间地带”的方法。忽略 25％的最高值和 25％的最低值，然后确认最高值和最低值以及中间 50％的值，即为四分位差。例如，我们看表 6.2a，去掉五个最低值和五个最高值，剩下中间 50％的值，这些值的范围是

20～60，那么四分位差就是 60－20＝40。

方差和标准差

方差和**标准差**使不同测量标准化，方便我们在“同一水平竞赛领域”比较它们。

例如，极差统计不能提供比较不同数据集的基础。假设在满分 50 的测试中，一个班的得分在 5～48 之间变动，那么这个得分的极差是 48－5＝43，但是另一个班在满分 100 的测试中分数在 53～96 之间变动时，极差也是 43。很明显，我们不能直接比较两个得分集以及它们变化的方式，但是采用方差、标准差和 z 值，我们就可以做到。

方差被用来测量在一个数集中值的差异程度。标准差是方差的平方根。一个变量的标准差越大，平均值的两边极差也就越大。

方差公式

计算方差有四步，第一步和第二步处理样本中变量的每个值，如表 6.8 所示。

1. 将每组中的平均值减去每个独立值；
2. 求出每个结果的平方值(忽略负数)；
3. 将结果相加；
4. 用平方数的总数除以值的总数减 1 得到相对于平均值的方差。

表 6.8　计算方差和标准差 103

序号	每周上网小时数(HWI)	小组平均值	每周上网小时数 小组平均值	每周上网小时数 小组平均值的平方
1	0	40.5	－40.5	1,640.25
2	100	40.5	59.5	3,540.25
3	20	40.5	－20.5	420.25
4	10	40.5	－30.5	930.25
5	10	40.5	－30.5	930.25
6	20	40.5	－20.5	420.25
7	60	40.5	19.5	380.25

续表

序号	每周上网小时数（HWI）	小组平均值	每周上网小时数小组平均值	每周上网小时数小组平均值的平方
8	40	40.5	-0.5	0.25
9	80	40.5	39.5	1,560.25
10	60	40.5	19.5	380.25
11	0	40.5	-40.5	1,640.25
12	100	40.5	59.5	3,540.25
13	20	40.5	-20.5	420.25
14	20	40.5	-20.5	420.25
15	10	40.5	-30.5	930.25
16	20	40.5	-20.5	420.25
17	60	40.5	19.5	380.25
18	20	40.5	-20.5	420.25
19	100	40.5	59.5	3,540.25
20	60	40.5	19.5	380.25
		总计＝	0.0	22,295.00
		方差（S^2）＝		22,295/(20−1)
		＝		1,173.42
		标准差（SD）＝$\sqrt{方差}$＝		34.25

用以下公式表达：

方差计算公式	
$$s^2=\frac{\sum(\bar{X}-X)^2}{(N-1)}$$	s^2 ＝方差 $\sum$＝总和 $\bar{X}$＝ 组平均值 X ＝每个个体得分 N＝得分总个数

标准差公式 104

标准差(SD)是方差的平方根。计算标准差的公式是:

$$SD=\sqrt{s^2}=\sqrt{\frac{\sum(\bar{X}-X)^2}{(N-1)}}$$

方差和标准差例子

我们以当前感兴趣的上网时间变量——每周上网时间为例,来计算方差和标准差。计算的数据来自表 6.1 第三列。

上网时间变量的平均值是 40.5。用这个变量的 20 个值,我们计算出这一组的方差和标准差如表 6.8 所示。

注意表 6.8 第四列个人得分与小组平均值之间的差总计应该是 0。平方差的总数是 22,295,除以减一的得分总数(19)得到方差 1,173.42。

标准差,也就是方差 1,173.42 的平方根,即 34.25。

我们在第七章会继续讨论这个重要的统计。提前了解标准差的重要性在于,它使我们能够概括我们从中取样的更广泛人群的特征,并计算我们的概括精确到何种程度。

例如上网时间变量,20 人的样本平均值为 40.5。我们知道这对于所取样本来说是真实的,但是对于样本来源的全体人口来说也是真实的吗?为了确保我们计算的 40.5 的平均值对更广泛的全体人口也具有准确性,我们为样本使用标准差 34.25。

同样地,如表 6.9 所示,如果我们从男性和女性的区别来看上网时间标准差,女性比男性在得分上有更多的变化。样本所显示的极差(100 vs. 80)和方差(1,454.44 vs. 728.88)就显而易见了。

然而通过标准差我们可以超越样本统计,估算样本人口中值的分布。样本人口中参数的估算涉及有关全体人口中值分布的几个基本假设。这些假设以及使用标准差来估算全体人口的相关参数将在第七章深入讨论。

表 6.9　HWI 变量中男性和女性的离差测量

	离差测量			平均值
	极差	方差	标准差	
女性	100－0＝100	1,454.44	38.14	29
男性	100－20＝80	728.88	26.99	52

》z 值

105 一旦计算出小组中某个变量的标准差，我们就能计算出小组中任意个人的 **z 值**。z 值是单位数量，表示任意高于或低于平均值的值的标准差。调查中，我们询问调查对象："你每周花费在网络上的时间是多少小时？"当然，也可以这样问："你上网的时间占你所有时间的百分比是多少？"没有简便的方法来比较这两个答案集合，尽管它们解决的是同一个问题。这两个问题使用不同的**度量**（测量单位）且量级不同。第一个问题使用完全的数字形式，可能的最大答案是 7 天×24 小时＝168 小时。第二个问题使用百分比，可能的最大答案是 100。我们不能比较这两个答案集合，除非将其标准化。

我们希望有一个可以用来比较两个或更多不同测量结果的统计方法，这就是 z 值。z 值是一个使"苹果变成橘子"的统计。使用标准差来表达每个独立值，我们就能够比较使用不同度量得到的数据。z 值越大，它的值离组平均值就越远；z 值越小，离组平均值就越近。z 值对于一个独立值来说，相当于标准差对于一个组的值。

z 值公式

每个个体 z 值的计算，是通过组平均数减去个体得分的差再除以组标准差得到的结果。使用前面计算方差公式的符号，计算 z 值的公式为：

计算 z 值的公式	
$z=\frac{\bar{X}-X}{SD}$	z＝ z 值 $\bar{X}$ ＝组平均值 X ＝每个个体得分 SD＝标准差

z 值例子

下面的计算使用了表 6.1 第三列的数据。这组上网时间的平均值是 40.5。

以表 6.1 显示的 20 个得分的小组前两个个体为例，我们可以计算出它们的 z 值如下：

按 z 值公式 $z=\frac{40.5-0}{34.25}=1.18$

海伦：$z=\frac{0-40.5}{34.25}=-1.18$

凯丽：$z=\frac{100-40.5}{34.25}=1.73$

观察以上得到的 z 值，我们可以说海伦上网时间的 z 值是 −1.18，低于组平均值，凯丽的 1.73 则高于组平均值。当然，不用计算 z 值我们也可以知道这点，但我们也可以说海伦的上网时间值低于平均值 1.18 个标准差，凯丽的上网时间值高于平均值 1.73 个标准差。这里，z 值就是个体的标准差。正如我们将在第七章看到的，我们可以使用个人的 z 值来估量发生在全体人口中的可能性。 106

大部分 z 值处于 −2～+2 之间，也就是说，加上或减去平均值的两个标准差。根据定义，z 值小于 −2 或大于 +2 最多只有 5%的可能性。

》卡方检验

如果有性别、政治倾向或新闻来源偏好等变量的时候，会出现什么情况呢？

还记得第五章的 NOIR 吗？像“宗教”“自由党”以及“女性”属于等类变量，其本质是类别。它们可以计数，却不能在数学上起作用。它们是类别而不是值。我们可以将女性编码为 1，男性为 2，但 1 和 2 仅仅是数字标签，不能在测量性别的标尺上表示两个性别的数量。

我们不能计算男性和女性的平均值、自由党和民主党的平均值，或者广播和网络的平均值，所能做的只是观察其值的分布。很明显，为了评定这种等类或等序变量的组差异，我们需要一个测定其值分布的检测。这就是引入**卡方检验**的原因。

这次我们想要知道性别与所属党派之间是否有关系，换句话说，男性和女性在所属党派方面是否有明显差异。

我们调查了 10 名男性和 10 名女性，询问了他们属于哪个党派。结果如表 6.10a 所示。

表 6.10a　不同性别所属党派的观察值

	男性	女性
自由党	3	7
保守党	7	3

表 6.10b　期望值(假设小组间无差异)

	男性	女性
自由党	5	5
保守党	5	5

表 6.10c　期望值(假设小组间完全不同)

	男性	女性
自由党	0	10
保守党	10	0

107 从表 6.10a 来看，男性比女性似乎更为保守。为了得到更为精确的解读，我们想保守地用女性的得分来对比男性的得分。

但是等一下！这里没有得分。表 6.10a 显示的是人的数量，并非变量的值。怎么办？我们所能做的就是观察表 6.10a 所呈现的规律，以及它与所期望结果规律之间的差异，如表 6.10b 所示。期望结果规律一般是指我们所得到的数据中没有的规律。也就是，一个类别中人的数量会与所有的类别都相同。表 6.10c 显示了如果两组完全不同我们将会得到的值的分布。

卡方检验是计算表格中每个单元所观察到的结果与组之间无差异时的期望结果之间的不同。

卡方公式

卡方计算公式如下：

卡方计算公式	
$\chi^2=\sum\frac{(O-E)^2}{E}$	χ^2 =卡方 $\sum$=总和 O=表格中每个单元的观察值 E=表格中每个单元的期望值

卡方例子

表 6.10a 和表 6.10b 显示了当组之间无差异时观察值(O)与期望值(E)的分布。把这些值代入上面的公式,得到卡方值为 3.2:

$$\chi^2=\frac{(3-5)^2}{5}+\frac{(7-5)^2}{5}+\frac{(7-5)^2}{5}+\frac{(3-5)^2}{5}$$
$$=\frac{4}{5}+\frac{4}{5}+\frac{4}{5}+\frac{4}{5}$$
$$=3.2$$

为了解释卡方值,我们需要了解自由度(df)。自由度是对“变化区间”的测量。从本质上说,它探讨的是有多少种组合数据的方法依旧能得出同一卡方值。我们需要一个显示正常的卡方值分布的表格以确定观察得分是否归因于偶然。

就卡方检验来说,自由度是列的数值乘以行的数值,再减去 1,在这个例子中即为(2×2)−1=3。

我们可以查阅如表 6.11 所示的部分卡方值表。如 t 检验一样,这种表格在很多研究测试中是适用的。统计软件会计算出卡方值以及它出现的概率。

表 6.11 部分卡方表格 108

	显著程度			
自由度	**.10**	**.05**	**.01**	**.001**
2	4.60	5.99	9.21	13.82
3	6.25	7.82	11.34	16.27
4	7.78	9.49	13.28	18.47

在自由度为 3 时,我们计算的卡方结果 3.2 大大低于表 6.11 中 95%(0.05)的显著度所需求的值 7.82。由此我们得出结论:尽管从所属党派来看,男性和女性

似乎存在差异，但如果没有进行这种研究的话，100 个案例中有 95 个研究者会发现性别和所属党派之间没有多少关联。

这里我们用 3 为自由度计算出卡方值为 3.2，选择用传统的 0.05 概率水平作为否定男性和女性所属党派方面没有差异的零假设标准。卡方表告诉我们对上面自由度和概率水平而言，要否定零假设需要卡方值达到 7.82。因为我们计算出来的值 3.2 低于 7.82，我们不得不接受这种零假设，即组之间没有统计上的明显差异，也就是说，我们的结果可能是偶然的。

我们的研究结果表述为：在所属党派方面，男性和女性之间并没有明显差异，$x^2(3)=3.2, p<0.5$。

》曲线语言

到目前为止，我们已经讨论了两个总结数据的基本方法——表格和描述性统计。另一个缩减和总结大量数据的方法是使用函数曲线和表格来展示值的分布。

在关系呈现方面，描绘出显示分布的值以及这些分布怎样与另一个变量或多个变量相关联，总是很有帮助的。即便对于大数据集来说，这也是个不错的办法。统计软件使其成为可能。可以用多种方式来呈现值的分布以及值与值之间的关系。

接下来我们将介绍“曲线语言”。在表 6.3 中，我们可以看到值从最低到最高的基本分布。这是一个运用数据分类的方法。

对于连续性数据来说，分布可以用曲线来描绘，所得的不同形状的曲线有不同的名称。

在理想环境中，我们从研究对象那里获得的值符合所谓的**常态曲线**，即多数值是中列数值，极低值和极高值很少。第七章将详细讨论常态曲线。当评估我们有重要发现的概率时，常态曲线是一个重要概念。

然而，很少有原始的研究数据可以形成这种完好、整齐的对称图形，因此我们需要可以描述我们所得到的曲线的词汇。例如，观察做成曲线的数据集，我们可能会发现所观测到的近似于两条曲线，而不是一条。

在表 6.3 中,上网时间变量显示了这种值的分布,我们将这种分布作为双峰的分布曲线来参考。我们可以在一次课堂测验中获得这种模式,一半学生得到高分,一半学生得到低分,少数是中间值。分布也可以是**三峰曲线**(如果有三个顶点的话)、多峰曲线或者没有特殊形态的曲线。 *109*

如果大部分值出现在图的左边,"长尾巴"在右边,那么此类曲线为**正偏态**或正斜度。相反,如果大部分数据点出现在右边、极少数数据点出现在左边,那么此类曲线为**负偏态**。偏态是分布的"尾巴"。正偏态表示"尾巴"处于较大数;负偏态表示"尾巴"处于较小数。比如,当随堂测验很容易时,绝大多数学生在满分 100 分的情况下得分 80 以上或 90 以上,产生所谓的负偏态。如果这个班的学生是有史以来最差的,那么大部分学生得分会很低,得分的分布将会是正偏态。

当数据是偏斜的,平均值、中位数以及众数都会有相当大的差异,而且这三者是充分描述分布时必不可少的。

这就出现了曲线多高或者多平的问题。与常态曲线相关的平曲线被称作**低峰态**;相对较高的曲线被称为**尖峰态**。(你可以认为"低峰态=平坦的峰态""尖峰态=跳跃的峰态"来记住这个差异。)

分布的类型和形状会显示关于值的分布的一些情况。常态曲线表示大多数值处于中间位置,处于两端的极端值很少。低峰态曲线表示值更广泛地分布,而尖峰态曲线说明多数值集中在小范围内。

伦理专栏

排名会令人误解吗?

《美国新闻与世界报道》(*U. S. News & World Report*)每年对大学和学院进行的排名引发了争议,因为一些教育机构试图通过篡改甚至伪造其机构数据来提升排名(Slotnik,2012)。

以欺骗为目的篡改数据很明显是伦理问题,情节严重者甚至触犯法律。然而在这个例子中,你需要考虑排名本身的伦理内涵。《美国新闻与世界报道》将大学和学院划分为很多类别,例如国家和宗教大学、国家和宗教自由艺术学院、最好的研究生商业项目以及最好的研究生工程项目,在每个类别中列出第一、第二、第三等排名。

这种排名属于排序。也就是说,它把机构 A 评级为"优于"机构 B,但并未体现好多少。好多少是通过分数评定来体现的。例如,使用一个1~5 的标准来对一个校园的餐饮服务进行排名,可能导致两个机构中的每个有 4.2 和 4.5 的假设得分。

美国全国高校招生咨询联合会曾注意到排名和评分的差异。2010 年对其成员的一项调查显示，大多数大学招生咨询人员对《美国新闻与世界报道》对大学的排名并不认可(美国全国高校招生咨询联合会，2011)。

110 按照 1(强烈反对)到 100(强烈支持)的评分标准，高中招生咨询人员为排名制度打的分数为 29，大学招生人员打的分数为 39。相当一部分的调查对象认为，排名会使人们对学校质量产生误解。

一些调查对象也强调，学校之间的排名几乎不存在统计差异，而将它们排名就产生了表象差异。

“对谁而言什么是最好的以及为什么”的问题当然就会出现。对学生 A 来说最好的学校未必对学生 B 也是最好的；对学生 A 来说最重要的标准对学生 B 不一定是最重要的。

问题

在本章关于基本统计的语境中：

- 仅看学校排名的人是怎样被误导的？
- 为了帮助有潜力的学生选出最适合的教育机构，应该考察学校的哪些属性？
- 测量学校的属性，应该采用什么标准，等类、等序、等距或等比？为什么？
- 向读者提供各个学校各方面的排名，是否有助于或者不利于他们形成自己的“最佳”排名？为什么？

本章要点

- 数据缩减的基本目标是使大数据集便于理解。
- 描述性统计用于描述和总结研究项目中记录的数据。
- 中心趋势测量——平均值、中位数和众数描述了数据集的“中心”。
- 离差测量——极差、四分位差、方差以及标准差描述了数据分布的范围和极值。
- z 值是关于独立值离其所在组平均值距离的标准测量。
- 卡方测试是根据两组或多组在一个分类变量上的得分分布进行比较。
- 总结统计可能以表格、图表或者数据的形式呈现。

重要术语

双峰的
双变量的
分类数据
卡方检验
数据缩减
数据集
描述性统计
频率表
推理统计
四分位差
尖峰态
最大值
平均值
中心趋势测量
离差测量
中位数
度量
最小值
众数
多元分析
负偏态
列联表
连续数据
数据交叉
数据点
常态曲线 111
参数
低峰态
总体
正偏态
极差
样本
统计分析软件
标准差
统计公式
统计
表格
三峰曲线
单变量分析
方差
z 值

应用练习

练习 1:你的个人财富分配

你是否还在每天用现金买浓咖啡?将你口袋里的所有零钱掏出来放在桌上,按面值从低到高排列,然后把同面值的硬币堆叠起来。恭喜!你是在计划你的即时可用现金的分配,并且在观察你自己的个人曲线图。看着你面前的数据,判定最大值、最小值、极差、中位数以及众数,计算平均值。根据偏态以及低峰态、尖峰态或者常态曲线,你会怎样描述硬币的分布?

没有硬币?那就跟身上有硬币的朋友一起做这个练习。你也可以尝试制作日常开销的图表,比如咖啡或午餐、娱乐或交通方面的月开销,或者在服装上的年支出。

练习 2:牌子、颜色以及性别偏好

我们假设男性和女性在服装品牌和颜色方面的偏好有所差异。在一个环境中，比如教室、咖啡馆或者图书馆，观察人们所穿的 T 恤和运动衫。记录下你观察到的每个人的性别、衣服的颜色以及品牌（盖璞、耐克、某大学等），制作两个分别关于性别与颜色偏好、性别与品牌偏好的列联表。

你可以得出不同性别在颜色和品牌方面有哪些差异的结论吗？

注意这个分配并不像它看上去那样简单，一旦你开始记录颜色，就需要做典型的研究判定，建立你自己的分类。颜色的类别几乎是无限的，所以你可能想要这个
112 数量是可控的。你将建立多少种分类，以及如何决定将不确定的颜色（“可能是这种颜色，也可能是那种颜色”）分配给哪个类别？你将如何处理能够促进一份事业或者一位政治候选人而非一个品牌的服装？对于这种分类你可以参考第十二章。

练习 3:一项社交媒介研究

浏览领英网站 LinkedIn. com——专业人员的社交媒介网站。公开可见的会员信息包括学历、工作经历、团体或组织归属，以及个人人脉的数量。选取一到两个并且观察此类信息。

明确地表达你对于领英会员的疑问。例如，女性可能比男性有更多的人脉吗？硕士学历的会员比学士学历的会员加入的团体或组织更多吗？

注意，部分信息可被视为连续性信息（学历学位或工作的数量），部分可被视为分类性信息（学位或工作的类型）。为了更好地回答你研究的每个问题，你应该使用哪种类型的数据？制作一个描述性统计的表格来回答你的研究问题。关于你所选取样本类型的结果能精确地反映出所有领英会员的信任度吗？回顾表 6. 1 中分类数据和连续数据的例子。

注意这一过程几乎包含了一项完整的传播学研究的所有要素——确定研究中心，提出一个特殊的研究问题，策划统计分析，决定数据收集的类型以及怎样收集、展现结果。还要注意，在进行数据收集之前，你需要决定采用哪一类数据分析以及什么类型的报告形式。你如果对连续数据感兴趣，就不会设计一项仅收集分类数据的研究。在你最初的理论、你的研究问题、你感兴趣的数据以及你的研究方法之间需要一个能够论证和展现的联系。

推荐阅读

Huff. D. (1954). *How to lie with statistics*. New Tork: Norton. 1954 年以来

的统计“畅销书”。不要被书名迷惑！

Paulos, J. A. (1997). *A mathematician reads the newspaper*. New York: Random House. 这本书讨论的是研究结果和数据如何被报纸正确或错误地报道。

推荐网络资源

网络上的统计资源很多，有本章讨论的基础统计的互动式教学材料，也有特定学科的高端统计。有的可以“继续点击”，有的则要求下载安装，而且经常会有“无证书”的提醒。

统计是超越学科的语言，你会在很多不同的学术和商业网站得到统计帮助。

下面列出的网站可能太少，请自行搜索或通过以下网站寻找更多的网上资源。

Easycalculation: http://www.easycalculation.com。该网站提供了包括统计在内的各种计算器。

John Pezzullo's stat pages: http://statpages.org/。在该网站内可以找到许多统计网站。

GraphPad: http://graphpad.com/quickcalcs/index.cfm。该网站提供了基本的在线数据计算，你还可以找到 t 检验和卡方检验。

StatSoft: http://www.statsoft.com/textbook/。这是关于统计方面的线上 113
课本/教学材料。

UCLA Statistics Online Computational Resources (SOCR): http://socr.ucla.edu/Applets.dir/OnlineResources.html。该网站提供了各种统计资料，包括交互图表和计算器、数据分析工具和视频教学。

参考文献

National Association for College Admission Counseling. (2011). *A view of the* U. S. News & World Report *rankings of undergraduate institutions from the college admission counseling perspective*. Survey report from the National Association for College Admission Counseling Ad Hoc Committee on *U. S. News & World Report* Ranking. Retrieved from http://www.nacacnet.org.

Slotnik, D. E. (2012, February 1). Gambling a college's reputation on climbing the rankings. *The New York Times*. Retrieved from http://www.nytimes.com/.

学习网站

访问学习网址 **www. sagepub. com/treadwell2e**，可获取以下资料：

- 网络资源；
- 推荐阅读；
- 电子抽认卡；
- 研究问题。

第七章 / 样本结果的普遍化

Generalizing From Research Results

推论性统计

Inferential Statistics

从样本到总体，
如果你想进行普遍化，
那么，推论性统计
就是最好的工具。

本章概览

分析样本的目标在于获得更大规模的人群的洞见。这意味着我们需要知道从一个样本中所得到的结果能否反映研究总体所能得到的结果。当然，这一点我们永远无法确认，除非直接研究总体。因此我们退而求其次的选择是从样本的结果出发对总体进行基于概率的推论。而推论性统计的功能就是估计这一代表性的概率。推论性统计帮助我们对从中获得样本的更大群体进行基于概率的推论。

具体而言，推论性统计在三个方面有所帮助：第一，估量样本代表总体的概率；第二，确定在群体内部和群体间是否存在显著性差异；第三，确定在不同变量之间是否存在显著关系。在统计范畴中，**显著性**具有特殊的意义，它表明一个关系的存在大于偶然。

由于推论性统计基于总体中数据的分布，因此在本章中，我们从正态分布这一重要的基础概念开始。

我们将再次使用第六章表 6.1 中出现过的一些数据以阐释推论性统计的计算和运用。

开篇问题

- 统计中的显著性究竟是什么意思？
- 统计可以给我 100%的保证吗？
- 推论性统计能够提供什么独特的视角？
- 我如何能知道哪一种统计是合适的？
- 为什么正态分布曲线是一个重要的概念？

115 》引言

正如第六章所介绍的，一个研究项目采集的数据量可能大得惊人。描述性统计对简化这些数据并帮助我们理解这些数据有很大的作用。它还能让我们观察到这些数据中的形态、规律以及联系。但是，有一样是描述性统计无法完成的，那就是估算样本数据究竟能够在多大程度上反映总体。

这个问题有重要的实践意义，例如，假设在一个样本中有53%的选民表达了投票给候选人X的意愿，那么在数量更大的人群中就可能会有53%的人投票给候选人X，政治传播咨询家们便会有充足的信心。如果我们在关于总体的数据与关于样本的数据之间无法找到对应点，我们就会面临这样一种情况，那就是这个样本没有什么意义。那么我们唯一的选择就是对整体样本进行调查，也就是人口普查。

显然，进行人口普查很困难，代价大而且耗时。因此我们希望能够通过得到一个具有代表性的样本从而获得足够的信心，从本质上说，这就是推论性统计所扮演的角色。

》从数据到普遍化：推论性统计

- 推论性统计帮助我们从较小的样本中概括（做出推断）更广泛的总体。
- 推论性统计基于两个前提：第一，采样的总体本身具有正态分布的特征。第二，样本是随机抽取的，也就是说，总体样本中的每一个个体都有均等的被抽取到的机会。

在一个统计意义上的理想情境中，数据会表现出一种对称分布，即所谓的正态曲线式分布。如图7.1所示，如果把这条曲线画出来，正态分布中的值将会形成一条对称的曲线，其中大多数数值将在曲线的中间部分。这条曲线也因其形状被称为**钟形曲线**。一些测试结果，例如考试结果，通常接近这个形态：一个或两个人会得0分，一个或两个人会得100分，大多数人会得50分左右，而小部分的人则会分别处于 80 分或者 30 分的位置。

公众舆论调查就是一种将较少人群的调查结果举一反三类推到更大的人群样本的例子。例如，一个全国性的政治民意调查通常会对 1,200 个人进行调查，以预测全国所有选民的选举行为。这里重要的问题是这个样本如何精确地反映出更大样本群体的状态？

让我们看一下另一个例子，在这个例子中，推论性统计十分有用。假如我们在一个班的学生中发现女生更经常地表现出对考试的焦虑，准确地说有 65%的女生表现出一定程度的考试焦虑，而只有 50%的男生表现出有类似情绪。

这里就出现了以下问题：第一，这些数据是否体现出一种具有**统计显著性**的男女性别差异呢？这两个群体之间的差异是否是偶然之外的因素所导致的？第二，我们能够基于这一数据推而广之，得出结论说女生比男生更容易出现考试焦虑吗？

换言之，我们能够从以上有限的数据中，做出关于更大的学生群体的推论吗？我们当然不能得出 100%的论断，但推论性统计有助于估量我们的信心程度。

116

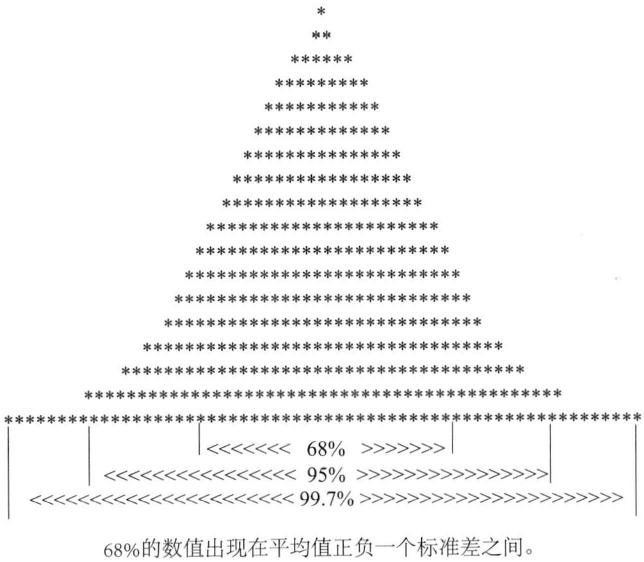

68%的数值出现在平均值正负一个标准差之间。
95%的数值出现在平均值正负两个标准差之间。
99.7%的数值出现在平均值正负三个标准差之间。
在一个正态曲线中，平均值、中间数、中位数相等。

图 7.1　正态曲线和标准差

当我们从一个小的样本做出关于更大群体的推论时，推断性统计、随机采样以及正态分布的假设共同帮助我们计算我们的信心水平。它们同时也告诉我们，只要我们能够接受一定程度的不确定性，就不一定需要极大的样本量。

标准差的回归

从图 7.1 中你可以看到，一条正态分布曲线有如下属性：

- 68%的数值出现在平均值正负一个标准差之间。这意味着，数值出现在平均值负一个标准差到正一个标准差这一区间之外的概率仅有 32%，或者说只有 0.32 的出现概率。
- 95%的数值出现在平均值正负两个标准差之间。这意味着，大于平均值两个标准差或小于平均值两个标准差的数值只占样本的 5%，或者说只有 0.05 的出现概率。
- 99.7%的数值出现在平均值正负三个标准差之间。这意味着，大于平均值三个标准差或小于平均值三个标准差的值占样本的 0.3%，或者说只有 0.003 的出现概率。

117 为什么我们要关心这个？因为我们想要知道从小样本中得出的结论在多大程度上对于更大的群体也是真实的，也就是置信水平。

想要得到关于任何结论的置信水平，我们需要理解样本量是如何影响**置信水平**的，也需要理解正态曲线以及样本正态分布的假设。

置信水平、采样和正态曲线

现在让我们一起回顾第六章表 6.1 中的第五列，以及国际事务认知（KWA）这一变量。

为了进行接下来的讨论，我们先转换一下思维，假设表 6.1 中所呈现的数据反映的是一个总体而非一个样本。通过分析其中的单个样本，我们试图估量这一由 20 个个体组成的总体的情况。

现在我们看到的是关于 KWA 的认知得分。我们不知道总体的平均得分将会是多少。但是，我们从第五列中得到的第一个调查结果表明，这一样本得分为 4。这个得分看上去不高，但我们并不知道这一群体总体得分会是更高、更低，还是大致相等。该怎么办呢？我们来看第二个结果，这个得分为 6。现在有了两个样本，我们就有了从 4 到 6 这个区间，也许大多数得分都将位于 4 到 6 之间，但我们并不确定。这两个得分的平均值为 5。现在让我们做一件合乎逻辑的事，找到第三个结果 4。那么现在这三个结果告诉我们，很多得分可能在 6 以下并且接近 4 这个值。这里的最低值 4 和最高值 6 都维持不变，这三个值的平均值为 4.7。

显然，要想提高我们的置信度，只能不断地加大样本量。我们刚刚有了一个重要的发现，即样本量越大，我们关于结果的信心度就越高。如果持续增大样本量，我们就会越来越自信，认为能够预测总体的大致趋势。然而除非我们有总体全部的数据，否则我们无法做到 100％的自信，我们只能估量真实总体的平均数。

接下来让我们换一个方式来进行练习。这次我们将保持样本组大小恒定以便于计算，但是我们会持续增加采样的数量。我们从 1 个样本组开始，然后是 2 个、4 个、8 个和 16 个，并记录均值。（样本组大小的选择可视情况而定，我们也可以用 5 个、10 个、15 个或者 20 个样本组成的样本组来呈现。）

表 7.1 呈现了随着我们增加样本组数量，每一个样本组的均值。每一组样本的数值都是通过一个随机数值发生器（参见第八章）产生的。然后是 2 个、4 个、8 个、16 个，见表 7.1 第一列。

其中，第一个由 3 个样本组成的随机样本组的平均值为 5.3。这是一个让我们感到困惑的数值，因为我们不知道它在多大程度上可以代表总体的平均值。接下来，我们随机地选取两组由 3 个数值构成的样本组并计算其各自的平均值，我们得到的数值分别为 5.3 和 8。现在我们可以大胆地推测，总体平均值可能位于 5.3 和 8 之间。接着我们用 4 个随机样本组，通过计算我们可以推测总体平均值位于 4 到 8 之间，而平均值或许在 5.3 附近。8 个样本组的平均值告诉我们，总体平均值或许在 4.6 到 9 之间，而且可能就在 6 附近，因为现在有 3 个样本组的平均值都恰好为 6。16 个样本组的结果则显示，总体平均值可能在 3.3 到 7.3 之间，而且更可能位于 5.3 到 6 之间。

我们可以一再重复这一实验却永远不知道总体平均值，因为我们只有样本数据而没有总体数据。

我们永远不能 100％地肯定，但可以谨慎地估算，因为我们知道增加样本量就可以提高置信水平。最初平均值为 5.3 的样本组让我们感到手足无措，不知道总体平均值会是多少。相比较而言，16 个样本组让我们感到自信得多，我们几乎可以确信，总体样本平均值在 5.3 到 6 之间的某处，因为重复的采样使平均值的分布逐渐趋向于正态分布，也就是说，大多数样本的平均值都位于分布的中段，而较大或较小的值都在两端并逐渐减少。面对平均值大致正态的分布，我们可以自信地说，样本组平均值为 6 的可能性要比平均值为 3.3 或 7.3 这样比较极端的数值的可能性更大。

118

表 7.1　样本组数量增加条件下得到的 KWA 样本组平均值分布

样本组数量	各样本组 KWA 平均值								
1				5.3					
2				5.3				8	
4		4		5.3 5.3				8	
8			4.6	5.3	6 6 6	6.6		8	9
16	3.3 3.3	4 4 4		5.3 5.3 5.3	6 6 6 6 6 6	6.6	7.3		

以上练习表明了关于推论性统计的两个基础假设：

- 样本量越大，我们对于样本反映总体情况的信心越大。
- 通过假设总体数值的正态分布，我们可以计算样本代表总体特征的概率。

符合正态分布只是一个假设，但以上两个假设合在一起就构成了本章推论性统计的基础。

假设总体数值的分布为正态分布，我们可以计算样本得到任一平均值的概率。就 KWA 变量而言，你可以计算出平均值为 5.7。按照第六章表 6.8 所示的计算标准差的方法，我们可以计算 KWA 的标准差为 2.36。根据我们关于正态分布的知识，我们可以得出以下平均值分布特征：

- 有 68%的概率总体平均值位于 5.7 减一个标准差(2.36)到 5.7 加一个标准差之间，即 3.34～8.06。
- 有 95%的概率总体平均值位于 5.7 减两个标准差(4.72)到 5.7 加两个标准差之间，即 0.98～10.42。

- 有 99%的概率总体平均值位于 5.7 减三个标准差(7.08)到 5.7 加三个标准差之间,即−1.38[①]~12.78。

当然,考虑到我们讨论的是国际事务认知(KWA),一个负数,如−1.38 这个数值,似乎没有什么意义,因为很难想象有人会在一次正常的考试中得到比 0 分还低的分数。但我们要记住的是,我们现在讨论的是数值的理论分布和统计的概率而不是符合常理的概率。 119

通过查看表 7.1 我们或许可以猜测总体平均值在 5.7 左右,但我们仍然不知道从其他的样本中会得出怎样的数据。尽管如此,我们还是可以说,如果在相同条件下重复采样,那么在 95%的情况下,平均值会位于 0.98~10.42 之间。

同理,在第六章我们计算了 HWI 得分(每周上网小时数)的 z 值,其中海伦 HWI 得分的 z 值为−1.18,而凯丽得分的 z 值为 1.73,我们将其解释为海伦的得分比样本平均值低 1.18 个标准差,凯丽的得分比样本平均值高 1.73 个标准差。将这两个分值放到正态分布曲线中,我们可以说,这两个 z 值都有大于 68%的出现概率,因为它们分别小于平均值减一个标准差和大于平均值加一个标准差;同时它们都有小于 95%的出现概率,因为它们分别大于平均值减两个标准差和小于平均值加两个标准差。

我们还可以用 z 值来预测总体中数值的分布。例如,1.73 和−1.18 这两个值之间的区间为 2.91,通过这一趋势标准差的计算,我们可以说这两个数值几乎等于三个标准差,而我们又知道 99%的数值将位于平均值正负三个标准差之间,我们可以推论,我们所测量的总体数值中约有 99%会落在海伦和凯丽的得分之间。

假设我们想要知道总体人群中每周使用互联网 65~100 个小时的人所占的比例,我们可以将这两个小时数值换算为 z 值——这可以通过第六章计算 z 值的方式得到。那么 65 小时/周可以换算为 0.72,100 小时/周可以换算为 1.74,这两个 z 值之间的差为 1.02,略大于一个标准差。我们知道在正态分布的情况下,68%的数值位于平均值减一个标准差到平均值加一个标准差之间,也就是在两个标准差的范围内,因此一个标准差就包含约 34%的数值,由此我们可以估算,在我们采样人群中每周使用互联网 65~100 个小时的人数约为 34%。

记住,我们并不知道这一群体的真实数值,因为我们没有对整体进行采样,我

① 原书中此处数据为−13.8,应为笔误。——译者注

们只有一个经过计算得出的概率区间，这一区间被称为**置信区间**。在我们“每周上网时间”这个例子中，置信度为 95%时，置信区间为 0.98～10.42。

对一个**样本分布**，也就是样本数值而言，标准差被称为**标准误差**。

当我们报告研究结果时，我们要报告置信水平和标准误差。例如，关于公众意见民意调查通常会有这样的表述：在 95%的情况下，样本结果相对于整体情况偏差不超过 3%。换言之，这是在说，在 95%的置信水平上，结果的标准误差为±3%。这也就意味着，在统计学方面我们可以有足够的信心说，如果在同样的情况下重复调查 100 次，那么在 95%的情况下误差将小于 3%。

要注意的是，所有对概率的计算都是基于正态分布的假设，这样的统计步骤被称为**参数统计**。当我们不能做正态分布的假定，或者我们的变量是类别变量而不是连续变量时，需要使用其他种类的统计——**非参数统计**。

120 置信水平和样本数量

在置信水平、标准误差和样本数量之间，有一个此消彼长的关系。这个问题将在第八章进行更详细的讨论，现在让我们一起回顾第六章中关于标准差的公式。

标准差公式

$SD=\sqrt{\frac{\sum(\bar{X}-X)^2}{(N-1)}}$	SD=标准差 $\bar{X}$=组平均值 X=每个个体得分 N=得分总个数

然后将第六章表 6.8 中每周上网小时数（HWI）代入这个公式，我们用样本值 N 而不是 $N-1$，得到如下结果：

$$SD=\sqrt{\frac{(22,295)}{\text{样本数}}}$$

表 7.2 显示了标准差（也就是标准误差）如何随着样本数的增加而减少。

在上面的计算中我们可以看到，样本数每增加 4 倍，标准差就会减小一半。例如，我们的初始样本数为 20，当它增加到 80 的时候，标准差就从 33.38 减小到 16.69；当样本数变为 320 的时候，标准差进一步减加到 8.35；当样本数进一步增加到 1,280 时,标准差再次减半。对一个全国性的公众意见调查而言,20 人组成的样本显然太小,1,280 人的样本可能是合理的,而 5,120 人的样本工作量可能太大。显然,这里有一个收益递减的问题。你当然可以花费大量的时间和精力去获得一个 5,000 人组成的样本,甚至去调查整个人口,但是研究者通常为了便利而接受一个略小的样本所带来的一定程度的误差。当然,这里的误差是可以计算的。

当一个很低的误差水平是形势所需的时候,增加样本数量就变得十分重要。例如,假设你为一位候选人做的民意测验表明,约有 51%的选民可能投票给这位候选人,而误差为±3%。这就意味着,如果立刻举行投票,这位候选人可能会以 54%的多数选票取得胜利,或者以 48%的少数选票输掉这场选举。显然,你希望将误差水平降到 1%或者更小,而这就意味着要增加样本数量。

表 7.2　HWI 变量之样本数量与标准差的关系

样本数量	标准差(SD)
20	33.38
40	23.61
80	16.69
160	11.80
320	8.35

如果已知误差水平和置信水平,我们就可以从结果倒推,得出我们所需要的样 121
本数量。这一点我们将在第八章继续讨论。

》测试群体内或群体间差异

传播学中一个常见的研究问题是:就某个特定变量而言,两个群体之间是否有差异?在拥有连续数据的情况下,回答这种问题的方式之一就是测量每个群体的变量数值,然后比较每一组在同一变量上的平均值。这就涉及我们接下来要讨论的 ***t* 检验**的使用。当我们只有类别数据时,使用的方法是第六章的卡方检验。

t 检验

t 检验通过比较两个群体同一变量的平均值，从而决定二者间差异的存在概率。

现在让我们回到第六章表 6.1 的第八列，观察这里的两组人群：一组是从互联网获取新闻的人群，另一组是从商业广播获取新闻的人群。我们的假设是两组关于国际事务认知(KWA)的值会因新闻信息源不同而不同。

表 6.1 的第五列 KWA 列出了 20 位受访者在 1～10 分量表中的得分。第八列呈现了他们各自的新闻来源偏好(NEWSP)，一类是互联网，一类是商业广播。我们可以绘制出如表 7.3 那样的分布图，其中包括 12 位从商业电台获取新闻的个人得分和 8 位从互联网获取新闻的个人得分。

我们可以看到偏好互联网的群组平均得分为 5.0，而偏好广播的群组平均得分为 6.2。

仅仅基于这两个均值，我们也许可以说，偏好商业广播的群组对国际事务的了解多于偏好互联网的群组。但我们还需要看一下两组得分的分布。互联网组有两个最低分 2 分，而广播组有两个最高分 10 分，但总体而言，两个群组中均有大多数人得 4 分、6 分或 8 分。换言之，两组的得分分布有重叠。

那么问题就变成：是不是所有听广播的人的得分都比使用互联网的人的得分高？这两组人真的代表了两个完全不同的群体吗？如果两组中有很多人的得分一样，那么这两组是否基本上属于同一种人群？显然，后一种的可能性更大。

表 7.3　以新闻来源偏好区分的 KWA 得分分布

以广播新闻为来源（均值=6.2）		4 4 4 4 4	6 6 6	8 8	10 10
以互联网新闻为来源（均值=5.0）	2 2	4 4	6 6	8 8	

122 这里就涉及显著性的问题。也就是说，这两组的平均值在统计意义上有显著差异吗？更准确地说，一组的平均分与另一组的平均分相差一个、两个或三个标准

差的概率是多少？

如果我们的结论是，我们所面对的两个群组代表两种不同的人群，那么可以说这两组是显著不同的；如果我们的结论是，这两组其实是同一个群体的两个亚群体，那么我们就要否定“两组显著不同”的假设。对于后一种情况，偏好广播的群组与偏好互联网的群组显著不同。

t 值的计算结果是将提取的计算结果与 t 值表中的一个数值进行比较，t 值表显示的是 t 值出现的概率。可以说，t 检测表明了我们所观察到的平均值差异在经过样本数量和数值区间的校正之后，其出现概率是低还是高。

t 检验公式

t 检验的概念是对两个群组同一变量的平均值的差异的测量，同时也考虑到每一组分值的分布区间以及每一组样本数量的多少。t 值表或统计软件会显示计算得到的 t 值的出现概率。

$$t=\frac{\text{群平均值之差}}{\sqrt{\dfrac{\text{群方差纠正值}}{\text{群样本量纠正值}}}}$$

计算 t 值需要每一组的三个数据：该组的平均值、该组的样本量以及该组中每一个数值相对于平均值的差的平方和。我们已经在第六章得知，这一数据就是方差。

用来比较两个不同群组的 t 值的公式即**独立样本 t 检验**。

这里我们的数据是 KWA 变量的数值，我们的目的是看这个变量的得分是否因个体对新闻来源的偏好而显著不同。

从表 7.5 中我们可以得到各组的平均值和样本量，以及小组中每一个值相对于平均值的差的平方和的计算结果。

独立样本 t 检验公式	
$t=\dfrac{\bar{X}_1-\bar{X}_2}{\sqrt{\dfrac{(\sum d_1^2+\sum d_2^2)}{[(n_1+n_2-2)/(n_1+n_2)]*[(n_1 n_2)]}}}$	$\bar{X}_1$、$\bar{X}_2$ ＝组一和组二的平均值 $\sum d_1^2$、$\sum d_1^2$＝各组单个得分相对于本组平均值的差的平方和 n_1、n_2＝组一、组二的样本量

t 检验例子

表 7.4 显示了两组 KWA 变量的 t 值计算方法。

123 **表 7.4　计算 KWA 变量的 t 值**

广播偏好组数据			互联网偏好组数据		
KWA 得分（$n_1=12$）	得分与组平均值之差	分差平方	KWA 得分（$n_2=8$）	得分与组平均值之差	分差平方
4	−2.2	4.84	2	−3.0	9
4	−2.2	4.84	2	−3.0	9
4	−2.2	4.84	4	−1.0	1
4	−2.2	4.84	4	−1.0	1
4	−2.2	4.84	6	1.0	1
6	−0.2	0.04	6	1.0	1
6	−0.2	0.04	8	3.0	9
6	−0.2	0.04	8	3.0	9
8	1.8	3.24			
8	1.8	3.24			
10	3.8	14.44			
10	3.8	14.44			
KWA 平均值 =总分/12 =74/12 =6.2		差平方和 =59.68	KWA 平均值 =总分/8 =40/8 =5.0		差平方和 =40.00

$$t=\frac{6.2-5}{\sqrt{\frac{(59.68+40.0)}{[(12+8-2)/(12+8)]*[(12*8)]}}}=t=\frac{1.2}{\sqrt{\frac{(99.68)}{[(18)/(20)]*[(96)]}}}=t=\frac{1.2}{\sqrt{\frac{99.68}{86.4}}}=1.12$$

这里 t 值为 1.12，但这个 t 值本身并不能告诉我们任何信息。它只是这两个群组平均值差异的一个量度。我们真正感兴趣的是这个差异出现的概率。要获知这一概率需要检索显示 t 值正态分布的图表。这些图表可以从网上和很多统计教材中轻易获取，当然也可以使用统计软件计算 t 值以及 t 值出现的概率。

要完整地理解和阐释 t 值表或统计软件输出的 t 值，需要理解以下概念：一是**自由度**，二是**单侧**和**双侧**分布。

正如第六章提到的，自由度是对于“变化空间”的测量。从本质上说，它是关于数据有多种组合但仍然得出同一 t 值的方式。在我们的案例中，它是第一组的样本量减去 1 加上第二组的样本量减去 1，即(12－1)＋(8－1)＝18。

单侧检验是指假设两个群组之间的差异是单向的。例如，互联网群组的平均 124
值比广播群组更大。相反，双侧检验则是指两个群组之间有未确定差异，也就是说任意一个群组的得分都可能较高或者较低。表 7.5 所显示的就是一个 t 值出现的概率以及根据自由度的大小和测试是双侧的还是单侧的所发生的变化。

t 值越大，出现的概率越低。正如上面的计算所示，自由度为 18 时，两组的 t 值为 1.12。我们可以从表 7.5 中看到，对一个双侧检验而言，要在 95％的概率下获得显著差异就必须得到 2.101 或者更大的 t 值。由于我们的 t 值既小于单侧检验需要的显著值标准又小于双侧检验要求的显著值标准，因此我们可以说，在 95％的情况下这两组没有显著差异。

注意，在 95％的显著水平上，这个 t 值(1.12)更接近于一个单侧检验值(1.734)而不是双侧检验值(2.101)。如果选择双侧检验，在某种意义上你是在“押注”两种情况都可能发生：一种是互联网群组的平均值高于广播群组的平均值，另一种是互联网群组的平均值低于广播群组的平均值。因此可以说，根据 t 值表可以预测两组之间的差异将会出现在某个特定的方向。例如，在自由度为 18 时，如果我们计算得到的 t 值为 1.85，而且我们的假设是互联网群组的平均值将高于广播群组的平均值，那么我们就可以说，这两个群组之间存在统计性显著差异。但如果我们仅仅假设二者之间存在差异，那么 t 值 1.85 仍然小于 2.101，所以我们只能说二者之间不存在显著差异。

下面是对以上分析更为正规的思考和描述。

在当前研究阶段，我们还没有任何理由认为广播群组会比互联网群组有更高的数值，反之亦然。因此我们仅仅提出零假设。第二章曾经提到，零假设认为群组或变量之间没有关系。

零假设：在 KWA 这一变量上的得分将不会因为主要新闻信息源的差异而不同；使用广播为主要新闻信息源和使用互联网为主要新闻信息源的人在 KWA 上不会有显著差异。

下面我们将遵从社会科学的传统，试图达到 95％的假设检验显著水平。显著水平的设定值由研究者自己决定。正如 t 值表所显示的，你可以选择 99%甚至 99.9%的显著水平。

表 7.5　部分 t 值表

		单侧或双侧检验的有效指标			
自由度		**.10**	**.05**	**.01**	**.001**
17	双侧	1.740	2.110	2.898	3.965
	单侧	1.333	1.740	2.567	3.646
18	双侧	1.734	2.101	2.878	3.922
	单侧	1.330	1.734	2.552	3.610
19	双侧	1.729	2.093	2.861	3.883
	单侧	1.328	1.729	2.539	3.579

资料来源：改编自 Fisher and Yates. *Statistical Tables for Biological, Agricultural, and Medical Research*. Published by Longman Group, Ltd., London(previously published by Oliver and Boyd, Ltd. Edinburgh)。

125 当自由度为 18 时，我们计算出 t 值为 1.12，然后我们可以在 t 值表上查到双侧检验值。因为我们的假设是两个群组间没有差异，表 7.5 告诉我们，对于这样的一个测试，t 值需要达到 2.101 才能否定"两组间无差异"的假设。由于我们的 t 值 1.12 小于 2.101，我们只能接受零假设，即二者之间没有差别。也就是说，我们所得到的 KWA 结果有可能是机缘巧合。

我们将以如下方式总结我们的发现：就 KWA 这一变量而言，两个群组之间的得分没有显著差异，$t(18)=1.12, p<.05$。

另一类型的 t 检验

我们刚刚叙述的是一个独立样本 t 检验，即两个群组分别是由不同的个体构成的。当我们有非独立样本，即群组由同样的个体组成时，我们就必须使用不同的 t 检验，这种测试就叫**非独立样本 t 检验**。

经典的前测—后测是非独立样本的一个例子。比如，一位广告商想要对一个新的广告活动进行检测，那么他先得对一组消费者进行产品认知的基线研究，然后让这些消费者接触新广告的内容，继而再做一次同样的广告产品认知研究，这里假设前后两次研究结果的差异是由于信息接触而导致的。在这样的案例中，我们比较的不是两个不同的群组，而是同一群组在两次测试中得到的结果，也就是前测和后测的结果。那么，相应的 t 值计算公式就会发生如下变化：

非独立样本 t 值计算公式	
$t=\dfrac{\bar{X}_1-\bar{X}_2}{\sqrt{\dfrac{\sum D^2-\dfrac{(\sum D)^2}{n}}{n(n-1)}}}$	$\bar{X}_1$、$\bar{X}_2$＝前测和后测的平均值 $\sum D^2$＝前测、后测差的平方和 $(\sum D)^2$＝前测、后测差之和的平方 n＝得分对数

注意这里的 t 值计算的变化。因为在比较同一群人的前测和后测分值时，我们可以说只有一个样本，因此我们计算时是使用成对的得分。这里的 n 是得分的对数(大多数情况下也就是个体的数量)。在这里我们不能包括两个不同群组的分值，因为我们只有一个群组。而且对分值的差的处理有所不同，我们不仅要将前测得分与后测得分之差的平方相加，还要将前测与后测的差的和进行平方。

方差分析(ANOVA)

t 检验的一个问题在于它只能比较两个群组。那么，如果我们想要比较两个以上的群组，该怎么办呢？如果我们想比较学艺术、商科、传播以及科学的本科生在某个标准化测试上的表现差异，该怎么办呢？

当面对多个群组的时候，我们就需要多变量统计，而**方差分析**就是其中的一种。

方差分析的计算或许看上去复杂，但它的概念很简单。方差分析是以方差为基础，对不同个体在同一个变量上的差异的一种测量。计算方差分析，也就是将群组内部的方差与群组之间的方差进行比较。

假设有三组，我们将每一组内部的方差与各组之间的方差进行比较。假设各 126
组间的方差比组内的方差大，那么我们就认为这三组当中的每一组都是从不同的总体得来的样本。而如果组内的方差大于组间的方差，那么我们就认为各个群组是来自同一个总体的不同样本。

我们来想象这样三个群组：第一组由我们的同辈组成，第二组由我们的晚辈组成，第三组由我们的长辈组成。每组之间都有一些差异，而且每组中的个体之间也有一定差异，例如眼睛的颜色、着装、年龄等。但每一个个体也和本组的其他组员有一些共同点，同时也和其他组的组员有一些共同点。

区别不同群组的是群组内部成员之间的相似程度大于群组之间的相似程度，即组内方差小于组间方差。

如果一个群组内部个体之间的差异大于三个群组之间的差异，那么我们可以认为这三个组事实上构成了一个大的群体，小的群组之间并没有显著的差异。如果组内个体之间的差异小于三个群组之间的差异，那么我们就说组内个体之间的共性大于群组间的共性，因此这是三个显著不同的群体。

单向方差分析是方差分析中最简单的一类。与 t 检验相比，它是针对一个变量进行比较。不同之处在于它能够比较两个以上的群组。它的复杂之处在于它涉及多个群组，但也是最容易被理解的一种分析方法。

你也许会问，为什么不多做几次 t 检验呢？比如将第一组和第二组比较，再拿第一组和第三组比较，最后比较第二组和第三组？之所以不这样做，是因为进行三次测试而不是一次，次数的变化会对统计的结果有影响。重复测试相当于在你获得满意的结果前重复一项你不满意的测试。统计测试的关注点是样本在给定的时间内告诉我们结论，而非反复地测试直至出现你期望的结果。

组间方差除以组内方差会产生一个 **F 值**。通过查阅 F 值表，我们就能得到特定的 F 值出现的概率，从而得出结论——我们是否发现了组间显著差异。

方差分析公式

方差分析的 F 测试概念简单，但计算复杂，计算公式如下：

$$F=\frac{\text{组间方差}}{\text{组内方差}}$$

方差分析例子

方差分析的计算公式和具体步骤，很多高阶研究教材都有介绍，这里我们主要讨论的是那些计算和结果背后的理念。例如，假设我们想要探究课业表现与互联网使用之间的关系。我们手上有四个不同专业的学生群组，每位学生都报告了每周使用互联网的时间。如果组内方差小于组间方差，那么这四个群组是显著不同的。如果每个组内的方差都大于组间方差，那么这四个群组并没有显著差异。

方差分析的计算结果是一个 F 值，我们可以查阅 F 值表得知特定值的出现概率，或直接通过软件分析得出结果。如果我们计算得到的 F 值大于表上的设定值，那么我们就可以得出结论说我们的 F 值出现的概率是大于偶然的，从而我们可以否定零假设并认为四个不同专业的群组之间就互联网使用时间而言有统计性显著 127
差异。

注意，这是我们能够得出的唯一结论。尽管我们也想涉及每个群组之间的差异，但这并不是我们研究的问题。我们需要在研究问题、数据采集和数据分析之间保持一致。我们的研究问题是学生专业与其使用互联网时间的关系，而通过统计我们得到了该问题的答案，即它们之间有显著关系。至于传播学专业的学生与科学专业的学生在互联网使用上有何差异，则是另一个不同的问题。如果我们想要回答这个问题，则需要选择不同的测试方法，那多半会是一个 t 检验。

还有一个重点是：我们从计算中并没有发现任何因果关系。也许我们希望得到的结论是专业决定互联网使用时间，例如我们或许可以揣测商科学生较少使用互联网，因为他们大多忙于创业。但反过来的假设也可能成立，互联网使用时间决定专业，例如传播学专业学生可能较多使用互联网，而倾向于传播学专业是因为他们看到了互联网和社交媒体提供的工作机会。

方差分析能够测试多个群组之间的关系，但它仍然是一种方差的简单分析，因为它仅仅检验两个变量之间的相互关系。假设我们想测试学科专业和上网时间与新闻来源偏好之间的关系，哪一种专业或新闻来源偏好对上网时间影响最大？这些变量之间有什么关系？如果要检验多个变量之间的关系就要用到**多元方差分析**，而那是更高阶的教材才会涉及的话题。

》两个或多个变量之间关系的测试

通过 t 检验和卡方检验，我们探究了不同群体之间的差异。在 t 检验案例中，我们探究了一群男性和一群女性之间就某个特定变量的平均值之间的差异。在卡方检验案例中，我们研究了这两个群组的数值分布是否存在显著差异。

然而，t 检验和卡方检验都不能告诉我们变量之间关系的强度，而对于很多研究者来说这是十分重要的问题。相关性研究和**回归**研究是专门解决这个问题的两种统计方法。

相关性

在传播学研究中，人们经常问到的问题涉及两个变量之间的关系。例如，我们或许想要知道，大量社交媒体的使用与较少的人际交往是否相关，上网时间与学业表现是否相关，或者暴力节目的观看量与反社会行为的程度是否相关。

相关性分析用于衡量变量之间的关系，它对变量之间的关系强度进行测量。但我们必须记住，它不能确认变量之间是否存在因果关系。

为了更好地理解相关性，让我们想象一个坐标轴，横轴代表某一变量的得分，纵轴代表另一个变量的得分。如果我们将每一个个体的每个变量的得分绘制出来，那么我们就会得到一个**散点图**。图 7.2 呈现的是上网时间和绩点关系的四个典型形态。

128

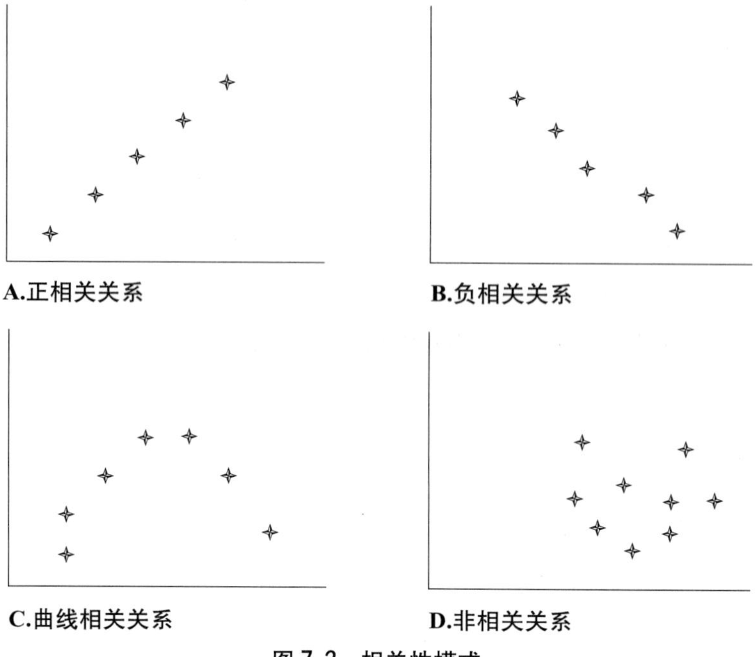

图 7.2　相关性模式

上面的 A 图呈现的是正相关，例如，绩点随互联网使用时间的增加而提高，两个变量强烈相关。B 图表明同样强度的相关性，但是负相关，随着一个变量值的增加，另一个变量值递减。C 图显示的是**曲线关系**。D 图数值分布散漫，两个变量之间似乎没有关系。

相关系数是对变量之间关联度的衡量，通常写为 r_{xy}，其中 x、y 分别代表我们测量的两个变量。相关系数表达的是两个变量之间关系的强度。相关系数数值位于－1.0～1.0这个区间内，其中，－1.0代表百分之百负相关，1.0表示百分之百正相关。

通常，如果相关系数位于0.85左右，研究者会十分兴奋，如果位于0.60左右也是重要的，而位于0.50或更小则被认为不重要。

再次强调，相关性不是因果关系。例如，我们无法在一次调查的基础上断定上网时间越多，国际事务认知水平就越高，或者较高的国际事务认知水平需花费更多的上网时间。尽管我们可能会揣测上网时间越多了解得越多，但也可以说正是由于拥有较高的国际事务认知水平，所以人们更想上网获得更多的知识。要想确认因果关系，我们需要第十章介绍的实验研究方法。

相关系数显示两个变量之间关系的强度，但并不会指出一个变量为特定值时另一个变量的数值。它也不能够表明三个或多个变量之间的关系，而这对传播学研究而言是很重要的。要回答这些问题，我们需要的工具是线性回归和多元回归、部分相关和偏相关的方法。

回归 129

线性回归能够告诉我们当一个变量为特定值时另一个变量的数值。通过回归方法，我们可以用个体在两个不同变量上的数值得出两个变量之间的数学关系，从而当我们知道其中一个变量的数值时，可以通过回归公式计算出另一个变量的数值。

因为两个变量的数值通常是散乱分布的，并未形成完美的直线，所以在这样的计算中几乎毫无疑问地存在误差。

线性回归的前提是变量之间的关系最好通过直线来表达，但某些数据分布的最好表达方式却是曲线，例如图7.2中的曲线关系，是的，有些回归方法假定变量之间存在曲线关系而非直线关系。

如果我们想要用两个或更多变量计算某个变量数值，可以使用包含多个变量的**多元回归**。

路径、偏相关和部分相关

如果要探究多个变量之间的关系，那么可以用**路径分析**绘制出变量之间大概可能的因果关系。而**偏相关**和**部分相关**，可让面对多元变量的研究者在控制其他变量的情况下，比较两个变量之间的关系。这些方法的细节可以在高阶教材中找到。

》最终决定：接受还是否定你的发现

统计检验只能告诉你一个特定结果在更广泛的总体中出现的概率，而你作为研究者仍然需要决定究竟是接受还是否定这个概率。基于统计的研究总体来说偏向悲观，你几乎是在努力证明你所检验的观点是错的。如果你测试的结果是偶然出现的，那么在统计学意义上你应当忽略它，并重新审视你的初始假设或研究问题。

概率是一个重要的概念。新药的研究就是基于统计概率，它对人的健康可能有重大的影响。作为潜在的消费者，你当然希望了解这样的研究结果。但即便是很高的概率，研究者仍然必须选择究竟是接受还是否定自己的发现。无论接受与否，他们都有可能是正确的也有可能是错误的。

表 7.6 误差类型一和类型二

	接受零假设	否定零假设
零假设符合总体情况	正确	第一类误差
零假设不符合总体情况	第二类误差	正确

130 用统计学的语言来说，这些研究者面临着要么发生**第一类误差**要么发生**第二类误差**的处境。表 7.6 显示，接受或否定一个假设，其结果可分为四种情况。

有一些可降低两类误差的方法。第一类误差，即当你没有显著发现时误以为有显著发现，其可控性在于研究者可以决定接受或否定假设所需的显著程度。这就是为什么在 t 值或开方表上，有各种不同的概率水平，例如 0.1、0.05、0.01、0.001。第二类误差，即当显著关系存在时做出否定的决定，可以通过加大样本量来减少此类误差。

优秀的统计研究会在最大限度上降低两种误差。当然，具体标准是特定的文化研究以及研究者个人判断的结果。通常而言，社会科学家追求 0.05 的概率水平；医学研究的误差概率水平则可能达到 0.01 甚至 0.001。统计软件可以给出十分精准的概率数值，例如 0.047。但最终是接受还是否定，仍然取决于研究者本人。

伦理专栏

传播的张力

你或许想不到一本名为《统计原则入门》(*Introduction to Statistical Principles*)的书会是畅销书,但达雷尔·赫夫(Darrell Huff)的《怎样用统计撒谎》(*How to Lie with Statistics*)却自1954年以来畅销不衰。原因何在?是书名吸人眼球吗?这个书名确实会激发人们较大的好奇心,但这其中也关系到统计传播的困境。

就统计报告和研究方法而言,简化和选择性是两个重要的因素。

当记者为普通受众写作时,怎样用一种读者能够理解的方式报道科学研究就涉及简化的原则。大多数人不了解卡方、t检验或多元多项式回归,所以用这样的语言为大多数读者进行写作是荒谬的。由于新闻写作在大多数时候是直白的,记者于是把注意力放在通俗化阐释上面。

不难看出这种简化的本质,只需将有关媒介效果的学术研究论文与任何杂志文章进行比较,例如,"看太多的电视对孩子不利吗?"

选择性问题出现在使用统计数据支持特定论点的时候。例如,一个政党可能宣称已经将所有人的税率平均降低了2%。而反对党派会指出,因为低收入人群本来就纳税少,减税的效果对他们而言微乎其微,高收入人群才是减税政策的真正受益者。那么,哪一个党派是正确的呢?二者都正确,他们都没有撒谎。他们只是选择了与自己的论点最相关的数据。

问题

- 简化研究数据会误导读者,从而有违记者、科学写作者和研究者的职业行为操守吗?
- 当研究者在学术出版物上发表研究成果时,他们必须确保所有的相关数据被报告,这是怎样的伦理责任?
- 当自己的作品被他人报道时,研究者负有怎样的责任来确保相关的统计数据都被他人(如记者)报告?他们可以怎么做?

本章要点 131

- 推论性统计帮助我们估算样本数据代表总体状况的概率。
- 推论性统计的两种主要用途是衡量变量间的关系和群组间的差异。
- t检验可用于比较两个群组就特定连续变量上的分值。
- 相关性是对变量之间关系强度的衡量。

- 回归使我们可以根据一个变量的数值计算出另一个变量的数值。
- 方差分析能够比较多个群组的数值，从而确定其统计性差异的概率。

重要术语

方差分析	路径分析
钟形曲线	r 值
置信区间	回归
相关系数	样本分布
曲线相关	散点图
自由度	显著性
F 值	标准误差
线性回归	统计性显著
多元方差分析	t 检验
多元回归	非独立样本 t 检验
非参数统计	独立样本 t 检验
单尾测试	双尾测试
参数统计	第一类误差
部分相关	第二类误差
偏相关	

应用练习

统计分析通常与人群有关，因此以下练习最好与小组一起完成。

练习 1：预测群体财富

财富是否通常是正态分布的？请询问你的组员身上携带的现金数量，然后绘制出财富分布图。先请一位组员说出身上携带的现金数量，随后请其他组员预测群组平均数，然后问第二位、第三位组员，以此类推。将现金数额从低到高排列。随着新样本的加入，计算并记录群组平均值如表 7.1。你从什么时候开始对群组平均值的预测有信心？

132 如果没有携带现金，可以考察日常开支，例如每天在饮料或午餐方面的开支、每月在娱乐或交通方面的开支或每年在服装方面的开支。

练习 2：从样本到总体的普遍化

假设在练习 1 中，你的群组人员是从更广泛的学生群体中随机抽取的，用计算标准偏差的方式得出这一组平均值在更大群体中出现的概率。

练习 3:性别与饮料偏好

让我们再次回到咖啡馆。你将会采用什么测试来确定饮料偏好是否与性别有关? 也就是说,男性和女性是否在饮料偏好上存在显著差异。

提示 1:这里涉及两个类别变量——性别和饮料类型。

提示 2:在记录数据之前,你必须决定怎样对饮料进行分类。例如,茶、咖啡、苏打水、水这样的分类是否合适? 卡布奇诺、拿铁、速溶咖啡、美式咖啡这种分类能更好地捕捉到你的人群偏好吗?

还要注意,在这里我们可以对因果关系的方向做出合理的猜测。喝咖啡有许多有据可查的生理影响,但迄今为止,明显的性别变化并不是其中之一。如果你发现男性和女性在饮料偏好上存在显著差异,则可以合理地假设这些偏好是由性别决定的,而不是相反。

推荐阅读和网络资源

请参阅第六章的推荐阅读和网络资源,它们也和推论性统计相关。

参考文献

Haff, D. (1954). *How to lie with statistics*. New York: Norton.

学习网站

访问学习网址 **www.sagepub.com/treadwell2e**,可获取以下资料:

- 网络资源;
- 推荐阅读;
- 电子抽认卡;
- 研究问题。

第八章 / 抽样

Sampling

谁、什么以及多少？

Who, What, and How Many?

抽样的基本目的
是要选出具有代表性的样本。
可以随机，
也可以在判定的基础上选择。

133

本章概览

任何一个研究项目都无法完全代表人类传播的一切现象。人类传播的范畴太过广泛，问题也无穷无尽。

我们能做的就是选择其中的一些侧面，可能是政治传播、盗版电影，也可能是网络博客，并在这些范畴内选择一些人或媒介样本作为研究的个体对象。这一过程就是抽样。

本章讨论两大类：概率抽样和非概率抽样。概率抽样试图获取具有代表性的样本，从而获得关于总体的认识；非概率抽样不具有统计意义上的代表性，但可能具有更大的理论相关性和便利性。

样本量是一个重要的问题，它取决于总体的同质程度，以及从样本到总体的普遍化过程中需要达到的置信程度。

开篇问题

- 我需要研究多少人或媒体样本才能得到可信的结果？
- 和学生交谈能让我更好地了解学生的态度吗？
- 随机抽样究竟是什么意思？
- 我如何得知我的公众意见调查捕捉到了大众意见？
- 对 1,000 个人的调查是否比与 10 个人的面谈更能增加对人类传播的认知？

》引言

134

研究包含抽样。一旦你提出一个研究问题，就必然涉及你要研究谁或什么，以及调查多少研究对象才能回答你的问题。这一系列的抉择，即便对质化研究来说，也是一样的。

一个总体由你想要研究的所有个体对象组成。总体的根本属性不在于包含的个体数量多少，而在于它包含了研究者想要的全部研究对象，例如《星球大战》电影，美国出版的全部《哈利·波特》系列，或者所有少数族裔拥有的公关公司的女性雇员。一些大的总体很难研究，因为其确切规模和性质难以确定。这也是我们将抽样与第七章的推论性统计结合起来的原因之一。它们帮助我们从样本出发，做出关于总体的高质量的估计。

所谓**普查**，就是对总体所包含的全部成员的研究。而样本则是从总体中抽取出来的具有代表性的一部分。

非概率样本基于特殊的判断，**概率样本**则是通过对样本单位的随机抽取产生的，二者各有所长。

在本章中，学生伊丽莎白要进行一项研究，为推动改进校园餐饮质量和学生饮食习惯的活动打下基础。我们将跟随她展开抽样之旅。

作为一名住校学生，伊丽莎白有很好的条件观察学生的饮食习惯以及校园餐饮服务所提供的食品数量和种类。通过观察，她得出了三个结论：第一，尽管校园的餐饮服务主管可能会不赞同，但目前校园的食物是以快餐为主；第二，通过平时的交谈，她得知一些学生不太适应这种饮食，她听到一些关于体重增加的抱怨，并了解到那些自助餐如何促使人们过量饮食；第三，她进一步认识到很多学生由于宗教、医疗或生活方式的原因有特殊的饮食需求。

总之，似乎是校园饮食该发生一些变化的时候了。伊丽莎白决定，这种问题有两种解决方法：要么增加对学生关于营养和饮食的教育和辅导；要么要求校园管理者改进校园餐饮服务质量，并更好地满足学生日益多样化的饮食偏好和需求。

最终她断定，除非校园的餐饮供应同时进行积极的改变，否则仅仅靠教育学生是没有帮助的，因此她更倾向于第二个选择，即要求校园餐饮管理方适当地改变餐饮服务。这时她也意识到要让校园餐饮管理方做出这种改变需要进行相关提案研究，而其中的数据显然涉及学生对食品和餐饮服务的意见。现在问题是，需要多少学生以及哪些学生的意见？

伊丽莎白所面对的正是抽样的基本问题。

非概率抽样

非概率抽样的优点在于便利和认知。但在统计的意义上，它并不允许向更多人群推而广之。而这并不意味着非概率样本是样本方法中的“二等公民”；相反，在某些情况下，它可能是最符合逻辑的选择。例如，一位研究者或许会基于专业经验判定，只有某个特定的信息提供者或某个样本才能给出他正在寻找的答案，或者只
135 能通过一些志愿者才能形成一个相关的人群样本。接下来，我们将介绍非概率样本的不同形式。

便利抽样

恰如其名，**便利抽样**是就研究者的便利而言的。你或许就曾经是一个便利样本中的一部分，当你的老师请你参加一个调查或实验的时候，你就是其便利样本的一部分。时间或资金的限制可能会迫使研究者使用便利抽样。在进行正式研究之前的预测试中，或者研究不是为了学术发表时，便利抽样也是有用的。在伊丽莎白的案例中，她可以先研究同班同学的饮食习惯和他们对校园餐饮服务的认知。她不必假定同学们的意见适用于整个校园或者她的研究会为人类传播的新理论模式做出贡献，但这个小小的调研将对随后的研究起到一定的作用，她将从中获得良好的调查基础。

立意或判断抽样

立意或判断抽样基于以下的理念：特定的人或媒介内容才能满足研究者的特定标准。例如，伊丽莎白或许认为只有校园餐饮服务的负责人才拥有校园餐饮的花费、营养和时间等与同学们日常餐饮相关的权威信息，因此她会寻求这位负责人而非其他人提供信息。

伊丽莎白也可能会与那些有特别经历或者具有典型意义的同学面谈，例如那些由于宗教或健康原因不能在学校餐饮场所用餐的同学。这些同学或许不能代表大多数人的意见，但他们的经历对研究的意义或许不亚于“78%的女性和 58%的男性想要更多的素食”这样的研究发现。深度访谈也可能会产生新的理念、洞见和研究问题，这些伊丽莎白可能无法从常规饮食的学生那里获得。伊丽莎白甚至可以选择那些与众不同的同学，理由是他们不代表传统智慧，有的时候理解少数人与理解多数人同样重要。

配额抽样

配额抽样是调查研究最早使用的科学方法之一。如果研究者认为总体具有某些重要特征，那么配额抽样就试图将具有这些特征的个体包含到抽取的样本中。假设伊丽莎白决定要访谈住校的以及不住校的学生，因为她怀疑这两个群体对校园的餐饮服务以及饮食会持不同的观点。

于是她决定从访谈 10 名学生开始。她知道 80%的学生住校，因此她要面谈 8 名住校学生和 2 名不住校学生。在此，她成功地在所抽样本中复制了校园学生总体的重要特征，但这 10 名学生是她选择的。他们不是被随机抽取的，也不是偶然成为样本的。偶然以外的因素使他们成为样本，这个因素就是研究者的判断，而这个判断本身可能是有偏颇的。例如，研究者或许认识样本中的所有学生，其中住校学生可能都住在同一幢宿舍楼，因而并不能代表住在其他宿舍楼的学生。

网络或滚雪球抽样 136

网络或滚雪球抽样是自愿抽样的一种，其特征是研究者已有的样本成员介绍引入新的样本个体。假设伊丽莎白特别感兴趣的一个研究群体是素食主义者，但她费尽心机也没有找到校园素食主义者或素食主义者组织的联系方式。因此她决定试一试其他办法，她在校园信息栏和她自己的脸书账户中发出邀请，请素食主义同学与她联系并商定是否参与她的研究。

一位素食主义同学主动联系了伊丽莎白，伊丽莎时意识到要招募更多的素食主义者研究对象，就请这位同学帮忙寻找更多愿意接受面谈的素食主义者。如果伊丽莎白足够幸运，那么她的样本量将随着越来越多的素食主义者加入而获得极大增长。显然，这一类型的样本质量和数量取决于他人帮助伊丽莎白寻找更多参与者的意愿和能力。一个可能出现的问题是，因为人们倾向于推荐朋友，所以滚雪球样本可能都是理念相同的个体，难以体现样本的理念或人口意义等多样性。

自愿抽样

网络或滚雪球样本是从一群初始志愿者联系更多的志愿者发展而来的，研究者也可以自己招募志愿者组成样本。

有时募集志愿者是获得研究参与者的唯一方式。例如，如果伊丽莎白想要寻找学生组成焦点小组，讨论校园饮食服务的未来变化，那么她只能使用**自愿抽样**法。正如我们将在第十一章看到的，焦点小组法要求参与者积极主动表达意见。

这或许是件好事，因为你可能需要志愿者以及志愿者的那份热情，尤其是当你希望将研究结果转化为实际行动时。例如，伊丽莎白通过滚雪球样本获得的素食主义志愿者不仅能够提供她所需要的信息，他们的志愿者热情也被激发了出来，从而为教育素材和新闻简报提供素材，以及为推动校园餐饮服务的改变做贡献。

志愿者样本的弊端在于你招募的志愿者是同一类人，所以基于自愿样本的研究结果是有偏向的，因为你没有捕捉到非志愿者的意见和态度。

基于网络的公众舆论调查，比如本地电视台或社区报纸进行的舆论调查，特别容易出现此类问题。因为它们吸引的往往是特别喜欢访问某个网站或特别热衷于投票的人，而其他不愿意做这些事的人就被漏掉了。因而此类网络舆论调查仅能够代表特定的人群，除非网站有某种控制措施，否则那些热心人可能会多次投票，从而进一步加重研究结果的偏向性。

当然，从广义上看，任何参与研究项目的人都是志愿者，正如我们在第三章关于研究伦理和程序的讨论中看到的那样。但我们仍然能够感受到在一项研究中志愿者和急于看到自己的意见占上风的人之间的区别。

137 自愿抽样显然仅适用于人类参与者。便利抽样、判断抽样和配额抽样还适用于非人类对象，特别是内容分析中的媒介内容选择。在所有以上类型的抽样中，都是研究者决定什么样的媒介内容可以进入样本。显然，这不可避免地会有某些偏向，例如表 8.1 呈现的年级和食物偏好。表 8.2 呈现的是一个便利样本扭曲整体的严重程度，因为该样本将一年级和二年级的学生以及四种食物偏好人群中的三种排除在外。

在理想的情况下，我们需要某些机制来降低或消除研究者的偏向，从而使样本反映整体而不是研究者自身的偏见，这个机制就是概率抽样。

表 8.1 整体

年级										占整体比例
一年级		二年级			三年级			四年级		
B	B	B	B	B	B	B	B	B	B	40%
B	B	B	B	B	B	B	B	B	B	
B	B	B	B	B	B	B	B	B	B	
B	B	B	B	B	B	B	B	B	B	
P	P	P	P	P	P	P	P	P	P	30%
P	P	P	P	P	P	P	P	P	P	
P	P	P	P	P	P	P	P	P	P	
V	V	V	V	V	V	V	V	V	V	20%
V	V	V	V	V	V	V	V	V	V	
R	R	R	R	R	R	R	R	R	R	10%
20%		30%			30%			20%		100%

上表呈现的是由 16 个群组组成的总体。

从纵向看，我们可以看到四种食物偏好：均衡饮食(B)、比萨饮食(P)、素食主义饮食(V)、医疗限制饮食(R)。

从横向看，我们可以看到四个年级组：一年级、二年级、三年级和四年级。

最右边的那一列是每一个食品偏好群组占总体的比例。最下边的那一行显示了每个年级人数占总体的比例。

这个表同样可以用来表示一个总体中的民族或职业亚群体，或一个媒介总体中的亚群体，例如广播、电视、报纸、杂志。

表 8.2 便利样本 138

年级										占整体比例
一年级		二年级			三年级			四年级		
B	B	B	B	B	B	B	B	B	B	40%
B	B	B	B	B	B	B	B	B	B	
B	B	B	B	B	B	B	B	B	B	
B	B	B	B	B	B	B	B	B	B	

续表

年级										占整体比例
一年级		二年级			三年级			四年级		
P	P	P	P	P	P	P	P	P	P	
P	P	P	P	P	P	P	P	P	P	30%
P	P	P	P	P	P	P	P	P	P	
V	V	V	V	V	V	V	V	V	V	20%
V	V	V	V	V	V	V	V	V	V	
R	R	R	R	R	R	R	R	R	R	10%
20%		30%			30%			20%		100%

上表呈现的是一个便利抽样的结果。通过随意选择总体中右上角的10个个体获得便利样本，被选择的单位个体用阴影标识。

便利抽样可能会高估或低估总体。在本例中，有三种食物偏好都未能进入样本。

所有的一年级和二年级成员都没有被计入样本。

样本完全由均衡饮食的个体构成，然而这些人仅占总体的40%。

在这一样本中，30%为三年级学生，而70%为四年级学生，且后者只占总体的20%。

》概率抽样

归根结底，一切非概率抽样都基于研究者的判断，因此具有内在的偏差。例如，一位倾向于访谈朋友的研究者很有可能倾向于“选择”与自己相似的人而“排除”与自己不同的人。这也许是特意为之，甚至是没有道理的，但很多时候也是为了方便，但这会因降低样本的多样性而产生样本偏差。

降低抽样偏差的方法是概率抽样。概率抽样在根本上意味着，将个体样本单位的选取交给研究者无法控制的机制，从而使每一个个体都有均等的被选取的概率。

概率抽样让我们可以从样本的结果反推到整体。正如我们在第七章看到的那样，尤其是应用领域的研究者们，例如政治传播、营销、广播和公共关系，他们都希望能够得到关于大量观众或市场的普遍结论。因此，他们会在概率抽样上花很大的力气。和非概率抽样一样，概率抽样也有多种形式。

抽样理论对传播学研究的一个重要贡献就是告诉我们，只要我们能够接受一定程度的不确定性，很大的样本量并非总是必要的。不确定性的程度是可以被计算和理解的。在概率抽样的基础上，统计公式可以帮助我们评估样本量、置信水平和样本总体同质性之间的关系，从而使我们可以选择适当的样本量。 139

抽样框架是指我们从中可以进行概率样本抽取的原始列表，例如学校校友办公室的毕业生名单、某俱乐部的会员名单或某政党的注册党员名单等。在操作中，尤其是关系到大的总体时，我们要从抽样框架中抽取样本，因为我们无法确认总体中每一个具体的个体。例如，毕业生的实际总体可能很难得知，但校友会的档案可以作为抽样框架，我们可以从中得到具有代表性的样本。

抽样单位是用于研究的分析单位。在传播学研究中，这些单位通常是个人，但也可以是情侣、企业、卡通漫画、体育团队、电话号码、《星球大战》剧集或《芝加哥太阳时报》的社论等。

随机抽样

随机抽样是概率抽样中最明显，也是最常见的一类。

随机抽样的例子包括扔色子，从帽子里取出姓名卡片以及彩票。在这些情况下，我们无法预测哪些姓名或数字会被抽中。你或许可以控制取出多少个名字或抽出多少个数字，但你无法控制具体哪些名字或数字会被抽中。随机抽样免除了研究者的选择权，全凭机缘巧合。

例如，伊丽莎白或许可以获得在校园餐厅就餐的学生名单。如果要取得一个足以代表这一总体的随机样本，她可以系统地给每一位学生一个编号，然后用随机数表或**随机数字**生成器生成样本学生名单。稍后我们将讨论她需要多大的样本量。

随机数字生成器可以帮助你确定样本量以及你的样本数字将如何被计算和呈现。你可以用生成器随机生成数字或每隔一定的数字进行随机抽取，或者从一个你指定的数字开始进行样本抽取。例如，要随机生成区号为 212 的一系列电话号码，你可以用生成器随机生成以 212 开头的十位数字。

关于随机抽样的一个常见误解是，认为它能生成具有多样性的样本。这不一定正确。例如，年龄 40 岁以上、生活在新墨西哥州、有两个小孩、家庭年收入在 10 万～15 万美元之间的亚洲妇女是一个人口学意义上十分同质的总体。从这样一个总体中随机抽样产生的是同质化的样本，而不是多元化的样本。

分层随机抽样

矛盾的是，纯粹的随机样本或许不能反映总体的状况。因为随机抽样意味着什么都可能发生，总有一定的可能性使得某些重要的群组被完全漏掉或再现。例如，伊丽莎白也许认为素食主义者需要被包括在她的调查样本中，她又从滚雪球抽样中得知很多素食主义者是少数族群的学生。然而随机抽样对这种认识是毫不理会的，它可能连一位素食主义者也不会选中。

随机性并不考虑一个样本需要包括所有类型的人或者随机抽样过程可能会漏
140 掉某些类型。那么结果就是，某些群组类别可能会无法体现。**分层随机抽样**是强制性地让这些人群进入所抽取样本的一种方法。

要确保你感兴趣的所有群组都成比例地在样本中得到再现，你可以设定样本的数量或比例，然后从这些特定的群组中随机抽取个体到样本中。

例如，如果伊丽莎白需要住校的和非住校的学生进入样本，并已知非住校学生占学生总体的 20%，那么她需要确保样本的 20%由这类学生组成。假设她决定样本量为 100 名学生，那么她需要从所有非住校学生中随机选取 20 名进入样本，并从住校学生名单中随机选取 80 名。这看上去与非概率抽样中的配额抽样相似，但二者的关键差异在于，分层随机抽样中的个体是通过随机过程抽取的，而不是由研究者来选取的。

分层随机抽样如表 8.3 所示。

表 8.3 分层随机样本

年级										占整体比例
一年级		二年级			三年级			四年级		
B	B	B	B	B	B	B	B	B	B	40%
B	B	B	B	B	B	B	B	B	B	
B	B	B	B	B	B	B	B	B	B	
B	B	B	B	B	B	B	B	B	B	

续表

年级										占整体比例
一年级		二年级			三年级			四年级		
P	P	P	P	P	P	P	P	P	P	
P	P	P	P	P	P	P	P	P	P	30%
P	P	P	P	P	P	P	P	P	P	
V	V	V	V	V	V	V	V	V	V	20%
V	V	V	V	V	V	V	V	V	V	
R	R	R	R	R	R	R	R	R	R	10%
20%		30%			30%			20%		100%

在这个例子中，被选中的个体有阴影标识。

将样本的 40%分配给 B。

将样本的 30%分配给 P。

将样本的 20%分配给 V。

将样本的 10%分配给 R。

这些比例反映了每一个食物偏好群体在总体中所占的比例。在每一个群体中，通过随机抽样选中的个体组成样本，从而确保总体中各群体的比例在样本中得到体现。

注意，这一样本过度重现了一年级学生(样本 30%，总体 20%)以及二年级学生(样本 40%，总体 30%)。该样本对三年级学生(样本 10%，总体 30%)再现不足。

系统抽样 141

系统抽样是指从一个名单中每隔一定数量进行抽取。例如，从一本电话簿中每隔 10 页或 100 页进行样本抽取。这里的 10 或者 100 就是**抽样间隔**。这种方法是建立在随机抽样上的，因为你通常用随机数字确定起点。例如，如果从一本电话簿中抽样，你可以先生成一个随机数字确定从哪一页开始抽样，然后用另一个随机数字确定从那一页中第几个名字开始。有了这个起点，你就可以每隔一定数量进行抽样，直至达到需要的样本量。随机的起点意味着你对哪些名字将被抽中无法控制，从而避免了研究者的任何偏见。

系统抽样如表 8.4 所示。

表 8.4　系统样本

年级										占整体比例
一年级		二年级			三年级			四年级		
B	B	**B**	B	B	B	B	B	**B**	B	40%
B	B	B	B	**B**	B	B	B	B	B	
B	B	B	B	B	B	**B**	B	B	B	
B	B	**B**	B	B	B	B	B	**B**	B	
P	P	P	P	**P**	P	P	P	P	P	30%
P	P	P	P	P	P	**P**	P	P	P	
P	P	**P**	P	P	P	P	P	**P**	P	
V	V	V	V	**V**	V	V	V	V	V	20%
V	V	V	V	V	V	**V**	V	V	V	
R	R	**R**	R	R	R	R	R	**R**	R	10%
20%		30%			30%			20%		100%

在这里，起点是随机选择的，从最上面的第三个单位开始，然后每隔六个单位的个体被选中。通过这种方法，我们得到了由 17 个个体组成的样本。被选中的单位用阴影表示。如果我们想要更大或更小的样本，那么就需要调整抽样间隔。

样本的 41%为 B(总体的 40%)。

样本的 29%为 P(总体的 30%)。

样本的 18%为 V(总体的 20%)。

样本的 12%为 R(总体的 10%)。

基于 17 个样本：

样本中二年级学生过度再现(样本的 41%，总体的 30%)。

样本中三年级学生再现不足(样本的 18%，总体的 30%)。

样本中一年级学生(18%)和四年级学生(24%)比例与占总体比例接近(20%)。

142 系统抽样的一个问题是，如果总体的分布特征与采样间隔重合，那么你可能会得到一个十分偏颇的样本。例如，如果你想访谈某栋宿舍楼的学生，了解他们对于安全和安全保障的看法。你用一个随机数字生成器选定了某间宿舍作为起点，然后系统地每隔十个房间抽取一个宿舍作为样本。然而，恰好你选中的房间门外都有一个醒目的、难以忽视的警报按钮，那么你的发现将可能出现偏颇，因为你的样本中的每位学生都可能因为其生活情境而具有更强(或更弱)的安全意识。

多层次整群抽样

假设你想获得关于某国人口一个具有代表性的样本，严格地说，这意味着需要获得该国每位居民的名单，显然这几乎是不可能的。对于这个问题，**多层次整群抽样**就是相对容易的解决方案，其步骤是首先从较大的单位（例如州或省）开始抽样，随后对被抽样到的州或省以下的市或镇进行抽样，再从被抽样的镇或市所辖的街区进行抽样，最终对街区的家庭地址进行抽样。

在校园级别的研究中，伊丽莎白也可以考虑多层次整群抽样。在无法获得完整的学生名录的情况下，她可以使用随机数字生成器来随机选择宿舍楼以及楼层，进而选中楼层的宿舍房间号以及宿舍内的人。

这种方法的优点在于确认个体和家庭相对容易。与获得成百上千万人口的名单相比，这种从州到市，到街区，再到家庭地址进行采样的方式要容易得多。问题是，抽样的每一级都有潜在的偏见。没有两个州是相同的，因此任何样本都将缺少某些属性或代表性不足。例如，在某些州同性伴侣是合法的，在这些州的一些社区就不难找到同性伴侣。多层次整群抽样可能会漏掉这些街区，也可能会过度再现同性伴侣，这完全取决于被抽中的州、镇，甚至城市街区。

》我需要多大的样本量？

你如果系统地阅读本书，此时应该已经猜到，问题的答案是“视情况而定”。事实上，有多个相关因素需要考虑。

在操作层面上，样本量取决于你拥有的资源丰富程度，时间和金钱的制约会影响样本量的大小。如果伊丽莎白想在春季学期调查毕业年级，她必须在期末前完成调查。如果没有资金的支持，她将无法通过物质激励的方式招募焦点小组的志愿参与者。每一个研究项目都是在理想样本与各种资源制约之间寻求平衡。

在更为理论性的层面上，制约因素是你的研究性质。例如，如果你只是做一个初步调查，那么任何便利样本都是可以的，也就是说，你只是在真正进行前测试研究问题或者调查问卷的遣词造句。如果你的调查是非正式的，并没有官方或政策影响，也不是为了学术出版而进行，那么样本量就不是什么大问题。此外，如果你只是想要得到非常特定的个体的观点，那么采用非概率抽样也是可以的。

143 第三个因素与置信水平，即统计信心有关。如果你希望对研究成果有100%的信心，那么就不要抽样，而是研究整个总体，也就是进行普查。

在大多数情况下，普查是不切实际的选择，而且也是不必要的。通常多数传播学研究者会选择抽样并选择相应的误差水准，以便研究得以开展。做出决定后，研究者将面临置信水平和样本量之间的平衡，置信水平越高，样本量就必须越大，直到不需要提高置信水平为止。

回顾第七章，如果我们的结果为正态分布，68%的人与总体平均值之差在正负一个标准差之间，95%的人在正负两个标准差之间，99%的人在正负三个标准差之间。

因此，如果想获得99%的置信水平，那么在一定意义上我们必须审视正负三个标准差以内的数据。如果想获得68%的置信水平，我们只需要审视正负一个标准差以内的数据。换言之，置信水平越高，就要求越大的样本量。

这个时候我们要考虑另一个影响因素，即总体的**同质程度**，也就是相同程度。

让我们假设在一个总体内每一个单位都一模一样，在这种情况下，显然你只需要一个样本就足以了解整个总体。想象一下，你要调查人们选举某位政治候选人的意愿，如果100%的人都打算选择这位候选人，那么在这个意义上整个人群是百分之百相同的；如果这个数值为75%，那么意味着这个群体并非完全相同；如果数值为50%，我们说这个人群的同质程度降到了最低，由此我们需要一个更大的样本量来捕捉总体中的多样性；如果这个数值为40%，那么人群又再一次开始变得相同，因为此时出现了一个新的数字，也就是60%的人不打算投票给这位候选人。显然，一个群体的同质性越低，你就越需要一个更大的样本来确保反映其多样性。

标准误差（样本的标准偏差）与总体的同质性以及样本量相关。如果你知道或能够假定其中的二者，那么就可以凭借统计表格、统计软件或比较简单的计算得出第三个数值。

计算需要的样本量或误差水准能帮助研究者在置信水平和研究进度之间取得平衡，而做出这个决定归根结底取决于研究目的。例如，对伊丽莎白而言，她希望获得较为可靠的研究结果。对于一个仅用于在校园内部引发思考并进行改进的目的而言，其样本量和抽样误差也许不是特别重要。然而，如果是希望在学术期刊上发表有关学生饮食习惯的研究论文，就会对样本量有严苛的要求，因为学术期刊的发表标准可能要求 95%的置信水平，而这一置信水平决定了样本量的大小。

样本量公式

计算样本量的公式	
$n = \frac{pq}{s^2}$	n =样本量 p =事件概率，以小数表示 $q = p-1$ s =标准偏差，用小数表示

上面的等式表示总体的同质程度、抽样误差，以及样本量的相互关系。已知其中两项可以计算出第三项。 144

n 代表样本量，s 代表抽样误差，即样本的标准偏差或标准误差，p 和 q 是相关的，二者共同代表总体的同质化程度，以小数形式代表一个总体在已知问题上的分歧概率。例如，如果投票者可能在一个公投上五五开，那么 p 和 q 各自的值就为 0.5；如果说研究者认为公投将赢得或失去 90%的选民，那么 p 和 q 则变为 0.9 和 0.1。p 和 q 之和永远为 1.0；p 乘以 q 的值越大，样本量的值就越大。当 p 和 q 的值分别为 0.5 时，二者的乘积达到最大，这时总体的同质程度最低。当其中的一个数在此基础上越大，它们的乘积就越小，样本量也就越小，因为总体逐渐趋向同质化。最终，我们会达到只需要一个样本的程度，因为总体变得完全同质了。也就是说，对于我们所关心的变量，每一个个体都是一样的。

样本量例子

例 1：一个民意调查试图了解对两位势均力敌的候选人的选民倾向，抽样误差为 5%。

$$n=\frac{0.5\times0.5}{0.05^2}=\frac{0.25}{0.0025}=100$$

例 2：同样是两位势均力敌的候选人，抽样误差为小于或等于 1%。

$$n=\frac{0.5\times0.5}{0.01^2}=\frac{0.25}{0.0001}=2,500$$

例 3：两位候选人实力相差很大，一位似乎赢得 90%的选民，抽样误差为 5%。

$$n=\frac{0.9\times 0.1}{0.05^2}=\frac{0.09}{0.0025}=36$$

例 4：同样的情况，一位候选人可能赢得 90%的选票，抽样误差为小于或等于 1%。

$$n=\frac{0.9\times 0.1}{0.01^2}=\frac{0.09}{0.0001}=900$$

表 8.5 对以上计算进行了总结，列出标准差、人群同质程度以及样本量之间的关系。

样本同质程度越高，样本量就越小；要降低标准差，就要有较大的样本量。

该公式双向起作用。上面的例子显示了所需样本量的计算，给出了所需的误差范围和已知的同质水平。

下面的例子显示这个公式也可以用来计算抽样误差。样本量为 100，同质程度为最低 50～50，抽样误差为 0.05 或 5%。

$$s=\sqrt{\frac{pq}{n}}=\sqrt{\frac{0.5\times 0.5}{100}}=\sqrt{0.0025}=0.05=5\%$$

145 **表 8.5 标准偏差、同质程度与样本量之间的关系**

同质程度	标准偏差	
	1%	5%
	样本量	样本量
90～10	900	36
50～50	2,500	100

抽样误差或标准误差就是样本的标准偏差。正态分布下 95%的数值都位于距平均值正负两个标准差之间的区域。这意味着如果我们将标准误差乘以 2，我们对总体数值的可能区间将有 95%的把握。就例 1 而言，我们可以说在 95%的情况下，一位候选人获得的选票将位于 40%～60%，也就是 50%－2×5%到 50%＋2×5%这一区间。

上述公式是样本量表格的基础，通过样本量表格，我们可以查看在一定误差水准下所需要的样本量。我们刚刚计算了这样一个表格的一行。在这个公式的基础上，我们还可以生成一个显示样本量与样本误差之间关系的表格，如表 8.6 所示。这个表格基于最低的同质程度（p 和 q 都等于 0.5）。由于两位候选人势均力敌，这个很低的同质程度可能需要我们降低抽样误差才能得到更有把握的结果，这就需要增大样本量。随着样本量的增大，抽样误差逐渐降低，直到有 10,000 个样本时抽样误差降到 1%。这也就是为什么大规模的全国性调查通常都采用大约 1,000 个样本，并接受约 3%的抽样误差。要将抽样误差降低到 1%，就需要再对 9,000 人进行采样，而这是极其费力甚至是得不偿失的。大多数研究者都会满足于可操作的样本量，同时知道与这个样本量相联系的误差水准，必要时可以增大样本量来降低误差。

你也可以将以上公式用于前瞻或回顾。例如，上面的例子是对选民行为的预测而不是对事实情况的调查。当调查结果出来，并显示一位候选人将以 75%对 25%而不是 90%对 10%的结果赢得选举时，你可以将新的 p 和 q 值代入公式进行新的计算。

表 8.6　样本量与抽样误差的关系

置信度为 95%时的样本量与抽样误差 （样本同质程度假设为 50～50）	
样本量	**抽样误差(%)**
100	10.0
1,000	3.2
10,000	1.0

除此之外，还有更为复杂的样本量计算公式。之所以更为复杂，是因为还需考 146
虑其他因素，例如人群的总体规模。你不妨在网络上搜索样本量计算器。

抽样看似简单，但事实上很复杂，它与一系列决定相关，有理论性的也有操作层面的。表 8.7 总结了不同抽样方法的优点和缺点。

表 8.7　各种抽样方法的优点和缺点

	优点	缺点
非概率抽样	总体而言：便利。	总体而言：样本无代表性。
便利	效率高、成本低。	无法从样本推广到总体。
立意/判断	满足研究者的特定需求。	样本可能无法代表总体。

续表

	优点	缺点
配额	试图在样本中复制总体的某些特征;比随机抽样更便利。	样本可能无法代表总体。
网络/滚雪球	找到研究者用其他方法难以获得的样本。	取决于研究者的上网能力;样本可能会过度或不足再现总体的各方面。
自愿	找到研究者未必知晓的自愿参与者。	研究可能取决于志愿者的议程和兴趣;样本可能会过度或不足再现总体的特点。
概率抽样	总体而言:具有代表性。	总体而言:耗费时间和资源。
随机	可推而广之。	可能会排除样本应包含的个体。
分层随机	将少数群体强行纳入样本中。	需要预先确认需要包含的亚群体并分别对其进行框架抽样。
系统	只需确认一个或两个随机起点即可开始抽样。	样本可能会过度或不足再现总体的某些特征。
多层次整群	排除从一个完备的抽样框架中抽样的必要性。	每个阶段的抽样都需要抽样框架;样本可能会过度或不足再现总体的某些特征。

147
》关于抽样框架的一些问题

原则上抽样是简单的。就非概率抽样而言，研究者基于一些可靠的专业判断做出抽样决定。就概率抽样而言，随机选择过程决定哪些单位个体将进入样本。而样本量公式告诉我们应该取得的单位样本数量，普查时每一个单位个体都被计入样本。

几乎所有好的样本的基础都是好的抽样框架，也就是样本来源的群体的完整列表，无论这里的个体是个人、群体还是媒介内容。然而，正如下面所要讨论的，尤其是对调查研究而言，抽样框架可能会限制你得到适当的样本。

邮寄地址抽样框架

从邮寄地址中抽样有一个潜在的问题，即邮寄的前提是邮寄地址，而地址的前提是固定居所，但并非所有人都有固定居所。因此基于邮寄地址进行抽样，即便是随机抽样，也会将无家可归者以及居无定所的人排除在外。此外，随着人们的搬迁、邮政编码和人口的变化，我们可能会发现，我们并没有触及目标人群。改善这种状况的一个办法是，使用美国邮政服务的递送路线列表。每个邮政编码下平均有 15 个不同类型的递送路径，例如乡村城市和邮局邮箱。以特定的递送路径而不是邮政编码为目标，或许能有助于触及更为精准的人群。

电话号码簿抽样框架

由于美国大多数家庭都安装有固定电话，电话调查受到调查单位和研究者的青睐。与面对面访谈或邮件调查并等候回复相比，拨电话号码显然轻松了许多，尤其是自动拨号技术使之更为便捷。但从电话号码簿抽样也有一些问题，因为很多电话号码没有被收录，这使得这些号码的拥有者无法被计入样本。

调查研究者试图通过**随机数字拨号**克服这一困难，这个方法用计算机生成的随机数字进行拨号，从而可能会拨到未被收录的号码。通常研究者在决定了区号以及本地变换数字样本后(这意味着电话号码的前 6 位数字已经被决定)，让计算机生成随后的 4 位数字。理论上，这种做法可以产生那些在使用中但没有被列出的电话号码，但这也不是完美的，因为很多数字序列并没有被电话公司使用。这一问题在一些情况下会更加严重，例如，一些人放弃固定电话和手机，转而使用像网络电话 Skype 之类的互联网服务，因而根本无法通过电话联系到。

此外，拥有电话要求有支付能力，因此基于电话号码簿的抽样有可能会排除低收入家庭。反过来，很多家庭有不止一个电话号码，因此对电话号码进行抽样也可能会将这些家庭过度再现。固定电话号码包括使用者的区域和交换码以及地理位置代码。但对手机用户而言就不一定了，因此关于使用者的位置信息有可能无法确定。研究者以为在某个地区的人群样本事实上可能居住在其他地方。

电话调查面临的日趋严重的问题是越来越多的人放弃固定电话，转而使用移动电话。例如，最近的一项研究发现，2009 年美国 25%的家庭没有使用固定电话服务而只使用移动电话服务(Christian，Keeter，Purcell，& Smith，2010)。对于总 148
体中的一些子群来说，这一数字是相当高的。同一研究发现，30%的美国西班牙裔只使用移动电话。在年龄为 25～29 岁的人群中，这一比例高达 49%。这意味着在固定电话调查中某些人群被显著低估。与此相反，那些年龄在 50 岁以上的人被显著过度再现。

电话调查还有一个问题是得不到回复。虽然你拨到了一个有效的号码，但是很多人使用来电显示和语音信箱来过滤营销和调查电话，并将这些号码屏蔽。因此即便你拨通了一个有效号码，人们仍然可能拒绝接受你的调查，因为他们不喜欢电话调查，而且你也无法确保接听电话的人是你想要接触的人。

互联网抽样框架

尽管互联网越来越普及，但是网民与普通大众之间仍然存在着年龄、收入以及教育程度的差异。齐库尔和史密斯（Zickuhr & Smith）于2012年发现，美国成年人中有1/5的人并不使用互联网。尽管互联网越来越普及，但是使用者通常是受教育水平较高、收入较高以及比较年轻的人。研究者的研究也显示，残疾的成年人较少使用互联网。因此互联网样本可能将较为年轻、受教育程度更高以及收入更高的个体过度再现。

一个更为理论层面的问题是，不存在一个全面或标准的电子邮件地址列表，这意味着不是所有的电子邮件使用者都能均等地被选中。

以上问题的结果是，基于网络调查的结论无法被推广到整个研究总体。例如，史密斯（Smith，2010）发现，很多不上网的人认为网上的内容与他们的生活无关，而且对于自己使用网络的能力不自信。这项研究也发现，18～29岁的人群中有80%的人使用宽带，而60岁以上的人群中只有31%的人使用宽带；与家里没有宽带的成年人相比，使用宽带的成年人往往受过更高的教育、有更高的收入并定居于城镇。因此，基于互联网的抽样，会大比例地反映后者的情况。

你也许需要建立自己的研究总体，例如获得某网站的访问者名单。你或许也需要使用传统的邮件和推广方法，将你感兴趣的人群引导到你的调查网站。显然这将会使你的研究结果有所偏颇，但如果你的确想要触及与你的研究课题相关的人群，这或许利大于弊。

在本章后面的网络资源推荐部分，你可以找到一些有关网民特征和趋势的最新信息来源。

特殊人群抽样

对特殊的人群，例如军人家属、囚犯，或有特殊疾病的人群，进行抽样可能十分困难。特殊人群的名单通常存在，但掌握这些名单的机构往往不愿意提供名单而且有正当的理由拒绝。不过,如果这些机构认为你的研究有潜在的益处而且是适当的,那么也可能会愉快地与你合作。在此之前,它们可能会审阅你的研究设计,并确认诸如保密等保护措施。

还有一种可行的方法,就是名录租用行业。名录租用行业能提供邮寄名单,这些名单通常来源于杂志订阅。订阅杂志的人显然对自己的兴趣的经济投入相当大。通过租用相关名录,你可以接触到这些有共同兴趣的人。租用《园丁》杂志的名单能让你接触到很多园丁,尽管并非所有读者都是园丁,也并非所有园丁都会订阅这份杂志。尽管如此,对你的研究而言,它或许是值得的。 149

如果成员名单或订阅者名单并不存在,那么基于人际网络或互联网的调查,以及从你本人的网站访问者入手将是你唯一的选择。

伦理专栏

检查调查研究的伦理

正如统计数据可以被用于反映或扭曲事实,滥用抽样或抽样粗糙也能导致歪曲事实。

首先是便利性问题。在时间的压力之下,研究者会以学生班级、朋友或本地媒体作为样本。这样的抽样或许不无道理,但却很难反映总体。

其次是获得结果的压力。在一些应用领域,例如观众研究、营销和政治传播领域,研究公司受到来自客户的压力需要得到所谓的正确答案,这可能会导致专门取得特定样本以求满足客户的需求。如果研究结果进一步被新闻媒介言简意赅地予以报道,那么研究数据可能会被进一步简单化和过度普遍化。

问题

检查本地和全国报纸的公共意见调查。

- 你能够看出什么样的人群被进行了抽样吗?
- 样本是怎样获得的?
- 抽样中有没有什么步骤在再现对象总体方面存在伦理问题? 如果有,是哪些步骤?
- 这一调查能在学术期刊上发表吗? 为什么?

本章要点

- 普查是对整体人群的研究。
- 样本是从较多的总体中抽出的用于研究的一部分。

- 有两大类抽样：概率抽样和非概率抽样。
- 概率抽样包括随机、分层随机、系统以及多层次整群抽样。
- 非概率抽样包括便利、立意或判断、配额、网络或滚雪球以及自愿抽样。
- 概率抽样对进行从样本到整体普遍化的研究是必须的。
- 150 较大的样本量能降低抽样误差，但也与样本的同质程度有关。
- 统计公式允许在已知误差水平的情况下计算理想的样本量，反之亦然，即允许我们从样本出发做出与较大总体有关的普遍化推论。当然前提是，样本是从相关特征呈正态分布的总体中随机抽取的。

重要术语

普查
便利抽样
同质性
多层次整群抽样
网络或滚雪球抽样
非概率抽样
概率抽样
立意或判断抽样
配额抽样
随机数字拨号
随机数字
随机数字生成器
随机抽样
抽样框架
抽样间隔
抽样单位
分层随机抽样
系统抽样
自愿抽样

应用练习

练习 1：系统抽样

将表 8.1 作为整体，如果改变抽样起点和抽样间隔，你所得到的样本结果将如何反映原本人群？

练习 2：针对一个变量进行的抽样会对另一变量有怎样的影响？

将表 8.1 作为样本总体，用随机数字生成器做分层随机样本抽取，要求反映总体饮食偏好，然后计算样本中每一年级的比例，并对比样本是否反映了整体中各年级的情况。

练习 3：多层次整群抽样

你决定调查全国的传播学专业学生，以了解他们对于传播学研究的必修课的看法。设计一个多层次整群抽样，注明抽样层次以及在每一层次将如何抽样。

推荐阅读

Crepsi, I. (1998). Ethical considerations when establishing survey standards. *International Journal of Public Opinion Research*, 10(1), 75-83. 这篇文章讨论了调查设计中伦理与操作考量之间的矛盾。

Sudman, S., & Blair, E. (1999). Sampling in the twenty-first century. *Journal of the Academy of Marketing Science*, 27(2), 269-277. 这篇文章对抽样中遇到的困难和问题进行了概述。

推荐网络资源

151

美国调查研究组织委员会：http://www. casro. org。该网站提供关于问卷和问卷抽样的信息。

皮尤网和美国生活项目：http://pewinternet. org。点击"Data Tools"可获得关于互联网使用的数据以及关于互联网和其他媒介使用者特征的数据。

Research Randomizer：http://randomizer. org。该网站在线生成随机数码。

StatPac：http://www. statpac. com/surveys/sampling. htm。该商业调查软件网站提供关于抽样和其他问卷调查步骤教程。

国际调查抽样：http://www. surveysampling. com/。该商业网站提供国际抽样服务。

WebSM：http://www. websm. org/。这是一个关于网络问卷调查方法和抽样的欧洲网站。

世界民意研究协会：http://wapor. unl. edu. http://wapor. unl. edu/wapor-code-of-ethics。该网站提供职业伦理和操作规范。

参考文献

Christian, L., Keeter, C., Purcell, K., & Smith, A. (2010). *Assessig the cell phone challenge to survey research in 2010*. A Pew Internet and American Life Project report. Washington, DC: Pew Internet and American Life Project. Retrieved from http://pewresearch. org/pubs/1601/assessing-cell-phone-challenge-in-public-opinion-surveys.

Smith, A. (2010). *Home broadband 2010*. A Pew Internet and Americal Life Project report. Washington, DC: Pew Internet and American Life Project. Retrieved from http://pewinternet.org/Reports/2010/Home-Broadband-2010.aspx.

Zickuhr, K., & Smith, A. (2010). *Digital differences*. A Pew Internet and American Life Project report. Washington, DC: Pew Internet and American Life Project. Retrieved from http://pewinternet.org/Reports/2012/Digital-differences.aspx.

学习网站

访问学习网址 **www.sagepub.com/treadwell2e**，可获取以下资料：

- 网络资源；
- 推荐阅读；
- 电子抽认卡；
- 学习问题。

第九章 / 调查法

Surveys

将意见量化

Putting Numbers on Opinions

公共意见的调查不能代替思考。

——沃伦·巴菲特

本章概览 152

因调查法具有时效性、覆盖面大和性价比高，所以在传播学研究中经常被使用。

调查是指发送给目标抽样人群一系列具体问题，并期望他们能够立刻或短期内回复。调查的流程是从理论指导、实践驱动的问题或假设开始，继而设计问题的措辞和格式，并进行排序，随后把调查问题发送给调查对象，进而收集答案，最后分析和报告调查结果。**调查问卷**是需要调查对象回答的一系列具体问题的集合。

本章旨在讨论调查法的优缺点、调查法的各种类型、进行调查的方法和调查问题措辞的重要性。

开篇问题

- 如果只想了解10个人的意见，能否开展调查？
- 我希望人们能以自己的措辞回答问题，调查能够使他们做到这一点吗？
- 我需要询问一些非常私人的问题，开展调查是否是获得此类信息的最好方式？
- 我发出了大量的调查问题，但只有很少部分得到了回复，我可以做什么以提高回复率？
- 大多数人会接受调查吗？
- 网络是对人们开展调查的理想方式吗？

153 》引言:调查法的优缺点

调查法的优点之一是调查对象能够在短时间内回答大量的问题。不妨试想一下一个小时的多项选择题比一个小时的问答题的问题要多多少。通常这是因为调查法是依靠定式的问题,诸如“是或否”、多项选择或者第五章我们讨论过的李克特量表和语义分化量表。

调查法的优点之二是可以在短时间内对大量的人进行调查。电话、邮件和网络技术能够允许我们快速地对多方进行调查并立即得到回应。举个例子,如果使用电脑处理数据,全国成百上千人口样本的电话调查数据在提问结束几小时后就能被分析处理并得出报告。

调查法的优点之三是通过恰当的抽样和对样本的大致属性假设,可以更大程度地从样本中得出对更大范围总体属性的普遍化归纳。

调查问题的提问方式是调查法的主要缺点。调查的问题把调查对象限制在像“是/否”或“在问题的量化表上选择一个”这样的选项中,这种方式能够提供数据,但是你很难弄明白这些数据背后的原因。举个例子,你从一次公共意见调查中发现78%的选民会投票给候选人X,但是你不会明白为什么选民更偏爱X。即使你提出一些诸如对环境的看法或经济政策的看法等可能的回答,那也只是你认为重要的原因。你不能肯定你掌握了调查对象认为重要的所有原因,或者事实上,你的调查对象对经济政策的看法就和你说的一样。

调查法的缺点之二在于大多数的调查设计并不允许我们评估是否存在因果关系。例如,调查数据显示肥胖人群更喜欢看电视,但这并不能帮助我们得出以下结论:看电视会导致肥胖或者肥胖会使人更喜欢看电视。正如你在传播学研究中经常听到的一句话:相关关系不等同于因果关系。要做出“甲导致乙”的逻辑陈述,就需要进行实验设计,这一点我们将在第十章讨论。

调查法的缺点之三在于可能使受众对参与调查产生抵触心理,至少对电话调查和网络调查来说如此。因为市场营销经常通过电话、邮件和网络访问客户,导致客户对类似调查的任何事情都有抗拒心理。他们使用语音信箱或来电显示对调查电话进行过滤,也有可能把调查邮件直接拖进垃圾桶。

调查法的另一个问题不是调查法所独有的，即研究人员不得不判断所获得的信息是否有效。换句话说，调查对象的回答是否与他们平时的行为一致？人们或许会声称自己饮食营养均衡，但事实却不尽然。他们也有可能会提供自己认为研究人员想要获得的答案，特别是当问题涉及个人行为和信仰时，研究人员很有可能发现调查对象给出的答案和他们的实际行为存在明显差距。

在本章中，我们将会跟随另一位学生卡洛琳的脚步，她正处于一场校园争议之中。她所在大学的管理层提议拆除一幢有一定年代的大楼"亨特"，以扩大校园停车场面积。这栋楼并不享有"特殊历史文物"的保护。然而，几届学生对这栋楼里的 24 小时小吃店、独具特色的建筑风格以及能望见美丽景色的钟塔都有深厚且特殊的感情，而且这也是很多学生第一次约会的地方。这栋楼是卡洛琳大学生活的一部分，她因此也成为"拯救亨特楼"运动的主要成员之一。她认识到，在这份拆除提案中，管理层很有可能根据支持者和反对者双方的意见来决定这栋楼的命运。从逻辑上看，对她来说首先要做的就是进行一项校园调查，了解大家的意见到底是怎样的，以便她能够做出方案来提出保留这栋楼的理由和应对任何可能的反对意见。下面列出了她可能会使用的几种调查法类型。 154

》调查法类型

横截面

横截面调查通常是"一个人生片段"或者说人生的一个横截面，可以捕捉到在某一时间点发生了什么。一个关于用户对某产品态度的调查，如果某天恰好发生了产品召回或者发布了更好的产品，再或者出现了关于该产品的负面报道，那么第二天消费者可能会对产品有截然不同的态度。当然，在有些情况下，特定时期前后进行横截面调查会产生这一时期（如一次巨大灾害之后）特有的结论。因此，在同样的受众和相同问题的前提下，选择调查时机的时候，我们需要假设在周四进行的某个调查如果换到下个周四或者周末不会产生很大的差异。卡洛琳有可能以这个原则进行她的调查研究，因为大家没有理由认为，一个对校园舆论的调查由于时间不同会产生戏剧性的波动，即便是考虑到了拒绝接受调查者和回答模糊者的因素。

总的来说，克服横截面调查的缺点有两个方法：一是决定在某一时间点（一次快照）获取的数据正是研究人员所需要的，因为人们的态度和行为不大可能发生大的变化；二是使用一系列的纵向研究，记录下人们的知识水平、态度或行为随着时间推移的变化规律。纵向研究的类型列举如下。

趋势

趋势研究是指在一段时间内测量相同的项目，但是每次测量都是从总体中抽取不同的样本。研究的问题要保持一致，就如卡洛琳调查对亨特楼态度的问题不变，但是每次选择不同的人作为样本来回答这些问题。趋势研究的好处是当样本中的某些个体离开时，研究人员可以通过用其他人代替的方法保证样本量，并且它可以明显地追踪公共意见的转变，比如人们对枪支控制和环保的态度。而趋势研究的缺点则是，我们有时不能确保样本中的新成员会和被代替的人员一样。

同组

在**同组**研究中，一群人作为样本被招募到一组。随着时间的推移，同一样本人群持续地参与回答问题。同组研究的优势是样本人员的构成不会变化；缺点是由于样本人员死亡、移居或者决定停止参与，研究将会有较高的流失率。可以预见，参与同组研究的人员将会随着时间的流逝而减少。举个例子，当参与同组研究的住校学生一直在校时，卡洛琳的研究可能会取得一些进展。但是一旦样本人员毕业、进入职场或因为一些原因消失后，维持这项研究将变得不大可能。

同侪

同侪是指一组人员因为有共同之处而被组合到一起。比如，所有出生于1990年的女性可以被归到一组，同样，所有2005届毕业生也可被归为一组。同侪调查
155 被用来研究比如职业生涯如何规划，某一特定年龄人群的健康状况怎样随着时间变化以及“婴儿潮”或“X一代”几十年间的政治观点有着怎样的改变。总体来说，

同侪调查是长期性的，目的在于评估某一群体在自然状态下的明显变化。每次同侪调查样本的个体是变化的，因为每次调查结束后会进行新的抽样。

假如拆除亨特楼一事计划在十年后进行，并将花八年的时间做出最终的决定，那么卡洛琳可以选择提案被提出那一年的一年级学生来做同侪调查。她可能随后会跟踪调查这些学生，以便观察他们进入高年级后对这项提案的态度变化和对这栋楼的情感变化。

交叉滞后

交叉滞后调查是指在两个时间点对一个因变量和一个自变量进行测量，从而总结它们之间是否存在因果关系。交叉滞后调查是唯一一种可以评估因果关系的调查设计。更多时候，我们会使用第十章提到的实验设计。

比如调查一组未成年人看电视的习惯，然后调查他们成年之后的暴力倾向，就可以用交叉滞后调查。研究人员可以评估看电视和暴力之间的关系以及因果关系，因为测量看电视的习惯在测量暴力倾向之前。

卡洛琳可能会进行一项中期研究以调查学生们的反对情绪，包括对院系、学校和被拆大楼的态度。随后她可以跟进调查以探究这些学生是否会捐献资金或花费时间来支持保留这栋楼。这能够评测出最支持保留这栋楼的学生，而这些学生对院系和学校的态度则反映了他们是否愿意在这上面捐献资金或花费时间。与即时调查获得对亨特楼的态度相反，交叉滞后调查可以论证观点、专业、居住情况和对于拆除提案的态度以及实际行为之间的联系。

在亨特楼之争的案例中，争议双方最有可能进行横截面调查来探寻各校园群体对此次拆除的态度，这些群体在支持或反对提案方面可能准备做什么。不过当发生突发事件时，因为需要在极短时间内做出反应，就不大可能采用纵向调查了。当然，对校园中校友的同侪调查可能会确定谁对提案的支持或反对最强烈，如果这场争议旷日持久，那么使用能够跨时间追踪校园舆情变化的趋势研究则更有优势。

〉撰写和设计问题

进行一项成功的调查是指能够尽可能地从你的调查对象中获得你想要获取的

答案，而不只是你坐在键盘前敲出问题。问题的提问方式、措辞和顺序都可能会对调查对象的答案造成影响，从而影响到你获得的结果，所以最好在问卷进行设计和预测试时就确定好问题。

大多数调查人员都会试图了解调查对象的四种信息：如年龄、性别、信仰和婚姻状况等人口数据；对这个问题的认识；对这个问题的态度；以及如果有的话，对这个问题的行为反应。

156 在这次校园争议的案例中，支持双方意见的群体可能会对如下问题感兴趣：例如同学和校友的专业及居住情况等人口统计学数据；调查对象是否知道这件事；他们对此次事件有什么看法；他们将会采取何种行动来支持或反对这项提案；等等。

问题的提出方式有助于明确问题和答案选项，从而尽可能地有助于对调查对象的答案进行归类，从而帮助研究者分析答案。

比起其他问题，有些问题对于调查人员和调查对象来说更简单一些。比如一些**人口统计学问题**，如下所示，问题和提出方式都比较简单。

居住情况（单选）

________定居

________通勤

然而，即便是如下所示的简单开放性问题也可能被误解。

你的年龄多大？ ________________

一位调查对象想了想离自己 21 岁生日还有多少天，然后回答道："截至今天我 20 岁 11 个月 18 天了。"而另一位快 23 岁的调查对象则可能会回答自己只有 22 岁，虽然 23 岁更准确一些。而且有时候总有些人特别幽默，他们可能会回答"只有 3 岁——以**狗龄**[①]来算的话"。

我们可以用以下两种方式来厘清年龄问题：第一，我们可以重新提出问题："从上次生日算起，你多少岁？"第二，我们可以重新设计问题。通常来说，我们不必知道人们确切的年龄（与驾龄、烟龄或选龄等相关的问题除外）。在大多数情况下，将年龄分类可能会很有用，如下所示：

________15～19

① 狗的平均寿命大约只有人类的 1/7，换言之，狗活一年相当于人活七年，因此人们用狗龄来形容某种事物变化速度很快。——译者注

________20～24

________25～29

在这类问题中，调查对象不必思考怎样精确地表述他们的年龄，而对于那些不愿意透露自己年龄的人，给他们提供一个可供选择的年龄范围会让他们感觉更舒服。

在一种情况下，问题可以是完全开放的，调查对象可以随心所欲地回答这些问题。在另一种情况下，调查对象只有两个可供选择的答案，比如是或否。下面讨论了一些典型的提问方式及其优缺点。有些提问方式与第五章的内容有相似之处。

开放性问题

开放性问题使调查对象能够用自己的话来回答问题，但在操作中通常会限制答案的字数。

例如：

你认为在哪栋楼上课最好？

____

你如何看待拆除亨特楼的提案？ 157

____

这种提问方式的好处是你可以获得高度规范的问题所不能获得的内在信息。一般来说，开放性问题在调查中是需要尽量避免的，因为它们需要花费大量的时间来对多选和**量表问题**进行编码和分析。对于调查研究来说，类似“你大部分时间在哪栋楼上课”的问题更合适，因为这种问题能够产生较为简单、明了的回答。然而，第二个问题（你如何看待拆除亨特楼的提案？）可能出现各种长短不一的回答——从“还行”到一份长达五页的论文。在这种情况下，使用焦点小组座谈或者访谈比用调查问题更合适。

两分型问题

两分型问题需要调查对象在两个可能的答案中选择一个。

例如：

你的居住情况？

____通勤

____定居

你阅读了本文中有关统计的部分吗？

____有

____没有

你是否支持拆除亨特楼以增加校园的停车面积？

____是

____否

这种提问方式具有简化数据编码和分析的优点，缺点在于生活并不是非黑即白的。比如说，上述的居住情况可以很容易回答，但是接下来的两个问题（有没有阅读关于统计的内容，是否支持拆除这栋楼）则要困难得多。对于一个只阅读了部分统计内容的学生来说，简单地回答“有”或“没有”都不够准确。

许多回答者可能对上面是否支持拆除亨特楼的问题很困惑，因为任何选择都不是那么简单的。大多数人倾向于选择如“看情况”或者“也许”之类的答案，而上述问题提供的选项却没有这类答案。此外，卡洛琳应该意识到，对于上面是否支持拆除亨特楼的是非问题，回答者或许很难表达内心真正的想法，因为这类问题是**双管式**的。它实际上要求对两个问题做出回答——是否同意拆除及其原因。这种措辞使得调查对象很难表达出他是因为不喜欢这栋楼的丑陋外观，而不是为了增加校园的停车面积而支持拆除的。

一般来说，调查研究会提供一些类似“通勤/定居”“本科生/研究生”“是/否”之类的两分型问题，这类问题只有在答案是明确的“是/否”，并且调查对象不会做出除此之外的第三种回答时才是恰当的。

如果一个问题可能有超过两个的答案，那么采用接下来要讨论的多项选择或者开放性问题更为合适。

158 ## 多项选择问题

多项选择问题提供给回答者多个可能的答案，并且通过这些多样的选项要求他们选择一个或多个答案，或者对答案进行排序。

例如：

如果你愿意参与"拯救亨特楼"行动,下列哪些选项是你最愿意做的?

________参与大楼警戒

________筹集资金

________参与公共行动

________给校友打电话

________其他(请具体阐述)

这种方式可以配以不同的说明,比如,"请选择一个选项""请选择尽可能多的选项"或者"请在你的第一选择后写 1,第二选择后写 2,从而可以对你的答案排序"等。

"选择一个答案"和"选择尽可能多的答案"取决于研究人员需要的信息级别。"单项选择"问题要求调查对象做出单一的选择。在规定一位投票者一次只能投一票的政治选举中,并且一位被选举对象正是研究人员的兴趣所在时,这种提问方式可能是恰当的。而另一方面,研究人员也许会对答案的类型感兴趣。例如,上述"参与拯救亨特楼"问题通过允许多项选择,研究人员也许能了解那些愿意捐赠资金的学生是否也愿意成为校园活动者或参加游行。

正如上述问题是以"如果你愿意"开头,如果你仅仅以"下列哪些选项是你最愿意做的"来提问,你将会为那些不愿意参与这项活动的调查对象制造难题。他们可能不愿意回答此类问题,还可能感觉到自己是在被迫选择一个不能反映自己真实想法的选项。这时可以采用另一种方式,提出"过滤性问题",就是在给调查对象提供的调查问卷中有一些问题可能不适合他们,因此加以解释说明。

排序问题使得调查对象能够审视每个可能的答案。如果调查对象只是勾选每个可能的答案,研究人员就很难理解哪些选项对调查对象是最重要的。通过要求调查对象在每个勾选的选项后标序号,研究人员可以进行统计,然后得出总体的排序。

李克特量表

回忆一下第五章中有关李克特量表的内容,要求调查对象在"强烈赞同"和"强烈反对"中做出自己的选择。

例如:

请在下列每一句叙述后面勾选自己的态度。

159

	强烈赞同	赞同	中立	反对	强烈反对
1. 我知道不得抄袭的纪律。	______	____	____	____	______
2. 我从未抄袭过。	______	____	____	____	______
3. 我将永远不会在未得到他人授权的情况下抄袭他人的研究成果。	______	____	____	____	______

李克特量表用陈述的方式表达，而不是问句。可供选择的选项经常是在“强烈赞同”和“强烈反对”之间设立 5 分量度，有时候是 7 分，偶尔出现 3 分量度。

正如上面的案例所示，所有的问题陈述相似，有的还很冗长。但这也是为什么我们列出与抄袭相关的三个陈述。对陈述 1 和陈述 2 的答案进行比较，可以得出知道与行动之间的不同。对陈述 2 和陈述 3 的答案进行比较，可以了解回答者是否真正理解抄袭的具体含义。如果我们发现对陈述 2 和陈述 3 的回答有很大不同，我们可以认为抄袭的具体含义并未被理解为“在未得到他人授权的情况下抄袭他人的研究成果”。

语义分化量表

语义分化量表包含两个部分，首先是一个主题、一个对象或者一个概念，然后是两端有意义相反的词语或短语。调查对象通过在这一对词语或短语中间的位置勾选来表示他们对这个主题的意见。

例如：

亨特楼

便利	______	______	______	______	______	不便利
温暖	______	______	______	______	______	寒冷
丑陋	______	______	______	______	______	漂亮

语义分化量表总是以两个意义相反的词语代表每一个维度的两极，比如“强”和“弱”。正如以上的案例，卡洛琳可能会运用语义分化量表来从个人的角度评估同学们如何看待亨特楼。

这种量表形式看似容易组建，但需要考虑词语或短语所捕捉的概念确实是你想要获得的（换言之，这个量表有良好的效度），而且确保所选择的词语或短语代表真实的对立意义也很重要。比如，“努力工作”最好的反义词是什么？“尽情玩乐”还是“懒惰”？

》调查中的措辞：问题如果有歧义，就会被误解

正如本章前面所说，即使像询问调查对象年龄这样简单的问题也有可能造成误解。造成误解的根本原因是问题的措辞不当，或者并没有进行预测试，以至于没有发现可能会出现的歧义。为了尽可能减少出现歧义的可能性，你需要在草拟阶 160
段检查问题并对你将要调查的样本人群进行预测试。

措辞中的常见问题

诱导性提问

诱导性提问迫使调查对象陷入一个可能非真实的假设中，诱使调查对象给出一个特定的答案而不是让调查对象按自己的本意回答。

例如：

- 为什么你认为校园的管理机构不道德？
- 你第一次抄袭研究论文是在什么时候？
- 什么时候亨特楼才可以被拆除？

以上提问诱导调查对象认为校园管理机构不道德、调查对象已经抄袭了论文，以及亨特楼将会被拆除。虽然所有的这些都可能不是事实，但是通过回答这些问题，不管答案是什么，回答者已经默认这些是真实的。

检查并避免诱导性提问。比如，以上的问题可以修改如下：

- 形容一下校园管理机构的道德标准。

____

- 校园管理机构是合乎道德的。

强烈赞同	赞同	中立	反对	强烈反对
______	______	______	______	______

- 以下量表的哪个位置可以更好地表达你对校园管理机构的看法？

完全道德 ______ ______ ______ ______ ______ 完全不道德

双管式问题

双管式问题是指提出了两个问题，但是只允许一个答案。

例如：

- 你是否认为亨特楼是学校的一笔财富，或者它应该被拆除吗？
- 你是否会投票反对拆除亨特楼，你不是要投票吗？

这些问题任何人都没有办法合乎逻辑地回答，因为这些问题不是简单的是非问题。只有将这类问题分解成两个。以上两个问题可以被分解成如下四个问题：

- 你是否认为亨特楼是学校的一笔财富？
- 你是否认为亨特楼应该被拆除？
- 161 你会投票反对拆除亨特楼吗？
- 你是否打算去投票？

以上的问题可以被设计为“是或否”的形式，或者采用李克特量表的表述。

否定措辞

无论什么时候，都应该尽量避免调查问句用短句或者否定句。**否定措辞**可能简单清晰，但是人们仓促阅读时很容易造成误解，或者在电话调查时很容易听错。比如，像“统计学课程不应该成为传播学专业主修的内容”这样简单的问题或陈述可能会被误听或误读成“应该成为”，而解决办法是在问题中用肯定的措辞“应该成为”。

双重否定

否定措辞和双管式问题相结合的结果是**双重否定**。正如罗森塔尔(Rosenthal，2006)报道的，1992 年罗珀民意调查公司问了一个经典的“双重否定”问题：“对你来说，纳粹对犹太人的种族灭绝从未发生是可能的，还是不可能的？”这是什么意思？你将如何回答？

在后续调查中，调查者问了一个更清晰的问题，从而得出对大屠杀的发生（这是问题的关键）表示怀疑的调查对象占比从原先的 22%下降到了 1%。

语言文字

在这个全球化的时代，必须考虑到问题设计中语言文字和方言的因素。不管是一个社会服务机构调查当地移民社区的医疗卫生水平，还是一个跨国公司调查立陶宛地区消费者的想法，语言文字的使用都可以决定这个调查是否成功。比如，如果一个国家使用单词“programmes”（英式用法），那么当他碰到单词“program”（美式用法）时就会产生困惑。此时建议你去找一个当地人来确保词汇中一些含义有微妙差别的词语被准确翻译。比如，英语单词“family”是指住在一个屋檐下的小家庭，而非大家庭[1]。

引导调查对象完成调查

一般来说，问卷的整体设计可以采用“漏斗形”或者“倒漏斗形”的格式。**漏斗形**设计从一些宽泛的问题开始，调查对象从而可以舒适地过渡到具体问题。**倒漏斗形**刚好相反，从一些具体的问题开始，然后过渡到宽泛的问题。比如，在询问调查对象对政治理念与广播管制或堕胎之间关系的具体问题之前，漏斗形设计可能会首先确立调查对象在一个相对宽泛的自由—保守量表上的位置；而倒漏斗形设计可能通过询问调查对象一周有多少次在外面吃饭这种非常具体的问题开始，然后进入以调查对象为什么在外面吃饭和他们对餐馆优惠券和电脑弹窗广告的态度等为中心的宽泛问题。

当然，邮件调查允许调查对象以任何顺序回答问题。但在电话调查和面对面的调查中，问题的次序完全取决于调查者。这就建议在邮件调查中从可以吸引阅读者注意力的问题开始。另外，电话调查最好从比较容易的问题开始，比如“你家有几台电视机”，这样可以给回答者一种舒适感，从而更容易接受复杂的问题。

一般来说，主题相同的一系列问题最好放在一起。但是有时候一个问题可能会 162
像三明治一样被夹在不相关的问题中间，这样可以检查关于同样主题的所有问题的答案是否一致。比如，与酗酒、吸毒、性行为、犯罪相关的敏感问题可能会被放置在调查对象感到比较舒适的问题中间，这样他们可能会更愿意回答。

过滤性问题和指示说明

一些调查对象不能或不愿意回答某些问题，因为对于他们来说，这些问题是不

---

[1] 指基于血缘关系的大家族。——译者注

合适的。比如，你可能在研究当代家庭怎样获取世界新闻。一个明显的新闻来源是网络，但并不是所有的家庭都能够接触到网络，所以你必须让来自这些家庭的调查对象能够按指示跳过关于网络的问题，然后继续回答你接下来设定的与广播、电视或报纸相关的问题。

这可以用一个简单的指令来完成，例如：

- 如果家里有网络接入，请接下来回答问题 6；如果没有网络，请跳到问题 18。

或者，你可以使用如下所示的**过滤性问题**，例如：

- 家里有网络接入吗？

________有

________没有

如果你回答“有”，请接下来回答问题 6；如果你回答“没有”，请跳到问题 18。

像这样的问题被称为“过滤性问题”，因为它可以将调查对象不需要回答的问题过滤掉。

》调查法和网络

互联网可能很容易被看作是一种方便的、适用于调查法基本规则的调查工具。正如第八章提到的，我们应当谨慎对待互联网的某些特征。也正如第八章所说，理论上，最大的难题是我们不能建立一个“网民”的抽样框架，因为我们不能确定网络上的人群包括了谁或什么。比如，我们没有总体的邮箱列表就不知道什么人可以被归入样本。概念上，网民明显不同于现在或将来不能接入互联网的部分人群。正如库珀和米勒(Couper & Miller，2008，p. 832)指出的，“适合抽样的互联网用户框架现在不存在，而且将来很可能也不存在”。

除非你的研究总体特别明确地限定了网民的范畴，否则基于网络抽样获得的结果是否具有普遍性是值得怀疑的。比如选民、美国赛车协会的粉丝或者退休人员，他们都可分为网民和非网民两类。基于网络的抽样调查产生的结果并不适用于非网民。

对于这个问题，有两个根本的解决方案。其一，为了建立能更准确地反映研究总体的样本，你可以使用像电话或信函等传统的方式招募研究参与者建立样本。

这是通过网络以外的方式从已知特性的人群中招募从而建立研究群体。

其二，对网络群体和你的研究总体有多大差异进行评估，进而估计从被界定的 163
群体中抽样将会取得什么结果。这是基于对网民和研究总体之间已知差异的数据进行调整。比如，如果我们有关于使用网络的退休人员与不使用网络的退休人员之间有多大差异的相关数据，那么即使我们没有对退休但不使用网络的群体进行调查，我们也可以对他们做出一些推论。

请注意，一个总体应包含具有你感兴趣特征的每个人或媒体项。假设你使用传统的邮件或电话抽样法对你的兴趣人群抽样，并发现这个样本中 60％的样本人口年龄在 65 岁以上。接着你通过网络进行抽样却发现只有 30％的样本人口年龄在 65 岁以上。通过计算网络样本中 60％的 65 岁以上的个体，你可以对网络样本的分析结果进行“加权”。

网络调查的第二个问题是回应率。尽管网络对于调查者和调查对象来说很方便，但与其他传统调查方法相比，网络调查可能回应率更低。比如，曼弗雷达、博什尼亚克、贝尔泽拉克、哈斯和韦霍瓦尔（Manfreda，Bosnjak，Berzelak，Haas，& Vehovar，2008）比较分析了 45 个网络调查和传统调查，发现网络调查比其他的调查方法回应率平均低 11％。对网络调查回应率低这一问题，我们将在下一个板块讨论可能的解决方案。

当然，我们应该更加具体地讨论“网络调查法”，因为这个概括性术语操作起来有多种方法。我们在选择最合适的方法和详细报告时需要更加谨慎。网络调查法可以在你自己的网页进行调查，可以使用像 Zoomerang 和 Survey Monkey 这样的基于网络的商业调查工具，也可以使用社交媒体以便于选择调查对象或滚雪球抽样，还可以发送调查表给调查对象并请他们完成后通过电子邮件回复给你，当然也可以根据不同的情况调整方案，如调查对象可以轻松地通过平板电脑和智能手机完成调查。

网络调查法为调查问题的提出提供了新的方式，比如提供图形内容以获得调查对象的反应，或者使用语音提示来帮助调查对象完成调查。相对于邮件调查这样的传统方法，网络调查法很明显花费较低，而且可以快速进行数据收集并开展相关分析。但是人生的一个准则是，“你有能力去做，但并不意味着你应该做”，这条准则对一般的调查法都适用，特别是网络调查。

》增加调查回应率

所有的调查方法都面临一个共同的问题，即调查目标的数量不断增加和愿意参与调查的人数不断减少。使用电话、邮件和网络邀请调查对象参与调查，将会让你知晓会有多少人回应这样的邀请。

直观地说，我们可以找到一些可能会提高参与调查意愿的技巧。例如，我们在参与调查时可能不止一次需要被提醒，但又不希望被频繁打扰。我们也更可能对一个可识别的、有可靠来源的邀请进行回应，而对一个伪装成市场营销的研究视而不见。我们大多数人会倾向于根据自己的时间和方便与否去完成一项调查。我们也希望得到保证我们提供的任何敏感信息将会被保密，并且希望即使调查中途退出或者拒绝接受调查也不会受到任何不利影响。我们可能有兴趣看到研究结果。当我们把原本可以做其他事情的时间用在调查上时，也许一句"谢谢"就会让我们感觉更好。甚至调查前的一个小小奖励，也许就会让我们愿意参与调查。

以下是在具体的调查中使调查回应最大化的具体办法。

164 邮件调查的主要问题是潜在的调查对象可能会把调查邮件视为垃圾邮件，在没有打开它的情况下就删除或者根本不去理会。为了提高调查回应率，可以提前用明信片、信件或者打一个电话告诉调查对象关于这个调查并邀请他们参与。在邮件中附上电话号码，以方便调查对象可以拨打和确认这个调查的合法性，或者他们也可以拨打电话咨询和调查有关的其他问题。后续用来提醒的明信片和电话也都可以提高回应率。如果你想要让问卷经邮寄返回，就必须准备好已付费的信封。

通过提前寄一封信或一张明信片，让调查对象知道在一个特定时间将会有一个调查电话打给他，可能会提高电话调查的回应率，同时还应该提供一个1～800开头的免费电话以方便调查对象进一步了解信息。使用电话调查评估消费者满意度的餐馆和其他消费网点可能会为客户提供一张单子，上面有调查的接听电话和一个消费折扣码。这些调查通常比较简短，通过"按键"即可完成。

互联网调查并非意味着所有人都愿意回答你的调查问题，所以传统优化回应的方法在此照样适用。在不知情的情况下，人们不会访问你的调查网站。所以你可能需要拨打电话、发邀请信和电子邮件等将人们召集到你的调查网站。

赫尔韦格和洛斯韦尔特(Heerwegh & Loosveldt,2008)提出,鉴于人群中有足够高的网络覆盖率,最初可以使用网络调查,然后再运用其他较麻烦的调查方式来对没有回应的人群跟进调查。面对面调查可能是这类调查设计的无奈之选。

不管哪种调查方法,对于调查对象来说,回答问题就意味着耗费时间和精力。某种激励可能会促使个人是否决定参与。典型的激励是小礼物、优惠券、产品的免费样品,或以调查对象的名义给慈善机构捐赠。博什尼亚克和塔滕(Bosnjak & Tuten,2003)发现,在网络调查中通过贝宝等网络支付方式预付现金显然不会产生很好的效果。伯恩霍尔兹、霍恩、芬霍尔特和贝(Birnholtz,Horn,Finholt,& Bae,2004)提出,表示感谢的货币必须是看得见摸得着的。

很多因素会影响调查的回应,比如调查对象的人口统计资料、调查对象对调查的直觉印象、调查对象的网络素养,还有调查对象是新手还是定期的参与者。正如德·莱乌和豪克斯(de Leeuw & Hox,2004)所发现的,如果有一颗"魔力子弹"能提高顾客参与度的话,那可能就是你开门见山的第一句话——"我并不是要卖东西"。

我们在第七章介绍了在不同调查方法中不同抽样框的优缺点。表 9.1 总结了一些调查方法的优点和缺点。时间、预算、调查的规模(包括问题的数量和调查对象的数量两个方面),这些都会影响你决定采用哪种方法。而调查者需要进行预测试来确保措辞、问题提出方式、问题排序不会给调查对象带来尴尬。

表 9.1 各种调查方法的优缺点

方法	优点	缺点
电话	● 可以在短时间内调查大量样本。 ● 大部分家庭有电话。 ● 如果必要,可以实时协助调查对象。	● 通常仅限于几个简单的问题。 ● 调查对象的抵触情绪。 ● 语音信箱、来电显示、电话黑名单等的拦截。 ● 移动电话用户在人口统计学特征上不同于传统的固定电话用户。 ● 调查对象对多活动/多任务的抵触。

续表

165

方法	优点	缺点
信件	● 给调查对象考虑问题的时间并且让他按自己的顺序回答问题。 ● 有利于提出需要思考的复杂问题。 ● 适合询问个人隐私问题，尤其要对调查对象承诺保密并且问题的来源被视为是有信誉的。 ● 可以留在调查对象面前作为提醒。 ● 相对于电话或者电子邮件调查，可能被认为更合法。	● 回应率低。 ● 无从得知是谁完成的调查。 ● 调查对象被限定为受过教育。 ● 可能不知道是谁完成的调查。
网络	● 快速、灵活、廉价。 ● 并非同时(调查对象可以在任何时间完成)。 ● 可以以具体的兴趣群体为调查目标。 ● 可以以语音、视频、图文展示的方式呈现。 ● 可以与调查对象进行实时聊天或视频会议。 ● 可能获得面对面情境下不能获得的敏感信息。 ● 可以在调查对象提交数据时实时分析结果。 ● 可以只给调查对象发送电子邮件或者网址。 ● 可以在调查对象的回答中发现应答模式(例如每道题的答题时间和答题顺序)。	● 结果可能不能代表广大网民的意见，也不能作为所有人的公共意见。 ● 不能控制调查的呈现形式，因为不同的浏览器可能会呈现不一样的调查形式。 ● 可能需要信件、电子邮件或者电话来引导调查对象访问你的调查网址。 ● 可能不知道是谁完成的调查。 ● 电子邮件可能会被漏掉或被视为垃圾邮件。 ● 相对于电话调查，回复电子邮件调查需要更多的精力。 ● 调查对象对多活动/多任务有抵触。
面对面	● 调查对象不太可能拒绝面对面的访谈请求。 ● 如果必要可以实时协助调查对象。 ● 不需要科技手段。 ● 可以评估调查对象的非语言反应。	● 浪费时间。 ● 金钱花费大。 ● 如果调查对象不在家，以家庭为基础的调查需要多次走访。 ● 调查对象不会感到访谈是保密的。 ● 一些地方对于采访者可能会有危险。 ● 访谈者可能需要接受关于人际交流技巧和跨文化交流的培训。

》调查数据的采集和处理

当你从调查对象那里获得数据之后，下一步就是进行数据处理和分析。如果只是一个小调查，你可以使用计算器来分析数据。但是更普遍的是，将调查数据输入专门的数据处理软件进行分析，如 SPSS 这样的数据处理软件或者 Excel 这样的电子表格。

为了符合数据处理的格式，这里有一些输入原始数据的方法。原始数据可以
直接被输入统计软件。如果在研究中使用了**机读卡**填充空格，那么读卡器就可以 166
阅读和处理这种定式的数据。专用软件包可以使你创建自己的表格，然后扫描出全部的表格，从而获得调查结果。

这些软件也可以用来输出基于网络的调查。当然，基于网络的调查意味着调查对象自己输入数据。这里不用扫描表格或者调查者手动输入数据。实际上，调查对象在网络调查页面的问题下键入答案就是在输入数据。像 Survey Monkey 和 Zoomerang 这样基于网络的调查软件不仅能够被用于调查，也可以被用于分析调查数据，并且只要摁一下键就可以显示出简要的结果。

还存在一种结合电话调查的“混合”形式，通过邮件人们受邀来拨打一个特定的电话号码参与电话调查。调查者运用语音邮件技术，通过一个接一个的问题采集到调查对象的答案。另外，使用这种技术也可以采集到调查对象的解释，但是更多的是通过“如果你同意请按 1，不同意请按 2”这种方式采集答案。调查对象以这种方式输入数据，电脑可以直接利用这些数据进行接下来的数据分析。

》使用他人的调查

如果你在寻找公共舆论调查数据，你需要的资料可能可以从公开渠道获取并已被媒体报道，又或者可以从民意测验机构那里获得有用的信息。但这类数据有三个潜在的问题：第一，他人可能拥有这些数据的所有权，在没有得到授权的情况下，你不可以使用。第二，这些数据可能来自主导研究的议程。这就意味着你必须

小心评估调查的问题，并且了解调查对象如何回答，调查者是怎样确定抽样人群和获得数据的。第三，你可能不能按照自己的想法处理数据。比如，报告中调查对象可能是按性别而不是按种族分类的。

另外，可以用 SPSS 和逗号分隔(.csv)的格式获得像皮尤互联网(Pew Internet)和美国生活项目(American Life Project)的原始调查数据，因此可以使用这些数据做进一步分析。(为了保护调查对象的隐私，将删除公共数据文件中的电话号码、家庭住址和邮编。)

除了使用公开可用的信息和设计运行你自己的调查，还有另一种方式，那就是雇用一家专业的调查公司为你做这些工作。这类公司可以帮你设置和检查问题，然后分析你需要的调查结果及其原因，而费用可能比你自己做完全部项目的花费还要少些，特别是当你的问题有多个调查目标时。

伦理专栏

伦理抉择中的客户和方法

克雷斯皮(Crespi，1998)在调查研究中区分了专业标准和伦理标准。专业标准是指在调查中管理样本、调查设计和执行的能力水平。伦理标准是指你对受你研究影响的所有人的责任感水平，这些人包括你的客户、参与者、将会阅读你的研究报告的人甚至整个社会。这两套标准并不必然相关。比如，当你进行一项低成本但是必要的调查，而不是什么也不做时，一个专业的完美调查可能存在伦理上的疑问，或者一个伦理上可靠的调查可能存在专业缺陷。

167 专业的研究人员对他们的客户有伦理和专业方面的责任感，同时对调查对象、他们的同行和整个社会也都有道德义务。

克雷斯皮说，调查绝不能在道义上令人反感。他认为，若为一家烟草公司、一个右翼种族主义政党或者一个军事独裁统治者开展调查，在道德上是不可以被接受的。

问题

- 想一想你为一家软件公司或者一家餐馆这样的客户设计一项调查，并使用这个调查结果宣传你的公司，这在伦理层面会有什么影响？
- 你会用什么理由限制你的客户宣传你为他们获取的调查结果？
- 你的客户不愿意负担复杂随机抽样调查的费用，但是可能愿意负担花费更低的方便抽样调查。对这样的客户，你有什么建议？

● 克雷斯皮关于调查不能在道义上令人反感的观点合理吗？或者对于研究者，不管是学院还是公司，无论客户是谁或者主题是什么，他们都有义务做最专业的研究吗？

● 在什么情况下你会拒绝一个潜在的客户或研究主题？

阅读第三章可以刷新你的伦理思考。下面两个网址将会给你一些更具体的帮助：

美国舆论研究协会职业道德规范（American Association for Public Opinion Research Code of Professional Ethics and Practice）：http://www.aapor.org/AAPOR_Code_of_Ethics/4249.htm

直销协会伦理指南（Direct Marketing Association Ethical Guidelines）：http://www.the-dma.org/guidelines/

以上两个网站提供了公共舆论传播和直销两个传播学应用领域的伦理规范。

实践中的研究

在这一板块，我们开展了一系列的案例研究来表明传播学研究是如何被用于帮助解决传播实践中的问题的。第一个案例涉及使用焦点小组和机构数据来提高一所大学的学业指导水平。

用定性和后续研究来改变学生指导工作 168

山景城社区大学（非真名）收到了一大笔拨款来升级学生指导系统。为了帮助山景城大学实现目标，市场街研究机构（Market Street Research，MSR）在学校里对股东做了先导和后续研究。

这一研究的第一步是要了解学生对于指导系统有什么样的体验。为了真正了解这个系统的优缺点，倾听学生指导涉及的每一个人的意见和理解股东可能体验到的不同的指导方式很重要。

为了实现这个目的，MSR 设置了包含 51 个相关人员的 9 个焦点小组。其中包括一线员工（例如招生部、注册办公室、经济资助办公室等）、行政人员、兼职教师、全职教师、全日制新老学生以及在职新老学生。山景城社区大学员工在校园里招募了这样几个焦点小组。

他们从焦点小组中得到了惊人的发现。或许从研究中得到的最重要的发现是，在山景城大学学生指导系统使用期间，其几乎没什么用处。对于大多数学生来说，他们的唯一体验就是在上课时签到，拜访指导老师是匆忙的、有压力的以及拘泥于形式的。许多学生只是找能找到的老师索取自己所需要的签字。很多学生不知道谁是被分配给自己的个人指导老师。

在担任指导老师之前，许多教师很少或者根本没有接受过专业培训。教师们不知道高质量的学生指导工作是怎样的，因此提供不了这样的指导。那些对指导学生有激情并且善于指导学生、有奉献精神的教师，以及那些了解指导对他们的学业及事业有重大影响的学生，毫无疑问也存在于山景城大学，但他们更像是特例。

这项研究也发现了一个重要的问题，即时间与质量之间的矛盾。例如，学生指导系统中的开放预约日，是学校好心帮助指导老师们减轻负担。因为那些老师有太多学生预约，没有足够的时间来进行指导。这些安排被一些相关人员比作快餐一样的“权宜之计”。学生可能会快速地得到答复，但是却没有受益多少，影响了帮助的有效性。因为只有了解学生、有宽广视野并且认识到自己的建议会影响学生的老师才能提供高质量的指导。

MSR 的焦点小组显示，学生指导系统存在大量的问题：无论是为了提升信息系统的服务需要培训教职员工，还是实体设施本身，都存在问题。山景城大学根据这些发现来进行学生指导系统的初步升级。

两年之后，MSR 做了一个后续研究来评估拨款对学生指导系统的影响。这个评估由两部分组成：一部分是对二手数据的定量分析，这些数据包括对学校内部年度调查、先后评估以及审计的详细报告；另一部分则是现场面试及焦点小组组成的定性分析。焦点小组总共有 56 个山景城大学的相关人员，包括教师、职员、主任以及学生。

169 后续研究的结果是重要的。在短短两年时间里，山景城大学学生指导工作发生了实质改变。山景城大学用拨款来进行大范围的技术升级，包括大量支持网络的电脑一体机以及指导系统的基础设施。山景城大学做了大量关于高质量学生指导，以及如何使用新电脑系统的员工培训。另外，山景城大学还发起了一个校园范围内的推广运动，包括海报、小册子以及举办活动，来提高指导意识，塑造指导学生的形象。

由于这些努力，“指导”的形象大大提升，再不是简单地为学生提供注册。另外，它现在被看成全面指导学生的系统，包括对学生的学业和事业目标及个人问题的建议和支持。

这反映了大家对“指导的组成”的理解有明显的变化：许多指导老师说，过去互动仅仅被看成一次随意的对话，现在则被认为是“指导时间”。此外，相关人员认为在这个过程中指导的重要性提高了，这也使得教师和员工们相比过去愿意花更多的时间在指导学生上。

就帮助教师成为更好的指导老师这个实用的角度而言，拨款提供的训练与专业的发展机会被证明有极大的帮助。同时，从情感的角度来说，这也帮助他们从所做的指导工作中找到了更多的信心。学校每年的内部研究表明，人文社科类学生对指导工作的满意度同比上升了36%。

在技术升级方面，学生可以快速地得到先修科目的信息，并且老师能够立即进行学位审核，为学生制作和预告课程表。这证明技术对于发现潜在的问题有极大的帮助，因为这些问题可能会对学生产生不良影响。学校每年做的内部研究表明，大部分接受了培训的指导老师对绝大部分的新服务是熟练的。

MRS的研究表明，山景城大学所做的改变对各方对指导系统的体验都有积极的影响，且对学校的股东有更大的影响。教师和员工都认为，他们和学生的关系比以前更深入、更亲密了。指导工作的许多内容都被快速地呈流水线化的电子系统代替，因此老师可以用更多的时间和学生谈论“前景”问题：学业目标、事业目标和选择，以及那些在山景城大学里影响他们学习的个人问题。山景城大学所做的内部研究显示，该校的平均退学率相比全国平均退学率低了40%。

学校领导认为，指导工作的改变对教学质量也有直接的影响。教师们说，选对课程的学生人数增加了。而在这之前，教师们面对的多是缺乏学习技巧的学生。在这次拨款之后，教师们认为他们的教学工作越来越得心应手了。

学生们说，由于这些改变，他们在山景城大学从根本上有了更好的体验，并且更有成就感。他们会选那些适合自己能力水平和学习风格的课程，这使得他们在课业方面做得更好。他们也更容易接触到像学位审核这样的工具，可以在预设期限内完成课程要求。指导老师们现在有时间和学生坐下来，了解前来咨询的学生的需求。因此，学生们能更好地了解他们想选的课程。 170

股东们认为，这次山景城大学关于指导工作的根本性转变使学生们相信学校是真正关心他们、聆听他们心声的。

此文由MSR公司副主席英格丽德·斯泰布莱亚(Ingrid Steblea)提供。

MSR公司位于马萨诸塞州北安普顿，为健康保健、金融、技术、生产以及教育领域的客户提供定量和定性的市场研究和分析服务。

本章要点

- 在一个时间点获取公众意见，调查法是“主流”方式。
- 调查法通常使用的提问方式包括多项选择和量表问题。
- 调查问题可能通过电话、信件、电子邮件、网址或者私人访谈被传递给调查对象。
- 调查问题必须仔细斟酌确保不会造成误解。
- 通过正确的抽样程序，在一个已知的置信水平基础上，调查结果可以被推广至更广泛的人群。
- 使用调查法可以快速得到结果而且性价比高。
- 大多数调查设计不能评估变量之间的因果关系。
- 调查结果只能保证在调查完成时是真实的，不能保证第二天也是真实的。

重要术语

同侪调查
交叉滞后调查
横截面调查
人口统计学问题
两分型提问
双重否定
双管式问题
过滤性问题
漏斗形
倒漏斗形

诱导性提问
纵向研究
多项选择
否定表达
机读卡
同组研究
问卷
量表问题
调查
趋势研究

171 ## 应用练习

练习 1：对一个基本问题的扩展

假设你学校的管理机构打算拆除一个非常受大家喜爱的设施或者取消一个非常受学生欢迎的服务项目。一个简单的“是/否”问题就能够获得大家对提议的意见：“你是否赞成……？”

很明显，这个问题没有提供谁在回答这个问题的相关信息。它显然要求回答者做出非黑即白的回答，而没有捕捉到任何“灰色”的微妙态度，从回答中也看不到调查对象对于该项目的了解程度或者可能采取的行动。

列出能够捕捉更多详细信息的问题，你需要发起一个说服大家的活动或者反对以上提议的活动。认真思考应该怎样设计每一个问题以及对调查对象进行调查的最佳方式。

练习 2：确定调查方法

从"笔＋纸"的调查形式到基于社交媒体的调查，在校园做调查有很多种方法。列出你能够想到的调查方法。很多方法在本章中已有简单讨论，第八章的抽样框架部分也进行过讨论。对练习 1 你所设计的调查而言，你推荐哪一种方法或哪几种方法的组合？在你推荐的调查方法中，考虑到实施调查的方式而不考虑内容，识别哪些校园群体最有可能或最不可能回复你的调查。

练习 3：调查措辞

你是否赞成________？是/否。

在以上问题的空白处填入你所选择的题目。现在将这个问题改写成多项选择题，使用语义分化量表和李克特量表，这样你就可以捕捉到被调查者对这个问题更多的微妙反应。仔细检查你的措辞是否存在诱导性提问或双管式问题。将问题写下来，辨别问题中哪些是不必要的或是重复的。如果存在问题，你现在能删除吗？为什么？记住，保留那些看似重复的问题可能利大于弊。

推荐阅读

Cobanoglu, C., Warde, B., & Morco, P. J. (2001). A comparison of mail, fax and web-based survey methods, *International Journal of Market Research*, 434 (4), 441-452. 这篇文章比较了三种调查方法的回应率、调查耗时和花费。

Rosenthal, J. (2006, August 27). Precisely false vs. approximately right: A reader's guide to polls. *The New York Times*. The Public Editor. Retrieved from http://www.nytimes.com. 这篇文章讨论了糟糕的民意调查、报道和虚假报道的问题，以及糟糕的民意调查会怎样破坏对良好的民意调查的信任。

推荐网络资源

美国调查研究组织委员会：http://www.casro.org。这个网站能够链接到行业组织网站、大学网站、大学进行的研究和研究数据库，以及一些关于伦理准则的网站。

哈里斯互动调查机构：http://www.harrisinteractive.com。它提供关于哈里斯互动调查机构的研究特长及方法。在 http://www.harrisinteractive.com/Insights/HarrisVault. aspx，哈里斯“地下室”提供的调查结果可以追溯到20世纪60年代。在http://www. harrispollonline. com，哈里斯在线投票为学生参加投票提供了机会。

172 芝加哥大学的全美国民意研究中心：http://www. norc. org/。这里有闻名全美国的民意调查。在http://www. whatisasurvey. info，你还可以观看全美国民意研究中心阐述调查方法步骤的在线小册子。

皮尤互联网和美国生活项目：http://www. pewinternet. org/Data-Tools/Download-Data. aspx。在这个网站可以下载皮尤原始调查数据。

芝加哥伊利诺伊大学的调查研究实验室（SRL）：http://www. srl. uic. edu/。该调查研究实验室的链接页面 http://www. srl. uic. edu/Srllink/srllink. htm，提供关于研究机构、研究伦理规范、抽样和数据分析的链接。

世界民意研究协会：http://wapor. unl. edu。http://wapor. unl. edu/wapor-code-of-ethics。该网站提供了世界民意研究协会的伦理规范。

以下三个网址指引你如何设置调查、收集数据和分析数据：

Cool Surveys：http://www. coolsurveys. com；

QuestionPro：http://questionpro. com；

Zoomerang：http://www. zoomerang. com。

参考文献

Birnholtz, J. P., Horn, D. B., Finholt, T. A., & Bae, S. J. (2004). The effects of cash, electronic, and paper gift certificates as respondent incentives for a web-based survey of a technologically sophisticated sample. *Social Science Computer Review*, 22(3), 377-384.

Bosnjak, M., & Tuten, T. L. (2003). Prepaid and promised incentives in web surveys: An experiment. *Social Science Computer Review*, 21(2), 208-217.

Couper, M. P., & Miller, P. V. (2008). Web survey methods. *Public Opinion Quarterly*, 72(5), 831-835.

Crespi, I. (1998). Ethical considerations when establishing survey standards. *International Journal of Public Opinion Research*, 10(1), 75-82.

De Leeuw, E. D., & Hox, J. J. (2004). I am not selling anything: 29 experiments in telephone introductions. *International Journal of Public Opinion Research*, 16(4), 464-473.

Heerwegh, D. , & Loosveldt, G. (2008). Face-to-face versus web surveying in a high-Internet-coverage population. *Public Opinion Quarterly*, 72 (5), 836-846.

Manfreda, K. , Bosnjak, M. , Berzelak, J. , Haas, I. , & Vehovar, V. (2008). Web surveys versus other survey modes. *International Journal of Market Research*, 50(1),79-104.

Rosenthal, J. (2006, August 27). Precisely false vs. approximately right: A reader's guide to polls. *The New York Times*. The Public Editor. Retrieved from http://www. nytimes. com.

学习网站

访问学习网址 **www. sagepub. com/treadwell2e**,可获取以下资料:

- 网络资源;
- 推荐阅读;
- 电子抽认卡;
- 研究问题。

第十章 / 实验法

Experiments

因果关系的研究

Researching Cause and Effect

一个实验的基本设计
首先是指定两个小组。
如果对 A 小组进行处理
而 B 小组保持不变，
你将能够发现处理的效果。

173

本章概览

如果调查法的指导思想是“我们去问问别人”，那么实验法的指导思想就是“我们做点什么，然后看看会发生什么”。

本章介绍了实验法的原理。所有的实验设计都有一个共同点，即调查者专注于操纵一个变量，然后观察对其他变量会产生什么影响。在实践中，**实验法**已经从缺乏逻辑的简单外部观测，发展到所有的变量都得到严格控制并且可以被测量的精密设计。

实验法对传播学研究最大的贡献是，它能够鉴别各变量之间是否有重大的影响以及确定这些变量和其他变量之间是否存在因果关系的可能性。

开篇问题

- 为什么相对其他的研究方法，我更偏好实验法？
- 一个实验设计是否需要很多人参与？
- 设计一个实验之前，是否必须要有一个明确的假设？
- 实验法能否复制真实世界的环境？
- 用实验法一定需要成熟的数据统计分析吗？

》引言:实验法的优缺点

174

我们对实验的刻板印象是身穿白色工作服的科学家操作着高科技器械,实验意味着没有什么比操纵一个变量,然后观察其他变量是否可能发生与之相关的变化这样的结果更重要。在传播学研究中,这可能意味着让消费者接触不同版本的广告,然后观察哪个版本是最有说服力的;要求网站用户使用不同类型的网站,然后观察哪种网站是最便利浏览的;或者要求人数不同的团队或工作风格不同的团队去解决问题,然后观察哪个团队最有效率。

在所有的这些案例中,实验者是做一些事情然后观察将会发生什么,而不是只问问题。吉尔伯特、莱特和莫斯特勒总结了实验设计的最基本原理,他们说:“除非进行实验,否则我们不知道事物怎样在实践中运作。”(Gilbert, Light, & Mosteller, 1975, p. 46)。

实验设计的一个目的是确定哪些变量之间存在真正的**因果关系**。

因果关系可以成为政治、监管、行业和学术利益的焦点。家长和政策制定者想知道孩子或者未成年人接触电脑游戏、电视、暴力或者性暴露的内容是否会产生不良的影响;教师们想知道一种特别的教学方法是否能够提高学生的成绩;商人们想要知道一个特定的营销战略是否能够提高产品销量。对这些问题的回答经常是关于媒体管制、教育技术的投资或者广告费用如何效益最大化等激烈争论的一部分。

作为研究者,我们可能对过度使用网络会不会导致人际交流的性质和频率的变化感兴趣。作为政策制定者,我们可能想知道随处可见的酒精广告是否会导致未成年人喝酒或者在更小的年纪开始喝酒,而如果没有广告则不会出现这种情况。作为餐馆老板,我们可能想知道如果重新设计菜单,顾客是否会点更多的菜。

总而言之,所有这些问题都包含一个共同的问题:A 是否会导致 B?

为了确保是 A(**自变量**)导致 B(**因变量**)的变化,我们必须保证满足以下三个条件:

- A 必须在时间上先于 B;

- A 和 B 必须同时改变(**共变**)；
- 必须明确 B 是由 A 引起的而不是由于其他原因。

如果我们认为 A 导致 B,那么 A 必须先于 B。如果员工士气在简报到达之前就已经高涨,我们就不能认定新一期的员工新闻简报能够提高员工的士气。为了测量我们关注的变量的变化,我们必须测量他们在“时间 1”的状态以及之后“时间 2”状态的变化。而这对于调查法来说是一个很大的缺点,因为它通常只能对变量测量一次,即在“时间 1”测量。

如果我们是为了证明因果关系,那么 A 和 B 必须同时改变。如果新一期的员工新闻简报已经发布而员工的士气没有改变,那么我们就不能认为新闻简报对士气有什么影响。我们必须能够证明当员工的交流性质或频率改变时,士气水平也会随之而变。

然而,知道 A 和 B 同时改变并不能充分证明它们存在因果关系。我们还必须排除其他可能存在的可以解释我们所看到效果的变量。例如,一位人事经理发现在新一期新闻简报发布后,员工士气确实上升了,那么可以总结出新闻简报引发了
175 士气的提高。然而,假设在新闻简报上刊登了包括额外津贴、增加工资、分红等一系列的员工福利,在这种情况下,在新闻简报的发布和士气的提高之间确实存在一种明显的关系,但是它可能不是因果关系。如果我们进一步研究,也许能够发现士气的提升可以被解释为是因为工资的增长,而不全是因为新闻简报的发布。这时,A 和 B 之间的关系就受到第三个变量的影响。

实验法的特殊性是它能够证明变量之间是否存在显著的因果关系,并测评因果关系的方向,以及确定对其他变量没有显著影响的变量。

实验法最主要的缺点是实验环境是人为的。通常,实验参与者被邀请进入一个实验室或房间观看关于一款新产品的视频,或阅读一些资料,或者合作解决一个问题。研究者可能想要研究人们如何看电视、购买产品或者理解报纸内容。但是实验设计的仅仅是现实环境中的一小部分,例如人们使用媒体购物或者与同事合作解决问题。这个问题被视为缺少**生态同构**。实验环境与他们想要复制的外部环境并不相同,这就会产生对实验效度的质疑。

我们看到,对实验法来说一个更深层次的问题是:更精密的设计往往需要大量实验参与者,并且可能需要花费很长的时间。

在本章,我们将跟随米歇尔教授的脚步,他提出了同伴互动会影响学业表现这个假设。我们将看到随着米歇尔教授对这种关系的研究不断深入,他进行了从基

础到高深的实验设计。

在实验设计中对不同符号使用的说明如下：

X＝对变量的操作，你对实验小组做了什么。

R＝随机分配个体组成实验小组，这是实验设计的一个关键概念。

O_1，O_2，*etc.*＝观察1、观察2……

》田野实验和事后回溯设计

正如经常发生的那样，米歇尔教授对团队互动和学业表现之间关系的研究兴趣是由平时的观察引发的。他在课堂上和学生们做了一个在大面积停电后的实验，然后从测试分数中发现，住校学生的总体表现比通勤学生要好。为什么会这样？他很直接地询问了学生。答案是由于停电导致电视和互联网等都不能用，住校学生就能够聚在一起复习考试，而通勤的学生却没有这种情况。

米歇尔教授正从我们所说的自然实验或者**事后回溯设计**中受益，因为他没有进行实验设计，仅仅是抓住观察"事后"的机会，这种"事后"似乎因为研究环境的短暂变化影响了实验结果。

出于好奇，他决定做一个简单的实验来检验他先前的发现。在进行下一次考试之前，他征集了一些学生志愿者组成一个学习团队，并且让他们为了考试一起学习。这样的基本设计就是**田野实验**或者称"田野观察"。在这里，他控制学习团队的一个变量（学习环境），然后观察结果（考试分数），并与班上其他的学生进行对比。

这个实验设计的模式为： 176

$$X \qquad O_1$$

田野实验和事后回溯设计作用有限，主要是因为要决定是否是 X 导致 O。在这两种情形中，进行测量或观测只是在实验发生之后。因为我们之前并没有观测，所以没有基线可以比较分数的变化。而且如果发生了变化，我们也不能确定已经发生变化的程度。同时，我们不能排除存在其他变量影响了分数的可能性。这里不能确保学习团队的学生和非学习团队的学生一样（你应该已经想到实验组包含了志愿者，然而不参与实验的学生并不包括在志愿者中），因此也就不能完全确定存在因果关系。例如，是否有可能考试分数很高的学生本来就喜欢一起学习，而不是因为团队学习才使他的分数提高？

在对这个问题的研究过程中，米歇尔教授提炼出了他的研究问题和实验设计。他提出了一个较宽泛的研究问题：

学生的学习方式和他们的考试表现二者之间是否存在关系？

简单的田野实验表明，二者之间可能存在关系，这时候可以回顾相关的学术文献。如果可能的话，可以提出一个更具体的假设。

他阅读的文献表明，作为团队的一员参与集体学习受益很多，包括问题的及时解答、团队支持、资源共享、成绩好的同学的帮助，并且或许还有来自优秀同伴的压力等。不过，他也怀疑学习团队有可能会陷入无休止的社交活动。而单独学习也具有独一无二的优势，比如不会被打扰，并且可以在任何时间学习，不论学习多久都行。他认为证据不够充分，而证据显然很大程度上取决于学习团队和个别学生的特性。

他确定自己现在已经有足够的证据可以提出一个双侧假设：

假设 1：团队学习和考试表现二者间存在相互关系。

（从第二章得知，一个双侧假设的提出是因为认为两个不同变量之间的关系可能是任何方向，而一个单侧假设的提出是因为有了具体的方向，比如团队学习和考试表现之间存在着正相关关系。）

他应该用什么样的实验设计来证明这样的关系？下面讨论几种可能性。

》基本实验法设计

单组前测—后测设计

基本的实验设计包括基线观察（O_1）、实验所处的环境（X）和实验后观察（O_2），以观察实验小组是否发生了某些变化。这个模式表示为：

$$O_1 \quad X \quad O_2$$

在这样的设计中，我们能够观察到结果可能因为变量 X 而发生一些变化。在这个例子中，米歇尔教授将获得一个小组学生的考试表现作为基线测量（O_1），将学生放置在一个小组中集体学习（X），最后再一次测量他们的考试表现（O_2）。 177

如果他发现了"前测"和"后测"的结果存在差异（O_1 和 O_2），他可能会提出这是在团队中集体学习导致的，但是这不是能够充分证明两者存在因果关系问题的精密设计。

为了确保他发现的存在因果关系，他必须排除两种可能性：第一，考试分数的提高出于某些必然的原因；第二，其他的原因而不是团队学习的影响提高了分数。

单组前测—后测设计的问题是，很多在实验设计中没有被正式考虑的其他变量可能发挥了作用。比如，如果"单独学习"的学生在图书馆学习而"团队学习"的学生在宿舍学习，学习地点更有可能解释考试分数的差异而不是学习环境。（假设"单独学习"的个人学习者可能更容易获取图书馆的参考资料。）

在确定是学习环境产生影响之前，我们必须确定已经排除了任何其他可能性，"只有学习环境"能够解释考试分数的不同。这意味着对实验要进行一定程度的控制。

》对照的设计

对照在实验设计中有两种含义。在一般意义上，对照是指在实验设计中排除其他所有可能变量，从而可以确保是设计的变量并且只有设计的变量导致了我们观察到的变化。**对照组**是指在实验中没有被置入实验变量的小组。正如接下来的案例所示，对照组被用作基线与被置入实验变量的小组进行对比从而测量出变化。

双组前测—后测设计

可以更加确定团队集体学习对考试分数有影响的一种方法是，把学生分为两个实验小组，指定其中一组成为团队集体学习小组。如果团队集体学习小组的学生在考试分数上出现了明显的变化，并且另一个小组（对照组）没有，我们就可以对"团队集体学习对成绩有影响"这一假设抱有更大的信心。

这种实验设计的模式为：

$$\begin{array}{ccc} O_1 & X & O_2 \\ O_1 & & O_2 \end{array}$$

在这种情况下，一个小组参加团队集体学习（X）之前，研究者对两个小组学生的考试分数进行了测量。因为另一个小组（控制组）并没有参加这种团队集体学习，我们就可以排除其他因素，从而发现提高学习成绩的原因是参加了团队集体学习。如果我们在控制组也发现了成绩的变化，我们就必须承认不只是参加团队集体学习，还有其他原因使考试分数出现了明显的变化。

如果米歇尔教授确定参加团队集体学习的学生考试分数有了明显提高，他可能会得出结论：团队集体学习可以解释这些考试分数的变化。遗憾的是，他可能仍然是错的。如果他想要对他的结论有十足的把握，他仍然需要进行更加精密的实验设计。

178

》实验设计中的随机分配

如果我们分配的两个实验小组中一个小组相比另一个小组有自己的特性，或许就是那个特性而不是实验中的变量导致了实验的结果。例如，可能影响考试分数的变量可以是学生的年龄、入学的时间、学习责任感、是否缺席第一年的校园生活、互联网使用程度、对学习的态度等。我们不能从实验设计中排除所有这样的变量，因为我们没必要知道它们都是什么。

这时就需要运用**随机分配**，并且也是它之所以很重要的原因。通过随机分配形成的小组，我们可以认为，一个小组中具有某种特性的概率不会大于或小于其他小组。那么，两个小组之间的不同应该是由于我们所操纵的变量，而不是某组的特性。

举个例子，根据随机分配的方法，具备高智商的个人将有可能被随机分配到两个小组中的任意一个。然后，对于两个小组来说，智商的影响这种概率是平等的，因为原则上它对两组的影响是一样的，智商可以不作为考虑因素。

双组随机分配前测—后测设计

下面的实验设计在本质上和双组前测—后测设计是相同的，但是它们最重要的区别是任何个人都是被随机分配到小组的，如下所示。R 表示被随机分配到实验小组中个人。

$$R \quad O_1 \quad X \quad O_2$$
$$R \quad O_1 \quad \quad \quad O_2$$

因此，米歇尔教授不再要求学生志愿者在一个实验小组中学习，而是利用随机数(参见第八章)来指派学生参加一个小组。随机分配的结果可能是不知不觉中共和党人、拉斯塔法利教徒、扶轮社的会员在一个小组中占了多数，而民主党人、电台音乐节目主持人和空心人在另一个小组中只占很小一部分。但是随机分配能够证明，所有这些特性在所有小组中发生的概率是相同的。如果实验显示在一个小组中出现了变化，那么就可以合理地认为这种变化完全归因于实验中的变量。

有了随机分配、对照组和前测—后测设计，米歇尔教授有了很好的基础来论证因果关系，但是现在这个设计却有其自身的一个问题。是否存在可能，进行前测或基线测量就已经对实验参与者产生了影响？

如果米歇尔教授想要测量考试分数的变化不是因为基线考试，那么为了发现学生分数提高的原因，在学生们经过团队集体学习分数得到很大提高之后，他可能会用相同的问题进行第二次考试。很明显，因为学生已经接触过这些问题，所以可能会发现他们更容易作答。这就可以解释考试分数变化的原因不是团队集体学习，而是先前已经接触过问题。换句话说，前测本身已经影响了考试表现。

为了消除这种可能性，他还需要其他没有因为前测知晓问题的小组。这个小组的成员将会在后测之前参加团队集体学习。

这个小组的实验设计将是这样的：

$$R \quad X \quad O_2$$

为了消除前测可能存在的影响，这里没有 O_1。

最后，为了确保只有实验中确定的变量影响实验结果，他在设计中增加了一个小 179
组。这个小组的成员是随机分配的，并且保证除了最后的考试以外，没有任何事物影响到这个小组的成员。尽管不太可能，如果这个小组的后测结果和其他小组一样，他将被迫得出结论：一些实验变量以外的因素发生了作用。这个小组的设计如下所示：

$$R \quad O_2$$

所罗门四组控制实验设计

在实验设计中增加以上两个小组的设计被称为**所罗门四组控制实验设计**，具体如表 10.1 所示。

在这个设计中，我们可以比较前测和后测的结果，比较对照组和实验组，还可以参考只有最后的考试而没有其他任何事情发生的小组。现在我们可以保证后测之前的实验变量，并且我们发现没有其他变量可以解释这种变化。

我们现在已经满足了建立因果关系所需要的两个条件：**时间次序**（构成原因的变量必须先于任何影响）和消除其他可能导致我们所观察到的影响的变量。如果我们可以证明自变量和因变量同时发生变化（共变），我们将会满足证明它们之间存在因果关系的第三个条件。

共变通常表达为相关系数。关于相关性，请回顾第五章和第七章。

表 10.1　所罗门四组控制实验设计

图表	解释
$R \quad O_1 \quad X \quad O_2$	随机选择，前后两次测试，在实验变量的影响下。这是实验组。
$R \quad O_1 \quad\quad O_2$	随机选择，前后两次测试，没有在实验变量的影响下。这个对照组是为了显示在没有实验变量的影响下发生了什么。
$R \quad\quad X \quad O_2$	随机选择，只有后测，在实验变量的影响下。这个控制组是为了确定前测不会影响结果。
$R \quad\quad\quad O_2$	随机选择，只有后测，没有在实验变量的影响下。这个控制组是为了检查在前测和实验变量以外没有其他影响实验的变量。

》时间序列分析

尽管实验只持续了很短的时间，但我们不知道实验最后获得的结果在未来的某个时候是否仍然正确。我们可以用一个叫作**时间序列分析**的过程来解决这个问题。

180 时间序列分析，正如名称所示，是一系列随着时间的推移进行的观察。不同于实验中经典的 O_1、O_2 观察，时间序列分析需要在时间 O_1、O_2、O_3、O_4……进行一系列反复的观察。在一个实验操作之前进行观察，可以检查实验前实验状态的稳定性。在一个实验操作之后进行观察，可以检查实验结果是否持续可靠。

时间序列分析的模式为：

$$O_1, O_2, O_3, O_4 \cdots\cdots X, O_4, O_5, O_6 \cdots\cdots$$

》析因设计

到目前为止，本章所描述的实验设计评估了学习环境和考试分数两个变量之间的关系。研究三个或三个以上变量之间关系的分析被称为多变量分析，而包含三个或三个以上变量的实验设计被称为**析因设计**。

在米歇尔教授下一步的研究中，他对多变量设计很感兴趣，因为包括他的直觉、观察和文献综述等所有因素都告诉他，集体学习和考试表现之间的关系一定还受其他因素的影响，比如性别。是否存在不同的性别会有不同的学习偏好这种可能性？他的数据表明，男性和女性会有不同的沟通方式和偏好，因此可能相较于集体学习，性别对考试分数有更大的影响。

他设计了另一个假设(双侧的是因为他没有证据表明男性会比女性在实验中有更大的影响，或者女性比男性有更大的影响)，如下所示：

假设 2:学习环境对考试分数的影响在男女性别表现上不同。

为了验证这个假设，现在他的实验设计需要四个小组参与，如表 10.2 所示，同时伴随一些实验结果的假设。

因为这里是两种性别(男和女)和两种学习方式(集体和单独)，这种设计被称为 2×2 设计。如果这里有三种学习方式，比如集体学习、个人学习和网络学习，那么将会是 2×3 设计。

假设最初的(双变量)研究表明，从统计学上看，集体学习的学生考试平均得分与其他学生的得分相比并不占有优势。米歇尔教授可以得出结论:集体学习并不能提高学生的考试分数。假设他以一个 2×2 设计的形式进行实验，他就会得到如表 10.2 所示的结果。

表 10.2　2×2、三变量析因设计、性别作为研究条件、显示假设的结果

	10 分考试的平均分数	
	男	女
单独学习	10	5
集体学习	5	10

这个结果表明，单独学习时男学生的分数更高，而女学生在集体学习时分数更高。换句话说，在这里，性别和学习环境之间存在一种相互作用影响了考试分数。
181 表 10.2 所示的分数意味着单独学习和集体学习两个小组的考试平均分数可能是一样的。只有通过 2×2 设计这样的研究，使性别成为另一个变量，我们才可以观察到集体学习发挥了效果，但是由于性别不同表现也不同。

我们可以在实验中增加更多的变量，但是实验设计也会越来越复杂。假设米歇尔教授根据查阅的文献，考虑到居住情况也有可能影响考试分数。（一般认为，走读学生可能比住校学生更少地和同学交往或者使用图书馆和学术支持服务。）他在阅读文献和实验数据的基础上提出了两个假设，而且准备将它们设计成定向的单向假设，如下所示：

假设 3：住校的男生和女生考试分数将提高。

假设 4：住校生无论是集体学习还是单独学习，都将提高考试分数。

怎么检验居住情况、性别和学习环境三者的相互作用与考试分数的关系呢？最基本的就是通过增加实验设计中的变量。让我们假定表 10.2 中描述的是住校学生的结果，在由男学生和女学生组成的走读学生小组中重复同样的实验设计。总而言之，现在这是 2×2×2 的设计：两种居住情况×两类学习环境×两种性别。

实验设计现在有了八个实验小组（2×2×2＝8）。假设这个设计的结果如表 10.3 所示。

表 10.3 2×2×2、四变量析因设计、性别＋居住情况＋学习环境、显示假设的结果

	10 分考试的平均分数	
	男	女
住校学生		
单独学习	10	5
集体学习	5	10
走读学生		
单独学习	1	6
集体学习	6	1

探寻住校/走读的效果，我们可以发现住校男学生单独学习的平均分数（10 分）明显高于同等情况下的对照组——走读男学生（1 分）；而住校女学生集体学习

的平均分数(10 分)明显高于同等情况下的对照组——走读女学生(1 分)。另一方面,走读男学生在集体学习情况下的分数(6 分)略高于其对照组——住校男学生(5 分),同时走读女学生在单独学习情况下的分数(6 分)略高于其对照组——住校女学生(5 分)。

这表明,以上假设只有部分成立。显然只是在男学生单独学习和女学生集体学习这两种情况下,是否住校才与考试分数提高相关。因此,米歇尔教授可以得出这样的结论:是否住校对考试分数有影响,但这个影响也受学生性别和学习环境的影响。

》受试者间设计和受试者内设计 182

实验设计的一个问题是实验参与者的数量。如果每个人只是在一种实验环境下,以上讨论的 2×2×2 实验设计可能需要 100 个人。每位参与者只参与一组实验条件,比如“女性—集体学习—住校”,这种设计叫作**受试者间设计**。减少参与者数量的一个办法是让他们参与两次,这意味着将他们放在不止一种实验环境下,比如同属于学习环境下的集体学习和单独学习,这叫作**受试者内设计**。

受试者内设计很明显的一个问题是,已经接触过一种实验环境的参与者可能在参与其他实验环境时受到影响。比如,已经接触到集体学习环境的实验参与者在单独学习环境中的反应与他们没有预先接触集体学习环境时会有所不同。另一个问题是,在一些实验环境下,受试者内设计是不可能的。在我们的例子中,我们不可能在实验过程中让男性变为女性,或者让住校学生突然变成走读学生。

》效度和实验设计

效度提出的问题是,实验是否捕捉到了研究者所要考察的内容,或是捕捉到了其他的内容。这里我们需要考虑两种类型的效度:内在效度和外在效度。

内在效度

内在效度与实验设计的问题相关。实质上，它提出了“什么可能出错?”的问题。不幸的是，很多因素可能导致出错。

这些因素包括**伪关系**，这是已发现的变量之间的一种关系，但它是可以被对研究中的变量产生影响的其他变量解释的。比如，米歇尔教授可能基于学生的入学时间（新生、二年级学生……）分配学生到实验小组，尽管在年级、年龄和学分之间没有 100%的相关性。两个三年级的学生，如果一个是全日制学生，一个是在职学生，他们的学分可能会有明显不同。两个同年级有同样学分的学生，可能因为一个学生是工作一段时间后继续学习的，所以他们的年龄会有明显差异。因此，年级间的不同可能源于年龄差异或者是否是全日制学习。

选择偏差发生在实验小组之间没有可比性的时候。比如，我们假设米歇尔教授的一种实验环境——集体学习，且学生们的时间安排只能在晚上。我们可以认为，相比于其他单独学习的实验环境，学生们更需要加倍努力。在研究中，米歇尔教授必须依靠参与者，如果一些参与者不愿意在晚上学习，他的实验小组必然在某种程度上会成为成员自我选择的小组。晚上学习的小组可能会有更高的参与热情，这就会对内在效度产生威胁，因为两个实验小组并不相同，实验结果是基于两种不同的实验环境且参与者有着不同的参与热情。

参与者退出研究会导致**人员减少**。在这个例子中，这可能是由于厌倦，也可能是有学生突然意识到在研究中他并不会获得报酬或者发现考试会改变他的学习、生活的节奏。假设本案例中人员减少是由于考试的压力。虽然米歇尔教授开始实
183 验时是通过随机分配将个人分配到前测小组中的，但是他不能保证后测小组的人员和前测小组的一模一样。他发现不同小组之间的任何差异都可能是应对学习压力的能力不同造成的，而不是两种不同的学习环境导致的。

重复测试会对内在效度产生威胁。随着越来越多相近的考试出现或者小组成员之间关系越来越紧密，他们可以考得越来越好。在这个例子中，对内在效度的威胁表现在，小组分数的差异可能反映的是考试能力或者自信程度的增加，而不是实验中不同的学习环境。

与此相关的，**成长**只是意味着人们随着时间改变了。如果米歇尔教授在整个学期的课程中进行他的实验，他的实验参与者会成长，经验会增加，或者与他们刚

参与实验时相比会更疲惫。再次强调，这里存在对内在效度的威胁是因为“前测”和“后测”分数的不同可能是由于实验参与者这段时间成长了，而不是因为接触团队或者单独学习的程度。

扩散是指从小组到小组的传播有一个刺激效果。这里存在一个悖论，作为一位传播学研究者，米歇尔教授的实验存在一个问题，那就是人们之间的交流，男学生会与女学生交流，二年级学生会与新生交流，前测小组成员和后测小组成员也会交流等。在这个案例中，一个特别重要的问题是单独学习的学生会和集体学习的学生进行交流。实验处理(学习环境)的效果会在各个实验小组中传播。这会影响到内在效度，因为研究结果显示实验组之间没有差异，但事实上却存在差异。

另外的相关问题可能是小组间的竞争。两个实验小组决定进行一场竞赛来评判哪个小组能考得更好，在这方面竞争起了重要作用。单独学习的学生格外努力以使自己的分数得到最大提高，为了小组能赢，集体学习组内部士气空前高涨。这也是对内在效度的威胁，因为实验小组之间的差异可能反映了不同层次的动机、热情或失望，而不是实验环境的差异。

对研究者来说，一些对内在效度的威胁可能并不明显，比如实验小组的成员花了大量的时间和他人交谈或者分享经历。可能存在研究者完全能够意识到但是却没办法控制的对内在效度的其他威胁。比如，第三章曾提到，伦理委员会规定允许参与者在任何时间退出研究且不会受到惩罚。

需要研究者注意的是**实验者偏向**——研究者自身对内在效度的威胁。因为种种原因，米歇尔教授可能会陷入实验者偏向的困境。比如，他喜欢从自己班里招募实验参与者，而他班里参与实验的学生知道他对诸如学生习惯等行为的好恶。他可能会在不经意间使参与者在实验中表现出特定的行为。如果在实验中他给了参与者额外的学分，他的研究将因为那些渴望得到额外学分的学生而产生偏颇。根据集体学习和单独学习的时间和地点，他或许会看到学生的不同分流，而这可能会被解读为隐性地倾向于某一类型的学生。

你可能会认为，像所罗门四组控制实验设计这样的缜密设计可以排除关于效度的任何问题，但即使是最缜密的实验设计，也无法完全消除内在效度的威胁。

外在效度

外在效度是指实验是否实际上体现了研究者正在调查的外部环境。

184 对外在效度的最终检验是将基于实验参与者样本中的发现推广至更广泛的人群。本章米歇尔教授会告诉我们有两个重要的动机促使他做这个实验。其一是大多数学术研究背后的推动力量——一种对兴趣现象相关联的知识的好奇心。其二是希望获得高效学习的方法，从而能够在其他在校学生或者更广泛的学生群体中推广。如果实验发现并不适用，他的研究将在外在效度方面有严重缺陷。理想状态下，他的研究发现不仅在“空间”（从样本到广泛人群）上是有效的，而且在从现在到未来的“时间”上也是可以被推广的。

对外在效度最严重的威胁是本章前面介绍的生态同构问题。那些被安排到单独学习组的学生可能比较符合其日常状态，而那些被安排到集体学习组的学生却可能因为团体构成、学习时间、地点乃至学习时长等原因，感到正在经历一种不同寻常的学习。换句话说，**实验条件**或设置可能会威胁外在效度，因为它不是对外部世界的真实反映。另一个明显的威胁是样本中的实验参与者。顾名思义，参与实验的所有学生都是志愿者，而更广泛的学生群体则不是。只要样本不能完全捕捉到总体特征，就存在对外在效度的威胁。

另一个对外在效度产生威胁的是所谓的**霍桑效应**，这源于 19 世纪 20 年代一个名为霍桑工厂的西部电器公司进行的生产力研究。这个研究被设计用来观察工作条件怎么改变才可能提高工人的生产力。研究得到一个意外的结论是，生产力的提高似乎归功于这一事实：工人们显然认为这次研究是由于管理层和研究小组对他们感兴趣。毫无疑问，米歇尔教授的某些学生会存在霍桑效应，例如那些十分在意教授对自己是否感兴趣的学生以及努力给出教授想要的答案的学生。

这里又出现了一个问题，那就是构想的可操作化。回顾第五章可知，研究中要进行有效测量意味着事实上获得的概念应该正是研究者想要获得的。

本章研究的案例中，有四个需要关注的变量——性别、居住情况、考试分数和学习环境。其中，性别和居住情况可以简单地通过采访学生来进行操作，以确定他们是男生还是女生，是住校还是走读。

更棘手的是学习环境和考试分数。学习环境测量很简单，学生们要么是在一个学习团队，要么不是。但是，在一个学习团队中，在出席和参与两个方面学生行为可以有很大的不同。被归类为单独学习的学生可以通过参与虚拟的线上讨论成为学习团队中的一员。在实验中定义他们不属于学习团队并不意味着他们不能参与非正式的学习团队。最大的问题可能是考试分数。我们希望能够对学业表现做出一般性的陈述，甚至将更广泛的“知识能力”作为我们的实验结果。但我们用考试分数代表学业表现，这也许不能在更广泛的层面解释学业表现。

更深层的问题是，实验设计需要将大量的实验参与者随机分配到实验设计的每一个单元中。典型的做法是，每一个单元有 10～15 名参与者，并且实验单元不少于 5 个。如在表 10.3 中有 8 个单元。如果每个实验单元有 5～15 名参与者，那么这个实验设计将需要 40～120 名实验参与者。

实验操控检验 185

实验操控检验是用来检验研究参与者是否符合研究者预设的实验条件的。其目的与其说是关于自变量和因变量之间的关系，不如说是寻找可能出现但尚未被观察到的原因。比如，在一个对电视快餐广告的反应的研究中，我们可能想要检验参与者是否对广告的营养信息做出回应（假设这就是研究的焦点），而不是对像动画或音响效果的制作水平做出回应。我们经常做的实验操控检验是通过问问题或用两种不同的方式展示同一信息。如果参与者在各种情况下回应都不同，我们就有理由怀疑其中某个问题或者某个实验性刺激产生了歧义。

第九章李克特量表类型的问题设计是实验操控检验的一个例子。研究人员若在"我知道不得抄袭的纪律"和"我将永远不会在未得到他人授权的情况下抄袭他人的研究成果"中寻找不同的答案，他将被认定为并未理解抄袭的含义。假设实验是用来检验同侪压力和抄袭意愿之间的关系，并且通过实验发现它们之间并没有关系，实验操控检验允许研究者提出：这种关系可能存在但是并没有被发现，因为研究者的问题并没有如料想中那样被理解。

米歇尔教授给自己倒了一杯咖啡，回顾了整个研究，他认为自己在处理可能影响学生学业表现的各种变量之间的关系上起了一个很好的头。事实上，如果再加上调查法，他现在能做到的肯定不止于此。当他发现基于性别、居住情况和学习环境，至少需要 40 名学生才能够随机分配到各个实验小组时，他开始思考如果对一到两个学生进行更深入的访谈，可能对影响学业表现变量的理解不仅是这些。

第十一章将讨论定性分析，例如访谈和焦点小组讨论。

伦理专栏

两个著名的备受争议的实验

第三章我们讨论了在人类传播研究中的伦理行为准则。很多准则都包含了如何处理研究参与者的一些重要意见，比如：

- 参与者有机会选择参与的实验。
- 受试者必须充分地了解和理解研究项目，并且志愿参加研究。
- 参与者不应该受到伤害。
- 研究应该利大于弊。
- 研究者应该系统地评估研究的风险和利益。
- 对受试者的选择应该公平公正，不应该简单地在易接近或可操控的人群中招募受试者。

斯坦利·米尔格拉姆关于权力的实验

186 第三章提到，1960年耶鲁大学的研究员斯坦利·米尔格拉姆发现，大多数的受试者都愿意对他人进行有害的电击，仅仅因为一个科学的、“权威”的命令。尽管别人表现出明显的痛苦，然而大部分实验参与者——尽管不是全部——在研究员的命令下会继续增加电击的强度。这些实验的总体目标是解释服从权威的条件。“受害人”实际上是一位演员，“痛苦的声音”也是假装的，实验结束后研究员会告知实验参与者这些信息。

菲利普·津巴度(Philip Zimbardo)的斯坦福监狱实验

1971年，菲利普·津巴度教授把23名男性学生随机分配到两个实验小组。实验中一组扮演犯人，另一组扮演狱警，模拟监狱计划持续两周。在接下来的几天里，狱警逐渐表现出虐待倾向，直到第五天津巴度认为必须终止这个实验。他认为这些行为纯属无聊，而在这样的环境下好人也会变坏。

本章的“推荐阅读”部分有关于这两个研究的更多信息。

问题

- 基于以上结论，应该用什么样的准则评估这两个备受争议的实验的伦理规范？
- 你会用“绝对道德”还是“绝对不道德”来评价这两个实验？为什么？

实践中的研究

用定性研究了解西班牙裔人口的银行需求

互助银行(化名)是康涅狄格州最大的社区银行之一。根据美国人口普查预测，康涅狄格州的西班牙裔人口在1995—2025年间将增加一倍。互助银行致力于满足西班牙裔客户的需求，因此该银行希望对当地西班牙裔人口独特的银行需求和决定因素进行深入的了解。

市场街研究机构 MSR 决定对西班牙裔居民进行焦点小组讨论。焦点小组讨论是一种了解深层态度和需求的研究方法，而这种态度和需求驱动着人们对产品和服务的决定。MSR 在使用英语和西班牙语的西班牙裔居民中招募焦点小组成员，并开展以社区为基础的宣传策略。这次招募是在教堂、社区中心和其他社区组织进行的，这样可以接触到更多还未完全适应新文化的西班牙人，他们 187
可能刚来到这个国家，可能还没有开通电话，并且在开设银行账户时可能会遇到困难，并且有特殊的需求。

我们从焦点小组讨论中发现，西班牙人和大部分其他人一样，都希望从银行获得类似于收费低、位置便利等很多相同的服务，但是他们在几个关键方面却又有明显不同。

开设银行账户时，西班牙人面临着现实和情感层面的一系列挑战。刚到美国的西班牙人可能没有开设新账户所必需的身份证明，也有人可能不知道他们需要提供什么资料。有全部所需资料的许多人仍然对档案的问题十分敏感，同时对可能暗含对西班牙人有偏见的程序十分警惕。一家银行想要吸引新的西班牙裔客户，就应该确保消除他们进入的壁垒，比如要求提供太多的官方身份证明以及要求他们以银行接受的形式提供明确的信息。

MSR 的调查从文化的角度证实了这个想法：西班牙人对人际关系特别重视。相对于其他族裔，西班牙人在朋友交际方面花费更多并且更乐于帮助他人。为了获得他们的信任并让他们开设账户，银行必须表现出对西班牙人的友好。这意味着不仅需要银行出纳员露出微笑而且需要更多的东西。西班牙人喜欢银行雇用西班牙人，这传达给他们的是银行管理者的确看重西班牙人，不是仅仅把他们当作盈利来源，而是伙伴。更进一步说，西班牙裔雇员有可能在社区内广为人知，一些西班牙人选择银行开设账户时只是因为他们知道有谁在那个银行工作。从实践层面来说，熟悉西班牙语的西班牙裔雇员使得银行更容易满足西班牙语客户的需求。

这项研究另一个有趣的发现是，当地的西班牙人对银行的产品和服务有独特需求。一些本地人不需要的产品和服务，在西班牙裔社区却需求很高。比如，西班牙人希望银行提供低成本的资金转账服务，因为许多人需要给居住在美国以外的家人汇款，而使用像西联汇款这样的服务每笔交易都要支付相当高的费用。

在这个地区，西班牙人对圣诞储蓄账户也有特别的需求。虽然大多数人可能对于这种类型的账户没有很强烈的需求，但西班牙人认为这类账户不仅易于使用，而且很有意义。焦点小组讨论显示，西班牙人对这类账户有着强烈而又积极的情感联系，因为里面包含了对童年、圣诞节、家人和礼物的记忆。相对于普通的定期存款账户，开设圣诞储蓄账户能使他们与银行建立更强大、更深层的关系。

一般人使用理财服务往往通过投资专员，并对从银行获得这些服务存在顾虑。然而，西班牙人却对通过银行获得这些服务很有兴趣。他们希望能够找到适合他们的不同类型的产品和服务并得到高水平的指导，比如关于高息存款账户。银行提供高度个性化的服务，对西班牙人也非常有吸引力。

焦点小组讨论被证明是一个很好的方法，它确认互助银行已经和西班牙裔社区建立了积极良好的关系，以后需要做的只是进一步巩固关系。该银行雇用
188 了在西班牙裔社区有很高知名度并广受信任的人，并且开始在媒介渠道，比如他们最有可能接触到的西班牙语广播和电视，推广这类人群所需要的产品和服务。

英格丽德·斯泰布莱亚
MSR 公司副总裁
MSR 公司，北安普敦，马萨诸塞州
为医疗保健、金融、科技、工业和教育的客户
提供定量和定性的市场调查和分析服务

本章要点

- 实验法涵盖从简单的观察发展到精密析因设计。
- 实验法将参与者放置在受控的环境中，诸如不同版本的说服性信息或者不同的项目说明。
- 实验法可以确定变量之间是否存在因果关系。
- 实验法可以分离出不同变量的影响，从而只关注感兴趣的变量。
- 好的实验设计需要将参与者随机分配到实验组和对照组中。
- 为了确定一个变量具体的影响，可能需要设计像所罗门四组控制实验设计那样精密的实验。
- 析因设计检查三个或三个以上变量之间的相互作用。
- 实验设计最根本的缺陷是实验环境与现实生活相似的情况很少。

重要术语

人员减少
受试者间设计
因果关系
对照组
共变量
因变量
扩散
生态同构
事后回溯设计
实验
实验条件
实验者偏向
外在效度
析因设计
田野实验
霍桑效应
自变量
内在效度
实验操控检验
成熟
随机分配
重复测试
选择偏向
所罗门四组对照实验设计
伪关系
时间次序
时间序列分析
受试者间设计

应用练习 189

练习 1:关于学习环境的进一步探索

回顾米歇尔教授为研究学习环境和学业表现之间的关系所做出的各种努力，他在实验中设置了两种学习环境——集体学习和单独学习，而学习环境有很多种，不仅仅限于学生单独学习或者与其他人一起学习。所以，学习环境还可能包括哪些因素？咖啡和零食？网络？确定你观察到的所有属于学习环境的因素，并且建立一个或多个实验设计来检验其他因素对学业表现的影响。

练习 2:关于说服的实验

假设校园调查显示志愿参与社区服务的学生数量持续减少，学校管理者和学生组织对此非常关注，他们请你调查学生对志愿服务的反应从而提出建议以改变这种趋势。作为一个更广泛的研究策略的一部分，你决定把重点放在学生所得到的关于志愿服务的信息上。假设公益广告等信息诉求对现在的学生不具有说服力。设计一个实验，让它能够检验关于学生参与志愿服务不同的信息诉求的说服力，从而找出最有效的诉求。

练习 3:交叉还是常规?

这里探讨的是在线教育，不是传播媒介。随着这些年在线教育的发展，出现了三种教学模式——学生和教师之间100%通过网络授课而没有现实联系（“网授模式”），传统的教室教育（“面授模式”），常规课堂教学并辅以在线资源、网络测验、提交电子作业和论坛的混合式教学（“网授与面授相结合”）。研究表明，其中一种模式应该明显优于其他两个，并可能会引发有关预算拨款、技术引进、教师教学负担等重要方面政策的改变。这个问题很复杂，可能需要一系列的研究才能得到明确的答案。请拟一份实验大纲，作为你的学校改变任何网络教育政策的依据。下面阿尔特豪斯（Althaus，1997）的文章，会带给你关于这个主题实验设计的一些灵感。

推荐阅读

Althaus，S，L.（1997）. Computer-mediated communication in the university classroom：An experiment with on-line discussions. *Communication Education*，46，158-174. 这个研究调查的是学生在大型讲座课程中的学业表现是否会因为通过电脑“面对面”的讨论而提高。

Dreifus，C.（2007，April 3）. A conversation with Philip G. Zimbardo：Finding hope in knowing the universal capacity for evil. *The New York Times*. Retrieved from http://www.nytimes.com。这是对津巴多教授的一次访谈，其中他谈到了斯坦福监狱实验和斯坦利·米尔格拉姆的实验。也可参阅 Haney，C.，Banks，W. C.，& Zimbardo，P. G.（1973）. Interpersonal dynamics in a simulated prison. *International Journal of Criminology and Penology*，1，69-97。

Field，A.，& Hole，G. J.（2003）. *How to design and report experiments*. Thousand Oaks，CA：Sage。这本书将带你从头到尾了解研究的所有步骤，包括获得研究构想、提炼研究问题、进行实验设计、数据统计分析和撰写总结。

Milgram，S.（2004）. *Obedience to authority：An experimental view*. New York：HarperCollins. 这本2004年出版的关于米尔格拉姆1974年的实验的书，对米尔格拉姆的服从实验和研究发现进行了很好的解读。

Slater，M.，Antley，A.，Davison，A.，Swapp，D.，Guger，C.，Barker，C.，… Sanchez-Vives，M. V.（2006）. 该研究虚拟演示了米尔格拉姆的服从实验。*PLoS ONE*，1(1)，e39. doi：10.1371/journal.pone.0000039. 这是一份关于“米尔格拉姆虚拟演示”实验的文件，在第三章也有涉及。

190

推荐网络资源

米歇尔·布拉斯博士的斯坦利·米尔格拉姆网站：http://www.stanleymilgram.com。这个网站提供了社会心理学家斯坦利·米尔格拉姆的信息和他备受争议的研究。

菲利普·津巴多博士的斯坦福监狱实验:http://www.prisonexp.org。该网站有一系列关于斯坦福监狱实验的PPT以及津巴多博士网址的链接。

关于社会研究方法的网站中心:http://www.socialresearchmethods.net。在这个网站上你可以概览社会研究的方法,包括实验设计。

参考文献

Gilbert, J., Light, R. J., & Mosteller, F. (1975). Assessing social innovations: An empirical base for policy. In C. A. Bennett & A. A. Lumsdaine (Eds.), *Evaluation and experiment: Some critical issues in assessing social programs* (pp. 39-193). New York: Academic Press.

学习网站

访问学习网址 **www.sagepub.com/treadwell2e**,可获取以下资料:

- 网络资源;
- 推荐阅读;
- 电子抽认卡;
- 研究问题。

第十一章 / 观察与倾听

Watching and Listening

旨在深入理解的定性研究

Qualitative Research for In-Depth Understanding

并不是所有能数出来的东西都重要，也并不是所有重要的东西都能被数出来。

——阿尔伯特·爱因斯坦(1879—1955)

191 **本章概览**

并不是所有的人类传播行为都能令人满意地以七分制中的六分来概括。正如爱因斯坦所言，较之定量研究方法，定性研究方法能提供更多不一样的洞见。直观来讲，作为一种研究方法，观察人和与人交谈这种研究方法更可取，正如理解与领会一般会比获取信息更适合作为研究目的一样。

本章将讨论以下方法：访谈、焦点小组、民族志以及观察法，这些基本上都是定性方法，更重要的是，它们都有一个共同的目标，即尝试着去理解并解释人类行为。要想有效地理解人类传播行为，必须要有高超的倾听能力、访谈能力和观察能力。要想采集和传达给读者那些研究参与者曾告诉你的信息，必须要有优秀的写作功底。

开篇问题

- 为什么我更倾向于观察而不是测量？
- 我能把从观察性研究中得到的结果推广到更广泛的人群吗？
- 在设计一项观察性研究之前，我必须要有一个具体的假设吗？
- 根据观察性研究得出的结果，其有效性如何？
- 观察性研究能避免偏差吗？

》引言：观察与倾听法的优势和劣势

192

本章包括传播学研究中基础的定性研究方法——访谈法、焦点小组、民族志以及观察法。

总体来说，这些方法为深入探究个体的思维与交流行为提供了机遇。**访谈法**和**焦点小组**尤其适用于以受访者自己的话来获取他们的意见。民族志可以捕捉行为和语言，以及人们对行为和语言的解释，并检视人们的观点表达与行为实践之间的关系。

那些用“全听模式”研究人类传播行为的研究者可能在洞察力、言语以及独特的逻辑和推理方面受到肯定，这是用调查和实验法无法实现的。因此这些研究者更有可能去发现少数人、不同意见者的声音，发现新的理解并洞察事物，而调查和实验法主要提供的仅仅是对于一个观点的证实或证伪。

由于多数观察性的方法都强调研究者应该在真实的生活情境中与参与者共事，他们的研究发现也就比人为设定所产生的研究结果具有更高的准确性。

从实践层面看，相对于需要花费大量时间来组织的实验法而言，访谈法和焦点小组能快速地启动。特别是访谈法，能够随时随地进行，有时候是时机使然。然而，观察性的方法并不一定比定量研究更方便。比如，一个可靠的观察性研究的田野调查，可能会花费几个月甚至几年的时间，然而一项调查（主要采用定量方法）却可以在几天或几小时内完成。

定性研究方法的劣势在于，人类行为会随着时间推移而呈现易变性，这就给研究发现的可靠性打上了问号。因为研究者往往是根据主观判断选取的一次访谈或讨论的参与者，而不是随机选取的，所以这里就存在一些问题，如关于选取（参与者）的效度以及这些参与者可以在多大程度上代表更广泛的群体。

研究者与研究参与者之间的关系也会影响观察和访谈的内容，因此，如何考量研究者自身对观察和访谈结果的影响就成了一个重要议题。

总之，定性研究方法提供了洞察力和效度，却有可能缺失信度，或者研究者不能够满怀信心将结果推而广之。

》定性与定量：相似与相异

乍看起来，本章所讨论的方法与先前章节中所讨论的调查法和实验法之间的差别，也可以理解为定性研究与定量研究之间的差别。意识到这一点很重要，即“是定性研究还是定量研究”的问题既不是首先要考虑的问题也不是最重要的问题。正如第二章所述，这是研究者在做出关于研究对象以及研究基本目的的假设之后才考虑的次要问题。

本节在讨论具体的定性研究方法之前，先列举一些定量研究方法与定性研究方法之间的共性与差异。

193 克特(Curt，1994，p. 121)指出，“不管人们是否意识到，所有的研究者都是观察参与者”。人类传播的任何研究者都是在直接或间接地观察研究对象。

定性研究和定量研究都是从定性的观察开始的，比如“年轻人比老年人更能接纳社交媒体”。

两种研究方法都想使这个概括更加准确。定量研究者会用统计数据来报告他们的发现，沿着诸如“在15～19岁之间有87%的人有脸书账号”这样的思路，当然也会大费笔墨来说明使用的研究方法、研究背后的理论基础以及从结果中得出的结论。

这两种方法都以各自的方式强调精准性。定量研究者通过呈现数据追求精确性，定性研究者则是通过准确地呈现和阐释研究参与者所说的话。

显然，定性研究者主要依赖语言，并以参与者自己的措辞来呈现研究结果，但并不一定会将定量的呈现方法拒之门外。他们也想清楚地说明自己的观点，即用数据进行表达，比如他们的研究包括5名被访谈者，其中的2人是18岁，每一次单独的访谈都会持续平均3个小时左右，或者可能有60%的受访者对社交媒体持积极的观点。

定性研究者与定量研究者的分歧在于如何最好地呈现他们的研究，因为他们对所观察事物的推理、观察的程度，以及他们与参与者的关系都不一样。这些基于不同研究假设的决策形成了报告的不同性质，并决定了定性研究和定量研究间不同的偏好。

我们已在第二章讨论了一些关于观察人类传播的基本思考，密切地倾听与观察对探索、描述、阐释人类传播的研究者更有帮助，而细致的抽样、大量的参与者以及数据分析可能更能满足另一类研究者，他们对预测人类行为和将这种预测推及更广的范围感兴趣。

观察的程度包含广度和深度，调查与实验方法学者在更大的总体中抽样，估计他们从样本中得到的研究发现可以被推广到总体的概率，这就是观察的广度。这类研究的一个目标是变量间关系的普遍化。（比如“无党派选民更可能投票给关注当地问题而非全国性问题的候选人”，或者“学生花费在网络游戏上的时间与各科平均绩点的关系是成反比的”。）回顾第二章，此类目标来自这样的观点，即人类行为是可预测的、客观可测量的、可以普遍化的。

定性研究者倾向于更少的参与者和“钻研”，以便深入理解参与者所说的话。他们的设想是，人类行为是个性化的、不可预测的和主观的。这是第二种视角。显然，若我们设想个体是独特的，那就无法将他们普遍化了（除了“我们不能将他们普遍化”这一定论）。

从第二种视角看，对调查法的一种批判观点是，调查者提出一些回答者认为相关的问题，也会问一些后者认为不相关的问题，有时可能会漏掉一些后者认为非常重要的问题。研究者能够从调查中得到一些可以普遍化的东西，但是也可能会错失可以解释这种普遍性的具体细节。换句话说，调查的参考者可能有他们自己复杂的思维方式，广度的方法将错失这些信息，只有深度的方法可以发现。

研究者与参与者间的关系也会影响是首选语言还是数字来呈现研究结果。如
第三章和以下所述，研究者与参与者的关系有多种可能。一般研究者要在这二者 194
之间做出选择：是在一群参与者间验证研究者预先确定的观点，还是有意识地去发现参与者新的、研究者未预料到的想法。如果选择前者，那么结果可能是以数字或者文字的形式呈现；如果选择后者，那么除了用参与者的语言来呈现之外就几乎别无选择了，也就意味着选用的是定性方法和报告。

除了对人的研究之外，对所研究的媒体内容同样需要做出定性还是定量的决策。例如，内容分析（参见第十二章）就是一种将媒体内容建立关联的定量研究方法，但研究者同样可以选择许多诸如话语分析和批判分析（参见第十三章）的定性研究路径。此外，“定性还是定量”的抉择是以有关媒体内容性质和研究目标的预先设定为基础的。

总而言之，对语言和数字的偏好并没有研究背后的假定重要。定性研究者与

定量研究者的差异，与其说是语言还是数字的选择不同，不如说是研究目的不同、普遍性不同，以及关于人类本性的假定不同。定量研究者寻找现象之间的联系，定性研究者试图理解研究参与者眼中的现象。

正如人类文化学家克利福德·格尔茨（Clifford Geertz，1973）提出的，这种不同是寻求规律的实验性科学和探求意义的解释性科学之间的差异。

举个例子，我会不时地购买彩票，为什么呢？这其中有许多原因。退休时如果身家百万，我会有很大的安全感，而且我也可以来一场我一直梦想的豪华环球之旅。如果我赢得百万大奖，我会对亲人和朋友更加慷慨。我会捐一百万给我的母校，以我的名字命名一个阶梯讲堂；我会捐一百万给医学研究机构，也许可以推动癌症研究或者抗击营养不良。我甚至可能会决定把钱花在彩票上，以暂缓我税款的增加。因为政府彩票收入增多，可能就不会增加税款了。在所有的假设背后是我相信我有50%的概率可以命中那个神奇的中奖号码。我有掷硬币的机会来赢取数百万美元，正面为赢，反面为输，只用几美金，这划得来。

“错了！”统计学家们咆哮道。你被闪电击中的概率都比赢得彩票的概率大。进入任意一家彩票网站，你会发现命中一个中奖号码的概率就是在上百万个号码中找到一个。（许多州的“强力球”彩票会张贴赢得头奖奖金的概率，像我说的：1/175，223，510。）

比较这两种不同的观点，我们可以在本章清楚地了解调查实验型的方法与观察、倾听的方法在假定中的基本不同。两种关于赢得彩票的观点都是有根据的，只是其中一个的根据来自统计学家观测概率的外部视角，另一个的根据来自一个研究参与者内部主观性的视角。

从研究的角度来说，后者与前者一个重要的不同之处在于，它是解释购买彩票的主观性观点，而不是统计概率的外部规律。也许对人类传播行为的最好解释来自对个体主观性的理解，这些主观性显然是因人而异的。研究者如果没有近距离地观察参与者并且/或者没有给他们通过访谈或焦点小组的形式来表达的机会，就不能抓取到那些主观性。归根结底，这是定性研究方法的基本原理。

195 由于定性研究者让个体谈论的内容是开放的，他们的研究可能不会从一个具体的研究问题或者假设开始。相反，有关人类传播的种种理论可能随着研究数据的分析而浮现。通常这个研究的“火花”就是简单的“这里发生了什么，我并不明白”。这种研究的最终目标并不是对人类传播的笼统概括，而仅仅是“现在，我明白了”。

伦理专栏

研究术语

研究项目中的参与者可以被贴上各种标签，诸如“对象”“参与者”“信息提供者”“回答者”或是“受访者”。这些词语在研究中有着各自特殊的意义。

比如，**信息提供者**是指因既能谈论自己也能谈论他人而被选出来的人。**回答者**主要被定义为只谈论自己的人。**受访者**也就是被动接受访谈的人，他们可能是信息提供者或回答者。显然，以上都是研究项目的一部分，因而也就作为**参与者**为大家所知。**“受试者”**这一词语主要与实验性方法相关联。

术语可以表明研究者在研究上的基本定位。受试者暗中被研究者以某种方式引导。参与者是一个研究项目的组成部分，并在一定程度上可能影响这项研究的进展和成果。在本章中，这些术语在某种程度上可以互相替换，以提示你它们在使用中的多样性。

》观察与倾听的方法

在本章中，我们会跟踪一个假设性的研究项目，目的是调查学生对社交媒体的使用情况。我们会跟随邦妮这位善于观察的校园就业服务办公室主任，使用定性研究方法就对她工作产生影响的校园潮流进行了解。邦妮有两项主要职责：一是为学生提供就业信息，比如求职面试的艺术、人际沟通技巧以及如何准备简历；二是即时提醒学生新的就业机会。

邦妮认为，学生越来越多地使用社交媒体是受她的办公室所提供的服务影响。举个例子，她发现使用就业中心服务搜索资源的学生数量急剧下降，她认为这是他们绕过就业服务办公室直接上网搜索的结果。类似地，有关如何沟通和准备简历的讲习班也鲜有人参加。邦妮推测这是因为学生积极地通过社交媒体建立关系而认为自己不再需要参加这类讲习班。至于简历讲习班，一个学生曾直言，“我们不再需要简历讲习班了。所有的求职申请现在都在网上进行，我们只需要在网上回答问题即可”。

邦妮概括了关于求职成功的学生使用社交媒体的利弊。“利”是社交媒体提供的资源和招聘信息远远超过就业服务办公室所提供的；“弊”是社交媒体可能会影响学生的人际沟通技能。比如，如果学生们将所有的精力都投入到网络社交以及填写求职申请表上，那么在与未来雇主面对面的交谈中，或者成为团队中的一员时，在沟通方面便会毫无经验。如果学生们认为求职仅仅是在网上填写表格，他们
196 也许想不出当面或者在电话中要怎样专业地、富有创意地展示自己，他们也许看不到整合自己的工作经历、参加专业协会、着装得体的重要性，他们甚至看不到之后写面试感谢信所蕴藏的艺术。

她假设在社交媒体上活跃的学生比不那么活跃的学生更有可能接到录用通知，并且具备良好的求职能力。不过，第二个暂时性假设是他们也更缺乏诸如面对面访谈、与团队协同解决问题、跨文化交流、上下级之间沟通之类的人际沟通技能。无论何种情况，对于就业中心来说均具有实际意义，它必须转变所提供服务的类型。对院系来说，它必须更加重视人际沟通、团队行为以及制定决策的相关课程。当然，邦妮也许无法找到证据来支持她的假设。事实很可能是那些在社交媒体上活跃的学生，在人际关系技能、团队合作、问题解决方面的表现也非常杰出。然而，他们只是在虚拟世界而不是在面对面的场景中这样表现。

访谈

访谈的类型各种各样，但访谈基本上是一位研究者与一位或者多位研究参与者对话。访谈的中心是一系列访谈者希望得到答案的问题。一种极端情况是研究者想得到十分具体的问题的答案，在这种情形下，研究者可能会提出用简单的“是/否”选项作答的问题。另一种极端情况是研究者并不知道接下来会发生什么，因而采取一种开放的、探索性的方式。这种情形就需要使用通用的、开放式的问题，也许可以用“我对这并不知晓，你可以向我解释一下发生了什么吗?”之类的问题开场。

访谈结构

邦妮在她的研究项目的初始阶段，已有暂时性的假设，她很有可能以开放式问题的**非结构化访谈**开始。

非结构化访谈来自研究者的一种决策，即她需要信息提供者以自己的概念去理解传播现象。在这样的情形下，访谈至少会以非常宽泛的、开放的问题开始，如“请告诉我有关……”。即使没有预先设置的问题，但随着访谈的深入，也可能会越

来越突出重点问题，并且将问题调整到研究者的基本兴趣上。

非结构化访谈使研究者有足够的时间和受访者建立关系，并且解决所有问题或打消受访者可能存在的担忧，研究者可以控制采访进程并深刻理解受访者的话语。如果研究者想要提出具体的调查问题，完全理解受访者的措辞是十分重要的。这也是深入了解受访者的意图和思维的起点（例如，学生们会将在线课程归类为社交媒介吗?）。如果研究者需要招募其他参与者加入研究中，那么这就是开始“滚雪球抽样”（参见第八章）的良机。

半结构化访谈要求提问宽泛的问题，但是研究者对怎样问问题有自主权。研究者可能会为了让受访者回答更多重要的（对研究者来说）问题而去掉一些问题。为了引出充分的、响应度高的回答，研究者也可能会问另外的问题。例如，邦妮可 197
能会决定她需要得到两个重要访谈问题的答案：(1)学生们求职的信息来源有哪些？(2)学生们得到面试技巧建议的信息来源有哪些？这两个问题很重要，能引导整个访谈，但是答案可能会泛化，因为信息来源可能是人、电视节目和报纸，并非社交媒体。因为只有两个问题，所以她为后续问题以及受访者自愿提供其认为重要的信息预留了时间。半结构化访谈使访谈聚焦于某处，但也给研究者和受访者预留了空间。

完全结构化访谈意味着研究者不过是个录音设备。在这种访谈形式下，研究者事先确定了什么问题是重要的、提问的方式、问题的顺序。在这个例子中，邦妮会列出一些与社交媒体的使用、朋友在求职中的作用、对就业中心的态度等相关的问题。她可以通过电话、信件、电子邮件或者询问其他人的方式提出问题，因为她不想漏掉她认为对其研究重要的问题。这些问题甚至可能会被赋予诸如李克特量表、语义差异法或多项选择题这样的形式。

为我们的研究项目选择何种访谈**结构**在很大程度上是由我们的理论起点所决定的。如果我们的研究目标是想要获得新的观点，那么我们就会倾向于选择非结构化访谈，让受访者畅所欲言。我们愿意接受这样一种可能性：与社交媒体和求职有关的访谈可能会让受访者想到考试、线上视频以及为什么他们“推特”给朋友而不是父母。

我们基于文献阅读比如**使用与满足理论**，提出了具体的假设。使用与满足理论认为，媒介受众并不是被动的媒介消费者，而是出于种种原因积极地选择用以满足自己需求的媒介内容。比如，这些原因包括关注可能影响他们的事件和议题，转移或逃离日常事务和难题，或以媒体替代伙伴关系以及私人关系。确定这些原因中哪些是受访者最经常提到的，这一研究会产生针对非常具体问题的结构化访谈，甚至会采用量化或排序的形式提问。

显然，在使用完全结构化访谈之前需要进行前测，这不仅是为了如何更好地提出问题，也是为了问题的提出顺序能让问题以研究者希望的方式被很好地理解。

有效的访谈需要练习、准备，并注意以下问题。

访谈情境

正如实验室设置可能影响实验性研究的结果，访谈的**情境**也会影响访谈的效果。比如，邦妮可能会邀请学生受访者到她的办公室，或在餐厅会见他们，或进入民族志模式与他们一同坐在宿舍里观察他们使用互联网。每一种情境的设置都有利有弊。在这个例子中，学生们可能会觉得在餐厅这样的中性空间会比在办公室那样的正式空间或宿舍那样的私人空间要更自在一些。在办公室进行访谈，虽可以解除受访者的同侪压力，但会让他们感觉到有必要提供学校管理方正在寻找的答案。

工作场所的访谈需要得到管理部门的允许，而且工作场所的情境设置可能会使受访者认为可以告诉研究者的内容受到了限制。

198 **访谈的敏感性**

在安排访谈的时候要考虑到宗教、文化和科技方面的敏感性。尤其是对于跨文化的访谈而言，着装、身体语言、措辞以及地位和性别都需要被考虑在内。比如，直系亲属关系可能是不适宜的，我们需要中间人安排访谈或替你进行访谈。比如，谢里（Xerri，2005）的一项报告中就说明了他怎样让他妹妹来安排对一些妇女的访谈，因为这些妇女不愿意接受男性的访谈。

使用录音或录像记录访谈你可以不必记笔记并且帮助你专注于访谈。可是，人们可能会在摄像机面前守口如瓶，可能会紧张于录制的访谈会产生什么影响。更重要的是，他们可能会决定“为了录制”而说。换句话说，他们想被录制的内容与在非公开状态下可能会告诉你的内容是不同的。如果录音或录像是你计划的一部分，你就有道德义务披露这一计划，并且可能需要就是否录音或录像与信息提供者进行协商。

访谈的顺序

顺序涉及提出问题的先后次序。回顾第九章中使用“漏斗”来比喻问题的顺序。在一个漏斗格式中，问题从广义的、概括的逐渐变为狭义的、具体的。而“倒漏斗”的次序则是指访谈从具体的问题开始，逐渐进入宽泛的问题。

比如，对于社交媒体和求职方面的漏斗式问题顺序可能会以“你对社交媒体的大致感觉是什么?""你感觉怎么样?"的问题作为开始,为之后询问更多具体的问题做铺垫,并且受访者的回答为研究者提供了进一步探索社交媒体使用问题的线索。与之相反,倒漏斗顺序是从具体的问题开始,比如,"这学期你线上求职了多少次?"在这种情形下,呈现在受访者面前的是很容易作答的具体问题,这就给他们回答更多概括性问题以及阐释第一个答案树立了信心。

对于调查而言,可以把受访者可能拒绝作答的私人敏感问题放在他们感觉舒适的问题中间,像三明治一样。将这些问题放置在访谈中间就表明,这些敏感的问题"只是(常规)问题",访谈仍然要继续。当问题涉及个人生活方式时,这种办法很管用。

大多数访谈以个人问题开始,如所在年级、工作职位,大多数信息提供者都能轻松应对。但是,请注意,如果看似无妨的年龄、宗教信仰或者姓名等问题对于你的受访者来说可能是私人的并且容易引起他的情绪波动,这对访谈来说并不是个好的开端。如果你感觉这些问题可能会影响访谈的进行,那么就要考虑是否有必要询问。

访谈问题的类型

为了充分地引出、探究并诠释那些你感兴趣的问题以及信息提供者的理解,你需要提出不同类型的问题。人类学教授詹姆斯·斯普拉德利(James Spradley,1979)提出了几个问题策略,归纳如下:

描述性问题是让信息提供者描述现象。"迷你游"的问题就是描述性问题的一种,它所寻求的是对日常事件的概述,比如,"在一个学期中,你一般怎样使用社交网络?"

结构性问题所探究的是信息提供者使用的术语之间的关系,比如,"你会把线上求职看作你发展人脉的一部分吗?"

对比性问题帮助研究者理解信息提供者给出的概念之间相似、相异之处以及重要性。比如,"你谈到了'寻找工作'与'寻找事业',你能解释一下二者之间的差异吗?"另一类对比性问题是等级或排序问题。比如,"关于寻找工作,你谈到了搜索引擎、社交媒体以及短信,其中哪两种会更相似,哪一种与其他两种不同,为什么?" 199

如果你使用了以上全部类型的问题,那么你就彻底探究了受访者的世界观,并且能深入地理解他们。

访谈问题的提示

当然,任何一种类型的问题都无法保证会收到回答。受访者可能出于种种原因而没有回应。他们可能天性沉默寡言，比较敏感，纠结于该选哪个答案，或者是被访谈者的身份吓到，再或者他们可能误解了问题。

那么我们要做什么呢？给予**提示**。提示一般是后续问题，可以引出更多的信息，并保证访谈的顺利进行。经典的提示有“告诉我更多信息”和新闻学中的“5W＋H”——谁(与你有同样感受?)，什么(步骤?)，何时(大多数人____?)，在哪里(你第一次____?)，为什么(那样说?)以及如何(区别____和____?)。

将受访者的措辞反馈给他们，你可能会得到进一步的回答。比如，“我听到你说工作与事业不一样，你能解释一下吗?”接下来，应该会出现策略性的沉默。如果你注意到某人在访谈中终于打破沉默，你就找到了基本的访谈技巧。保持沉默是希望你的受访者能够打破沉默。这也许会很难，但它确实很有用。

访谈并不一定只有谈话，作为访谈的一部分，回答者可能会被要求展示他们如何做某事(例如他们的网上求职策略)，描述他们在给定的一幅照片或一个视频中所看到的事物，或者给不同产品的照片排序，或者给一系列描绘他们理想的政治候选人的声明进行排序。

焦点小组

一对一访谈的明显劣势在于，不管受访者知识多么丰富、如何具有代表性，访谈者都只能得到一个人的观点，且并不知晓其他人对这些观点是同意还是反对。

一个引出和验证观点的常用方法是，将一小部分人组成一个焦点小组。一般由6～12个人组成一个焦点小组讨论情境，由一名**主持人**引导讨论感兴趣的话题。焦点小组可以用来探究人们如何诠释与回应政治运动信息之类的实际问题，或帮助研究者实施理论建构和假设。通常在调查之前使用焦点小组来提前测试调查问题，也可能会在调查之后使用焦点小组来帮助理解研究结论。

焦点小组基于以下设想，即从一群人讨论的话题中得出的观点比通过同样的人分别作为个体被访谈得出的观点，具有更高的质量、多样性和洞察力。换句话说，我们希望得到“2＋2＝5”的效果，但若在一位缺乏技巧的主持人的引导下，从一个结构很糟糕的小组讨论中很有可能得到“2＋2＝3”的结果。

通常，焦点小组的参与者是研究者通过判断选取出来的，用以代替已被定义的
200 人群，诸如中年已婚男性、刚退休的人或是求职的大四学生。在这样的小组中，研究者希望能够在讨论中找到关于该话题的多种观点。对主持人来说，关键词就是

“讨论”。主持人的目的在于要让小组成员进行讨论，并且尽量不露声色地将小组讨论的焦点基本维持在所讨论的话题上，剩下的就是小组成员之间的相互交流了。

与访谈一样，焦点小组可以非结构化，由其成员生成所有可能的问题解决方案；或者可以结构化，即成员回答一系列由主持人设定的具体问题。

出于多个原因，邦妮可以考虑使用焦点小组来考察学生们对社交媒体的使用。在这个迅速变化的领域，她可能需要理解新的流行语和术语，更加重要的是学生赋予这些词语的意义。从原则上来说，小组应该会产生一些她未想到的新观点，讨论过程中也会出现对社交媒体的赞成或反对的声音，以及社交媒体与求职过程的相关性。

焦点小组的主持人需要良好的访谈和沟通技巧，鼓励寡言少语的成员发表意见，让喋喋不休的成员停下来。主持人需要在允许小组成员自由表达和将讨论限定在话题上这二者之间取得平衡。为保证讨论的方向，最好事先准备一个讨论提纲，列出关键问题和问题的顺序。这个提纲有助于访谈顺利进行，也可以用来提示沉默的焦点小组，但理想的焦点小组是一群有一定程度互动的成员，在这种情况下，提示就毫无必要了。

显然，我们需要选择合适的小组成员。一般根据人口统计上的相似性（本例为学生）选择成员，但也会考虑到小组内部观点的差异性的最大化（例如，“高科技”创新者与尚未加入社交网站的学生）。

访谈者一般会用录音或录像记录小组讨论以便于后期分析。正如你将在后面的“实践中的研究”看到的，专业化运作的焦点小组通常在一个有单面镜的空间内进行，所以小组的观察者能够听到小组成员的讨论而不会由于他的出现打断讨论。小组成员可能会得到饮料和点心，也可能由于付出了时间而得到一笔微薄的酬金，或捐赠给他们所选择的慈善机构。

焦点小组可能会越来越多地在网络虚拟环境中开展讨论。这类小组成本相对更低，也能连通世界各地的小组成员，但是在一群人面对面的情境下，能否生成一样的结论还存在争议。比如，线上聊天会话需要键盘输入，这就意味着打字不快的成员参与的机会会被限制。基于网络的视频会议允许参与者彼此看到、听到，但它限制了在任何给定时间内可以进行交流的人数。

成功的焦点小组有明确的目标、良好的招募规则，因此，要组成合适的小组，需要对问题和设备准备充分，以及一个能倾听并保持对主题的自由讨论的主持人（Axelrod，1975）。

焦点小组能为研究者提供新的观点、概念以及词汇，成员们思考的深层逻辑，以及一些成员们同意或反对的观点。由于焦点小组成员通常大多数是通过判断性抽样或便利抽样被选取出来的，主要的缺点就是可靠性问题以及推广到更大范围群体的可能性。通常，可靠性问题可以通过组织第二个焦点小组，并比较二者的结论来解决。

民族志方法

访谈和焦点小组有个共同的缺点，那就是研究者不能在自然的情境中观察人类传播的行为。而研究者与这些行为离得越近，对它们的理解就会越深刻。正是这种基本的设想才让研究者观察和参与到诸如家庭、生产流水线、学校、医院或酒
201 吧这种自然情境的传播中。观察者和研究参与者可能有以下几种关系，每一种关系各有利弊，我们将一一探讨。

基本的研究者—参与者关系

一个需要做出的基本的研究决策是，我们要与那些我们试图理解其传播行为的人交往到何种程度。太远，我们可能看不到重要的细节和微妙之处；太近，我们可能会对参与者形成偏见，从而影响到我们的观察和报告，甚至可能影响我们得到的答案，或者影响我们所观察的行为。

正如物理学家提醒我们的，观察的行为本身会影响我们正在观察和报告的内容。我们力求与信息提供者保持一定距离，并站在中立的立场，或许我们会认为，亲近的个人关系会使我们更加准确地描述信息提供者的生活，尽管这些描述可能有我们自己的主观成份。

戈尔德(Gold，1958)描述了研究者和信息提供者之间四种“经典”的关系：

- 完全的观察者。
- 作为参与者的观察者。
- 作为观察者的参与者。
- 完全的参与者。

完全的观察者与信息提供者之间没有互动交流，信息提供者也不知道自己在被观察。

根据戈尔德的观点，“作为参与者的观察者”角色仅出现在单次方案中。研究者既然准备与信息提供者进行交流，就必须决定要观察什么以及要询问什么。因

为这种参与的程度比较低，有可能与很多人短时间共处，因而研究者就有可能对信息提供者的回答认识不足或者产生误解。

“作为观察者的参与者”这一角色通常出现在团体研究中，研究者可能会花费一些时间。经过一段时间，研究者与参与者之间会形成相互信任的关系，但是这种相互信任存在一些潜在的问题。比如，当他们的关系上升到友情的时候，一方或者双方可能会拒绝提出或回答会在一定程度上伤害友情的问题。显然，这个偏差不仅存在于研究者的观察中，也存在于他收到的回答中。

在“完全的参与者”角色中，研究者如此近距离地参与到信息提供者的生活中而他的身份却并不为人所知。研究者实际上伪装成了其他人而非真实的自己。他们通过扮演酒吧女服务员或大学生的角色来观察这些人的生活状态，但实际上仍为研究者。这种角色的潜在问题是，研究者可能会过度融入他们所扮演的参与者的角色，以至于不能做好研究者的工作，反之亦然。

如果我们想了解社交媒体在学生求职中所起的作用，那么我们可以在融入学生群体的程度上做出一些选择。作为“完全的观察者”，我们可以试着悄悄地在校园情境中观察手机和笔记本电脑被如何使用以及为什么被使用。在“作为参与者的观察者”的角色中，我们可能会使用“一次性”的访谈或者观察。而在“作为观察者的参与者”的角色中，我们可能会努力被邀请到宿舍或线上社交网站群体中，并且报告研究的结果。在“完全的参与者”的角色中，我们可能会加入专门讨论就业的线上讨论区，而参与讨论的成员并没有意识到我们作为研究者的主要角色。

在邦妮的例子里，这四种程度的关系都是有可能的。作为一位完全的观察者，她可以选择利用她的资源在学生们进入就业中心时随意地观察他们。她也可以成为完全的参与者，并请求加入一组即将毕业的大四学生群体中，跟他们一起做简历、求职、填申请表。

参与者与观察者的准确平衡，会影响到如何最好地研究你感兴趣的传播现象、 202
如何塑造你收集和呈现的资料性质，以及关涉你与研究参与者之间关系的伦理标准。

许多观察与倾听研究发生在民族志这一“大伞”下。**民族志**大致是对人类社会行为与文化的研究。“民族志”(ethnography 来自希腊语，ethnos 的意思是“人”，graphein 的意思是“写”)这一词说明我们要观察、描述和阐释人的行为。

一些民族志研究的原则(改编自 Kirsch，2001)是：

- 研究主要在自然的情境中实施。

- 将直接的观察与访谈相结合。
- 关注本地的、主观的知识和类别。
- 直接与社群成员相接触。

基尔希所指出，有一些重要决策必须要先于民族志研究做出。这些决策包括选取信息提供者，通过一对一或小组的方式进行访谈，选择结构化或非结构化访谈，以及怎样分析研究中的数据。

无论研究的是一个村庄、一个外科手术团队、一条生产流水线、一个电影制片厂还是一种本地酒吧的文化，民族志学者都在试图让自己浸入这种文化及其自然情境之中。他们试图精准地描述这种文化和行为以便定义它，并与其他文化区分开。他们试图理解这种文化的共享意义，以解释其中的行为和规范。然而这类问题很简单："在这种文化中事情如何以及为何完成？"但是对答案的获取以及对这些答案进行让人信服的解释可能会花费数月或数年时间。在实践中，研究可用的时间可能是有限的。比如，研究一群学生一个学期是可能的，而不是他们四年大学阶段。这就意味着一些传播学研究是"有民族志意识的"，而不是需要研究者完全浸入一年甚至更长时间的完全的民族志方法。

所有类型的民族志方法在实践中都从正式或非正式的守门人开始，他们使研究者进入一个社群或一种文化成为可能。正式的**守门人**是那些得到他们的允许便能正式进入的个人。比如进入一个工作团队，通常需要管理层的正式批准，而且研究者可能要为此提供书面保证，为这个组织及其成员保密，在研究中也不会涉及其竞争对手，不会将其保密信息公开发表。

即使这些正式批准是需要的，研究者进入所要研究的社群也不是那么容易的。为了进入该社群，需要**关键信息提供者**。这些个体是研究社群的一部分，他们出于自己的原因而同意将研究者介绍进他们的社群，让研究者的工作没有威胁性地合法化。

一些研究需要研究者进行伪装，比如"伪装"成病人或者学生（参见本章"伦理专栏"）。对社群或文化如何以及为什么运转真正有兴趣的研究者很可能会坦诚地公开自己的身份，这就减少了可能出现的怀疑及其他问题。如当工作组的成员发现他们的"同事"并不是真正的职员的时候，会认为研究者是一个骗子。

所有的民族志方法都包括细致的观察和记录，通常以冗长的笔记的形式呈现，但录音和录像也被认为是适宜的方式。不管采用哪一种媒介形式，研究者的目标
203 都是记录丰富多样的数据：行为、着装、布局、仪式和礼节、语言特别是与具体用语

相关的意义、问候和招呼、对权威的尊重、男女关系、老幼关系、上下级关系、对时间的使用以及工作与社交行为，等等。

大体上，民族志学者的记录可以分为三种。最基本的记录是**描述性笔记**，关于人类的相互交流、语言以及情境等细节都是民族志的焦点。另外两种记录也是必要的。**方法性笔记**记录了民族志学者用以收集任一给定日期的数据所使用的具体方法，比如直接观察法、小组访谈法、与信息提供者谈话或者阅读文献。方法性笔记之所以必要，是由于方法和数据之间的联系。比如，个体在一对一的访谈中与在焦点小组情境中的行为和语言很有可能不同。

分析性笔记是民族志学者为了理解和阐释描述性笔记中的原始数据而写的。它们是自我反射的，民族志学者会反复地审阅。比如，随着研究的深入和数据的增加，邦妮关于学生对社交媒介的使用得出的结论和阐释毫无疑问会逐渐改变。另一位研究者可能最初认为两个个体间的权力关系最好是通过不同年龄或对权威的尊重而得以解释。慢慢地，随着她收集到更多的数据，她会发现权力关系最好用技术水平解释，因为这种阐释会让观察和访谈更进一步。如此对数据"融会贯通"，方法性笔记和分析性笔记会继续深入，直到民族志学者认为获取不到更多的信息，他已经考虑到了所有可能的解释，并且认为自己对所研究的文化已经有了最好的理解。

在这一点上，这项任务就变成了写下尽可能最好的叙述，向感兴趣的读者解释这一文化群体的成员怎样生活。将民族志报告与定量方法论者的报告区分开来的一个特点就是使用参与者自己的语言。

民族志的起点

"具体应该关注什么呢？"这是一个对民族志研究者来说很难回答的问题，因为这里有太多可关注的方面了。社会语言学家戴尔・海姆斯(Dell Hymes，1974)在他的**交际民族志**中提出，交际行为可以不被看作一种社会文化实践，因此对民族志方法的研究是开放的。为了研究一种文化中的交际行为，海姆斯提出了六个基本的单位，研究者可以选取其中的一个作为研究的框架。这些单位是：

言语社区：分享共同的符号、语言的群体，这些共同性使之区别于其他群体，此外还共享言语的管理规则，比如一组通信专业的人。

言语情境：一个言语社区的人交谈时的场合，比如一个研究方法的介绍班，或一场年度颁奖晚宴。

言语事件：发生的具体的言语活动，比如一个学生的陈述，或一个颁奖演说。

交际行为：在一个言语事件中更小的一级言语单位，比如询问一个问题，或讲述一个笑话。

交际风格：某人独特的言语风格，比如习惯性地讽刺，或使用“极客”（geek）术语。

言语方式：言语的各种风格被用于具体情境和事件之中，或者成为一种文化的特色，比如，在上课一开始，学生应该在老师讲完话之后再讲。

204 从以上单位中选择一个来研究，你就可以通过海姆斯建立的一系列问题来分析（Dell Hymes，1974）。这些问题可以总结为“SPEAKING”，其中每一个字母都可以帮助研究者记录一个言语社区的语言和意义。“SPEAKING”代表的意义是：

情境（Situation）：活动发生的背景以及他们作为其中一部分的整个场景，比如一间大学教室。

参与者（Participants）：出现在言语情境中的人，在这个情境中他们有各自的角色，彼此之间存在关系，比如教师和学生。

目的（Ends）：传播学研究的目标结果或目标意图，比如掌握传播学研究的语言。

行为（Acts）：将意义传送给参与者的语言和行动，比如，教师演示一种具体的研究方法。

基调（Key）：说话的语气，它听起来是怎样的，比如，语气是正式庄重的还是友好亲切的。

工具（Instrumentality）：用于交流的途径或方式，比如线上讨论群。

规则（Norms）——控制语言以及阐释语言的规则，比如只能等到老师讲完学生才能提问。

类型（Genres）——在大多数文化中能找到的语言的传统形式，比如毕业演说、竞选演讲、讲座和祭文。

通过海姆斯的分析单位，我们可以描述人们是如何交流的，他们交流的模式如何，以及语言是怎样被使用和理解的。这个方法并不是民族志的唯一切入点，但是强调交际和要问的具体问题将帮助你集中注意力，并找到一项民族志研究潜在的起点。

乍一看民族志，你可能会觉得它没有条理并且目的也不明确，尤其是刚学习过实验法的内容，实验法是以非常具体的研究设计去检验非常具体的研究假设。不管怎样，民族志确实有自身的严密性。想象一下你要完全记录一个社群的生活，只需要简单地用摄影机记录下其所有活动。很快,问题就出现了:“记录的是谁?”“什么时候记录的?”“记录单个人还是群组?”“特写镜头还是远景镜头?”“记录会对被记录的人的行为产生什么影响?”这些问题的解决是在指引摄影机往一个目标录制,这就暗含了一个工作原则,即采用一个比其他视角更有效的视角。接着,我们不得不对长达数小时的原始视频进行阐释,很快问题又来了,“怎样理解?”而这个问题的答案又暗含了另一个工作原则,即什么样的内容是重要的,以及如何更好地分析它。

民族志与其他研究方法一样也需要一个理论起点,一个能区分出什么将被研究和什么不用被研究的可操作框架,一个清晰地解释如何获取和分析数据的方法描述,以及怎样做报告、怎样分析对民族志社群和被研究的社群是可靠的。

民族志可能会唤起我们脑海中这样一幅图景,在遥远的地方,最早的探索者们戴着头盔生活在奇怪的部落里。作为对严肃地、坚定地、投入地对他者传播行为探究的形象比喻,这样的图景有一定的合理性,但民族志学者的兴趣到今天仍然是紧跟时代脚步的,正如网络民族志和网上生活研究所表现的那样。

观察性研究

观察性研究通常是在自然情境中记录和解释个体和群体的行为。民族志显然是建立在观察的基础上,但并不是每个观察性研究都是民族志。例如,你可以在一个摇滚音乐会上观察粉丝的行为,但没有做所有民族志研究通常需要的深度访谈 205
或者长期的观察。戈尔德的“完全的观察者”可能无法发展出同社群之间的关系,而这恰恰是一个它描述的完整的民族志所需要的(Gold,1958)。他“作为参与者的观察者”,不像“作为观察者的参与者”和“完全的参与者”那样容易取得成功。

许多定性研究是非民族志方法、观察式的研究,大多聚焦于传播行为。比如,观察课堂上的师生互动,或观察致力于解决问题的小组中的师生互动。在这两个例子中,观察性的方法并非必然要给出对老师、学生或小组的成员意味着什么这类解释,但可能会有关于传播行为的有效发现,甚至可能会有允许我们进行预测的可靠结果,我们可以去预测一种独特的教学风格对寡言少语的学生是否有效,或哪些特定行为最有助于或阻碍团队解决问题。

观察性的研究可以使用许多之前提到的方法,也许是调查的方法甚至是实验性研究方法。比如，在研究者确定的条件下，可以专门成立一个小组来解决研究者的问题。

在另一种极端情况下，研究者可能和被研究的个人一点联系都没有。这种方法用的是非介入性研究，如下所述。

非介入性研究

作为一个一丝不苟的、有质疑精神的研究者，当你在回想人们告诉了你什么的时候，至少会想到这样一个问题："他们告诉我的，与他们的行为一致吗？"实际上，二者之间是没有必然联系的。比如，许多人认为民主是重要的但是却不会去投票，有人可能会说身体好很重要但是却不会去节制饮食或者锻炼。有没有办法可以直接检视人们的行为，并将其与他们可能告诉你的联系起来？答案是肯定的。如上所述，参与式观察是一种办法，但是我们作为观察者出现会影响观察。

非介入性研究是另一种办法，在人们丝毫没有意识到的情况下记录他们的行为。非介入性研究可以用于检视信息提供者就他们的行为所做的陈述。对于有关个人安全和健康的行为而言，这一点很重要，在这里言语和行动之间可能存在一条鸿沟。比如，假设我们的研究参与者确定地告诉我们，他们绝不会开车时发短信，并且总是会系安全带。真的吗？看看校园交通事故就可以知道有多少是开车时发短信造成的，有多少是没系安全带造成的。你对你的信息提供者对健康饮食的陈述是否与实际相符感兴趣吗？你可以非介入性地观察校园餐饮行为，了解自助餐厅托盘上芝士汉堡和水果的比率，或者你可以请求餐饮服务管理者提供卖得最好的食物的数据。你想要调查学生的饮酒行为？那就去宿舍或公寓的垃圾桶检查吧，甚至可以去查找校园警卫处的记录。对于校园政治情感的调查，你可以看看职工或学生车辆上的竞选标语或涂鸦。一位汽车商如何选择电台做广告呢？我所认识的一位汽车商让他负责车辆保养的员工记录每一辆车来保养时开车的人听的是哪一个电台。

大多数非介入性研究不会直接去检查任何一个人的自我陈述，然而他们就人们的自我行为报告是否可靠会进行大致的了解。

会话分析与个案研究

建立在观察与倾听基础上的研究方法很多。比如**会话分析**，它是一种分析人们如何达成理解以及理解的规则的方法。如果会话或讨论中提出了一个问题,那么决定这个问题是否能得到回答的规则是什么呢?如果这个问题无法得到回答,那么接下来这个会话会如何进行下去呢?因为这个方法在实践中是对记录会话的文本进行分析,我们将在第十三章对会话分析进行更深入的讨论。 206

个案研究可以概述为:汇集所有相关的信息来写一个翔实的故事,帮助读者理解其他组织或个人如何管理项目、应对问题及危机。这个故事的目的通常是通过一段史实或者一个案例分析来帮助读者处理类似的情形。访谈、焦点小组、观察、调查都是可以用来做个案研究的。

本章提及的研究方法都是从基本的研究问题、目的或者理论开始的,接着进行研究设计、抽样,或选择参与者以及收集资料,从资料分析中得出结论。

〉理解定性资料

当你通过观察和倾听收集人们传播行为的资料时,你记录的是言语而不是数字。问题演变为怎样建立秩序感以及阐释数小时的录音录像记载的内容,一篇篇、一盒盒的笔记、誊抄材料或观察结果说明了什么。

几乎所有定性数据分析的基础都是**归类**。也就是说,将每条数据标识为属于研究人员预先设定的特定类别或者由数据本身生成的特定类别。通过分析这些类别以及类别之间的关系,研究者能够看到行为或思维方式,从而阐明他们的研究兴趣。

基本上,有三种方法可以将这些定性资料归类:第一种是将资料归入不会再改变的、预先安排好的具体类别(固定编码);第二种最开始是理论上将资料分类好,但当新的资料出现时类别(弹性编码)可能会发生相应变化;第三种是最开始没有事先形成的分类,从而允许在资料分析的过程中形成分类和理论(扎根于资料的编码)。

固定编码

这类编码通常意味着将信息单元分配给事先设定的分类,接着计算这些不同单元发生的频率。比如,假设我们想要了解学生对社交媒体的使用情况,我们可能会用**固定编码**,从使用与满足理论的观点来假设。这里有四个重要的因素用以解释学生的社交媒体使用，即便利、放松、逃避和社交。我们可以建立一个记录表，记录我们在资料中所提到的那些因素出现的次数，如表 11.1 所示。

表 11.1 定性资料的样本分析表：事先确定的分类

了解学生的社交媒体使用情况		
理论上的归类	**提及次数**	**被认为重要的原因**
便利		
放松		
逃避		
社交		

弹性编码

固定编码的问题是，当我们浏览访谈或焦点小组的记录时，不会出现“其他”分类，而后者将出现在我们的访谈或是焦点小组所做的抄本中。另外，我们倾听的首要原因是想获得新的观点。由此，我们需要**弹性编码**，预留给新的种类填补，而不是硬性地将每一条信息都勉强放进事先形成的分类或者是附加到过于普遍的“其他”这一种类。

比如，当我们看到人们对社交媒体使用的回答时，发现这出于两个普遍原因——便利和社交。在分析对便利的阐释时，我们可以通过几个不同的概念来细
207 化“便利”：地理上的（我可以在家里社交）、时间进度（我可以在任何时间社交）、可携带性（我可以通过手机或平板电脑社交），以及花费（我不会因为缺钱而不便于去看电影或去餐馆）。这些观点都是在“便利”这一大伞之下，由此我们可以建立四个子类别，如表 11.2 所示。同理，“社交”也有三个要素，其中“放松”和“社会交互”是可预测的。另外，鉴于学生可以向其他学生和最近毕业的学生学习，这是与职业和不同类型的雇佣关系紧密相关的社会行为，所以线上社交也是一个社会学习的机会。如果学生们对于社交媒体的理解还包括了像 YouTube 这样的视频站点，那么他们甚至可能是在学习职业行为，可以具体到司法、医疗保健、商业、娱乐等方面，
208 他们基于从这些站点学到的东西，甚至可能会改变其所选择的课程或专业。这显然是个新概念，因此设立一个新的名为“职业技能”的社会学习分类是合理的。目前，对视频站点的使用也被看作社交的一部分。但是从研究进程来看，我们会认为

这主要是涉及职业发展的新概念，因此我们使之合理化，即将其设立为第三个主要类别，与“便利”和“社交”并列。

表 11.2　定性资料的样本分析表：从资料而来的分类

<table>
<tr><th colspan="4">了解学生的社交媒体使用情况</th></tr>
<tr><th colspan="3">从资料而来的分类</th><th>研究笔记</th></tr>
<tr><td rowspan="5">便利</td><td>地理上的</td><td rowspan="3"></td><td rowspan="12">1. 其中哪一个最常被认为是使用社交媒体的原因？
2. 工作日晚上的放松和周末的放松存在差异吗？
3. 对于同一概念我是否会听到不一样的表述呢？
4. 住校生和走读生告诉我的是同一回事吗？
5. 注意：需要写一个学生们认为真实可靠的说明。</td></tr>
<tr><td>时间进度</td></tr>
<tr><td>可携带性</td></tr>
<tr><td rowspan="2">花费</td><td>金钱</td></tr>
<tr><td>时间</td></tr>
<tr><td rowspan="7">社交</td><td rowspan="2">休闲</td><td>赌博</td></tr>
<tr><td>社会计划</td></tr>
<tr><td rowspan="3">社会交往</td><td>紧跟流行</td></tr>
<tr><td>专业工作</td></tr>
<tr><td>关系网</td></tr>
<tr><td rowspan="2">社会学习</td><td>职业</td></tr>
<tr><td>工作行为</td></tr>
</table>

许多对人类行为的定性分析都衍生于斯特劳斯和格莱泽（Strauss and Glaser，1967）的“扎根于资料”的理论。它不是用资料去测试一个理论或者假设，而是通过资料建构理论。

一个基础的**扎根理论**方法是“持续比较法”。运用这一方法时，我们会审视在观察过程中出现的陈述和想法，并将每一个叙述归类。持续比较法包括测试我们已发展出的分类中的每一个新的陈述或想法，并在资料分析进行时根据需要对类别进行再整理。实际上在前面我们分析学生的社交媒体使用情况时就已经做过这样的分析，并且还整理出了表 11.2。

》淹没于海量信息中？软件来救援

正如统计程序能处理数据资料，也有能够处理包括文本、音频、图像、视频和社交媒体聊天在内的定性资料的程序，比如 QSR 国际的 NVivo 软件、Atlas. ti 的 Atlas. ti 软件以及 Research Ware 的 HyperRESEARCH 软件。

基本上，这些程序都允许用户输入访谈文本，接着搜索词语或短语，再将它们组合标记为一个类别。新的编码分类可以是从资料检视中出现的新想法。在这个程序中，你可以搜索某一术语，在语境中检视该术语，显示关键术语的频率，定义回答者所描述的关系，如，“____”是“____”，“____”是“____”的一部分，“____”导致“____”，也可以制作图形表示术语之间的关系。每一种软件包通常都有教程、网上讲座、免费试用以及用户论坛。

伦理专栏

当教授变为学生

Nathan, R. (2005). *My freshman year. What a professor learned by becoming a student*. lthaca, NY: Cornell University Press.

丽贝嘉·纳珊是一位50多岁的人类学教授，她发现自己不够了解学生以及他们的生活。她利用休假的时间，用高中成绩单申请登记进入她所在的大学，作为一名大一新生学习一学期。她搬进大学宿舍，上全天课程，在学生食堂用餐，参加学生社团，玩排球和美式足球，当然，还要按时上课以及完成(大多数)作业。

为了了解学生生活，她对同学做了一些访谈，对教授和学校行政人员进行了观察并与之互动。她所探索的问题包括友谊、种族关系和社会生活、课堂参与、课堂上吃东西和睡觉的现象、剽窃、行程冲突、放弃阅读和作业情况、不节制饮食，以及与教师之间的关系。

209 纳珊并未主动说她是教授，但也并没有对谁撒谎，特别是有人问她的时候。在日常的互动中，她允许学生把她当作他们中的一员。在实施正式访谈时，她将自己定位为一位研究者，解释她的研究，获得出版所需要的信息提供者的书面许可。当一些同学与她产生了亲密的友情时，她也会告诉他们她的真实身份。

一方面，纳珊因以这种方式来提升自己学术事业而遭致批评；另一方面，她也因为遵循了规范的程序而饱受赞扬，如获取知情同意和获得大学研究审查委员会(IRB)的许可。

关于这种“卧底”研究，在学术界观点是褒贬不一的。

复习第三章并回答以下问题。

问题

- 为什么纳珊女士不想公开自己的身份、职业以及在校园里的原因呢？
- 你是否觉得这个研究涉及的学生完全被利用了？
- 这个研究哪方面让你觉得不能接受？如果有，为什么？

● 她的研究获得了大学机构审查委员会的支持，你是否同意这个机构的决定？为什么？

参考资料

美国心理协会心理学家道德准则与行为守则：http://www.apa.org/ethics/

美国传播协会传播学者/教师专业道德守则：http//www.natcom.org/publicstatements/

实践中的研究

提升清洁能源

在30年的广告事业中，我盯着这个焦点小组的单面镜肯定已经超过500次了。虽然对过程了如指掌，但我从不厌烦。事实上，在寻找令人惊讶的事物上我从未失败过。

其中一个案例发生在2003年，一些我曾咨询过的客户，如清洁能源国家联盟和SmartPower公司，需要对这一复杂情形了解更多：

清洁能源供应者已占领大部分市场，试图让消费者将他们的电力供应者换为可再生能源公司，而他们每个月的电费将增加6～10美元。众多消费者曾告诉他们："我喜欢清洁能源，我愿意每个月多花点钱来支持它。"然而，当他们走进市场的时候，即使大量的广告展示冒烟的烟囱和咳嗽的孩童，也很少有人会买 210
账，所以我们需要弄清楚消费者的言、行之间为何脱节。我们雇用了一个小规模但很灵活的纽约公司Gardner Nelson来为我们执行一项营销方案，该机构力劝我们组织焦点小组。

于是我们在康涅狄格州和马萨诸塞州从消费者、商人以及"意见领袖"中招募了六组人员。我们的理论是，如果你想要知道人们对某事物的看法，那就将它从他们身边拿走。我们给参与者铅笔和纸，让他们想象化石能源已经枯竭，他们的任务是为此写一则讣闻。

我们的发现出人意料地反常：人们对化石能源的批判比我们想象的要少得多。虽然他们意识到了污染问题，但他们仍然将化石能源视为必要的，因为它是驱动这个世界运作的可靠能源。

这里是案例摘录：

"化石能源之所以枯竭，是因为一场漫长而缓慢的疾病，它被称为贪婪……目前，这个世界在转向太阳能和风力资源，但还有一些缺陷需要弥补，问题需要解决。我们能再次感受到温暖吗？思念你，化石能源。”

——马萨诸塞州意见领袖

令人惊奇的是，在每一则讣闻中，化石能源都是因它们被用尽而枯竭。没有人认为是因为它们不好，或是因为人们找到了更好的能源方案。

我们还发现，回答者出乎我们意料地了解清洁能源，他们知道清洁能源被制造出来了但并不认为它可以胜任一切。它被视为“有缺陷尚待解决”的“古怪事物”。

一个想要鼓励他们在情感层面做出回应的途径是，拿走他们的理性工具包：词汇。所以我们的下一步是让回答者想象用以掌控世界的所有能源都是清洁性的，给他们彩笔和纸，让他们画出清洁能源的世界应该是什么样的，并写上这幅图景的日期。

几乎在所有的画里，清洁能源都是微弱的，并不能掌控世界。每个人都画了多种多样的清洁能源，太阳能板、水能，甚至是航行动力车！画上的时间很能说明问题，他们的世界或早在过去（1700 年），或在之后数十年（2050 年、3000 年）。

我们也了解到人们把清洁能源看作如科幻小说般的想法。回答者这种态度的症结在于，清洁能源并未被认为已经准备就绪。回答者认为清洁能源需要付出巨大的代价。他们并不认为清洁能源技术现在已经足够强大，或其数量足够使用，可替代化石能源。

从讨论中得出的另一重要结论是自给自足。关于什么会致使我们的回答者付诸行动，它给出了清楚的提示。对国外资源的依赖也是一种深层的恐惧。

基于这些焦点小组得出的结论是：我们的广告策略需要从两个关键点制定：清洁能源比你想象的更真实、更富有力量；它有助于我们的能源自给自足。

211 根据这项研究，该机构提出了一个创造性的信条，它与先前的“有利于生态环境”的努力大为不同。自给自足的概念被构建成更长的重复单元，我们设计了一系列单一主题的 15 秒电视广告宣传片来表达这个理念。每一则广告都以让人惊讶的数据开始，“现在美国可以生产的清洁能源足够供 11 个州的每一个家庭使用”，以及“现在美国可以生产的清洁能源足够供纽约、新泽西州、宾夕法尼亚州、马萨诸塞州、康涅狄格州和罗得岛州的工厂使用”。每一则广告都以这样一行字结束：“它是真的，它就在这里，它正在起作用。”随后出现我们的口号：“清洁能源，让我们做得更多。”

若没有我们焦点小组的创新设计，我们就不会想到这个广告策略。正是这样，今天那则广告成真了，它就在这里，它正在起作用。

——理查德·厄尔提供

理查德·厄尔(Richard Earle)在纽约的六个机构有长达30年的广告从业经历，最近是在Saatchi&Saatchi公司，他是这家公司的执行副总裁、创意总监。在这期间，他监管了Procter&Gamble和Johnson&Johnson的大多数商业活动，经营过50个全国性品牌。目前他作为弗吉尼亚州李斯堡瑞吉斯小组的高级研究员，就品牌和社交市场提供咨询。同时他还是哈佛大学公共健康学的讲师，著有《引导市场的艺术：怎样使用广告来改变个人行为与公共政策》(*The Art of Cause Marketing：How to Use Advertising to Change Personal Behavior and Public Policy*)(McGraw-Hill，2002)。

本章要点

- 定性方法通常基于每一个人都是特殊的，他们对这个世界有着独特的、自己主观的看法，因此无法将研究结果推及更大的范围就不再被认为是问题。
- 定性研究可能从理论上导出假设开始，抑或从它所分析的数据中发展出理论。
- 在调查和实验中研究者更倾向于使用定性方法，因为使用定性方法能够更好地用人们自己的话表述他们的观点。
- 定性研究可能是被结构化的，并且聚焦于事先设定好的问题，或者全程保持开放，引导信息提供者自愿提供观点。
- 定性研究的结果通常是用参与者的语言呈现。
- 参与或非介入观察对人们的言辞与行为是否一致具有检视作用。

重要术语

行动	交往行为
分析性笔记	交往风格
个案研究	对比性问题
归类	会话分析
描述性笔记	主持人 212
描述性问题	规范
目的	观察性研究
民族志	参与者

传播民族志
固定编码
弹性编码
焦点小组
完全结构化访谈
守门人
类型
扎根理论
信息提供者
工具性
受访者
访谈者
关键
关键信息提供者
方法性笔记
提示
回答者
半结构化访谈
顺序
情境
背景
言语社群
言语事件
言语情境
结构性问题
结构
对象
非结构化访谈
使用与满足理论
言说方式

应用练习

练习 1：一个民族志研究

回顾本章邦妮的例子，这位就业服务中心主任对学生们如何使用互联网找工作充满兴趣。你确定关于学生借助互联网求职的行为与想法的最优见解来自深入的民族志研究。

运用本章所述的德尔·海姆斯的问题，设定你此项研究的方案。方案应该包括关键信息提供者、观察大纲、询问研究参与者的问题、要查阅的媒介内容以及在研究开展之前可能需要获得的任何允许。

练习 2：一个访谈

你对学生如何使用互联网找工作感兴趣。假设一个结构化访谈，提出具体的问题是获知答案的最好方式，写下这些问题，访谈一个你认识的、线上求职经验丰富的学生。

练习 3：方法的对比

邦妮对学生使用社交媒体的兴趣是为了确认学生在网站上找到的招聘信息、服务和训练，以及他们如何使用社交媒体，使用社交媒体求职的感受如何。列出完成这
213 项研究需要采用的方法，包括定性的和定量的。比较这些方法各自的优点和缺点。

推荐阅读

Denzin, N. K., & Lincoln, Y. S. (Eds.). (2005). *Handbook of qualitative research* (3rd ed.). Thousand Oaks, CA: Sage. 这本书是对定性研究的总结。

Krueger, R. A., & Casey, M. A. (2000). *Focus groups: A practical guide for applied research* (3rd ed.). Thousand Oaks, CA: Sage. 这本书涵盖了计划、运作焦点小组以及分析、报告结果的实际操作。

Lindlof, T. R., & Taylor, B. C. (2002). *Qualitative communication research methods* (2nd ed.). Thousand Oaks, CA: Sage. 这本书用事例展示了如何设计、执行和以文字呈现定性研究。

Morgan, G., & Smircich, L. (1980). The case for qualitative research. *Academy of Management Review*, 5(4), 491-502. 作者认为定性研究是思考的方法，而非具体的工具，其适用性取决于研究现象的类型。

Savage, J. (2000). Participative observation: Standing in the shoes of others. *Qualitative Health Research*, 30(3), 324-339. 本文认为参与式观察是基于特定的哲学立场，如果参与式研究是有用的、有意义的，那么应当明确这种立场。

Spradley, J. P. (1979). *The ethnographic interview*. New York: Holt, Rinehart & Winston. 这本书描述了进行一项民族志研究所需的 12 个步骤。要想知道这样的研究如何具有可读性，参见 Spradley's *You Owe Yourself a Drunk: Adaptive Strategies of Urban Nomads* (1970) and *The Cocktail Waitress: Woman's Work in a Man's World* (1975)。也可参见 Spradley's *Participant Observation* (1980)。

Whyte, W (1979). On making the most of participant observation. *The American Sociologist*, 14, 56-66. 这是篇关于参与观察的经典论文。

推荐网络资源

Atlas. ti: http://www.atlasti.com/product.html。

HyperRESEARCH: http://www.researchware.com/products/hyperresearch.html。

NVivo: http://www.qsrinternational.com/products_nvivo.aspx。

以上为三种定性资料分析的软件包。

传播民族志：http://www.cios.org/encyclopedia/ethnography/index.htm。这是有关在线奖学金电子通讯百科书的交流机构中德尔·海姆斯民族志的概述。

定性社会研究论坛：http://www.qualitative-research.net/index.php/fqs。

这是一个开放访问的定性社会研究在线学术期刊网站。

定性研究顾问协会：http://www.qrca.org。该网址可链接到定性研究从业者。

萨里大学社会研究动态：http://sru.soc.surrey.ac.uk。该网站有采访焦点小组、研究设计与分析等资源。

参考文献

Axelrod, M. (1975). Ten essentials for good qualitative research. *Marketing News*, 8, 10-11.

Curt, B. C. (1994). *Textuality and tectonics: Troubling social and psychological science*. Buckingham, UK: Open University Press.

Geertz, C. (1973). *The interpretation of cultures*. New York: Basic Books.

Glaser, B. G., & Strauss, A. L. (1967). *The discovery of grounded theory: Strategies for qualitative research*. Chicago: Aldine.

Gold, R. L. (1958). Roles in sociological field observation. *Social Forces*, 36 (3), 217-223.

Hymes, D. (1974). *Foundations in sociolinguistics: An ethnographic approach*. Philadelphia: University of Pennsylvania Press.

Kirsch, S. (2001). Ethnographic methods: Concepts and field techniques. In R. A. Krueger, M. A. Casey, J. Donner, S. Kirsch, & J. N. Maack (Eds.), *Social Development Paper # 36: Social analysis: Selected tools and techniques*. Washington, DC: World Bank. Retrieved from www.Worldbank.org/reference.

214 Spradley, J. P. (1979). *The ethnographic interview*. New York: Holt, Rinehart & Winston.

Xerri, R. C. (2005). *Gozitan crossings: The impact of migration and return migration on an island community*. Qala, Malta: A&M Printing Ltd.

学习网站

访问学习网址 **www.sagepub.com/treadwell2e**，可获取以下资料：

- 网络资源；
- 推荐阅读；
- 电子抽认卡；
- 研究问题。

第十二章 / 内容分析法

Content Analysis

用数字理解文本与图像

Understanding Text and Image in Numbers

内容分析法意味着
对可观察事物的计算，
用分类和计算
做基本的分析，
进而对言语、文本、画面有深刻的理解。

本章概览

内容分析的媒介包括已出版的和未出版的，从莎草纸到播客，以任何形式记录的传播载体。研究媒介内容的方法与研究人类传播行为的方法一样种类繁多。从一般意义上讲，任何针对媒介内容的研究都是内容分析，但在传播学研究中，这个术语通常指一种量化的方法，以及一系列旨在确保系统的抽样、编码和媒介内容计算的具体步骤。其他方法主要是定性的方法，将在第十三章讨论。

开篇问题

- 为什么我想要用内容分析法来分析文本？
- 分析文本和分析人类行为有何区别？
- 内容分析的信度和效度如何？
- 为什么我更倾向于分析文本而不是人类行为？
- 内容分析能够避免出现偏差吗？

216 》引言:内容分析的优势与劣势

在传播学研究的语境中,内容分析是一种对显明的传播内容进行客观的、系统的、定量的描述和分析的研究方法(Berelson,1952)。

- “定量的”是指我们必须通过计算来展示那些我们感兴趣的事件。
- “系统的”是指我们必须考虑到样本的所有方面,不能随意挑选某些方面来分析。
- “客观的”是指我们要用明确定义的标准选取要分析的单位以及对它们进行分类。
- “**显明的**”是指我们所要分析的传播内容必须是可感知的、可观察的。例如,我们不能计算消费品广告中的爱国主义,因为爱国主义是个非常抽象和**隐蔽**的概念。我们可以计算的是“爱国主义”的含义出现的频率,这个频率包括国旗的出现,或者爱国主义音乐演奏的分钟数。

一些研究者认为,隐蔽的内容也是可以被研究的。隐蔽的内容与显明的内容之间的不同基本上是测量一个概念(如爱国主义)与测量使这个概念可操作化的变量(如国旗出现的次数)之间的不同。你可以在第五章中回顾这方面的内容。

通过系统的抽样、编码以及计算媒介内容,与内容有关的所有形式都能有所发现。什么形容词可以区别左翼政治家和右翼政治家对全球变暖的不同描述? 20世纪 50 年代的摇滚歌曲与千禧年的摇滚歌曲对爱的态度有何不同? 就人口数量而言,少数族群在广告中是否过多或过少地出现? 大学车辆的保险杠贴纸上支持最多的是哪一位政治候选人? 人们在电子邮件中进行亲密交流的语言与在电话中有什么不同?

内容分析被用于检视报纸广告中的环境主题(özkoçak&Tuna,2011)、电视真人秀中的反社会行为(Wilson、Robinson & Callister,2012)、YouTube 上的肥胖形象(Yoo&Kim,2012)、动作片中的冒险行为(Beullens,Roe,& Van den Bulck,2011),更为普遍地,媒体呈现的是健康、亲子关系、食物、宗教信仰、社会群体、政治家以及职业。

分析几乎所有已被记录的媒体内容是可行的,这些媒体可以是报刊、广播、网络,以及广告牌、T 恤、牌照、草坪标语、图片、情书或推特。

内容分析的优势在于它对系统性编码、计算以及分析内容的强调，任何内容分析研究的程序都应该是明确的、准确的、可重复的，以便于其他研究者证实其研究结果。通常内容分析的材料是可轻易获得的，可能是演讲、皂液或者女士内衣的广告、BBC 外国新闻报道、连环漫画，或是《纽约时报》的社论。由于内容分析是对媒介内容的研究，所以并不一定涉及参与者，往往也不用获得研究许可。当然，如果一些内容尚未出版或者是私人的，比如日记或往来的电子邮件，可能接触该内容以及发表相关内容的分析研究成果需要获得许可。因为内容分析会涉及关于内容属性的评价，你可能需要招募一些小组成员，针对类目建构做出独立的判断。

内容分析处理的仅仅是内容的问题。例如，"自 9·11 以来，电视媒体所呈现的军事内容是否有变化?"是一个很适合进行内容分析的问题。"媒体的军事报道是否导致更多的人参军入伍?"不是一个进行内容分析就能够回答的问题（尽管它便于回答）。 217

这个方法的局限性在于，如果用于比较，它就只有应用意义。一项单一的调查指出，如果竞选在明天举行，72%的选民将投票给竞选人 X，这一发现对竞选经理来说是有用的。然而，内容分析指出，一位候选人在竞选活动中用了"爱国主义"这个词 17 次，除非它有所指，否则没有意义。对于内容分析，我们感兴趣的问题是，"在候选人 X 和候选人 Y 的演讲中，他们各自表达爱国主义的频率是怎样的?"或者"在候选人使用的词语中，对爱国主义和环境保护的表达各自是怎样的?"或者"在整个竞选的过程中，'爱国主义'这个词的使用频率是增加了还是减少了?"

一个更进一步的问题——如果不是缺陷的话，那就是阐释。内容分析的传统视角是放在计算显明的或可观测的内容上。而在上面的例子中，我们可能是在计算"爱国主义"这个词语出现在某个政治家演讲中的频率，并且检测总体增长率。然而，我们并不能由此设想这个政治家随着时间推移会变得越来越爱国，这只能使我们假设他对"爱国主义"这个词的使用会越来越频繁。

"爱国主义"这个词出现的频率，并不能充分体现说话者对爱国主义的态度。一个充满激情的反对爱国主义的演讲，跟一个同样充满激情的支持爱国主义的演讲，使用"爱国主义"这个词的频率是一样的。在这个例子中，我们可以清楚地知道词语还需要在语境中被检视。其中一个方法是将我们要分析的单位定义为句子或段落而不是词语，然后将每一个句子或者段落按照对爱国主义是中立的、消极的还是积极的来进行编码。

以上示例体现了内容分析的效度问题。另外，在计算机对文本的分析中，信度可达100%。一旦编程，内容分析软件就能按照同样的方法对所有单位中的事件进行编码。编码员对一个单位要如何编码会有所不同，但通过每一个编码员对同一内容的分别编码，我们可以计算每一个编码员的信度水平。如果这个水平不能让人满意，我们就需要训练编码员直到他们的共识度达到可以被接受的程度，或者检视和修订编码方案。

》基础的内容分析

在下面的示例中，我们会跟着一个叫拉斐尔的学生，他对校园里的政治偏见很感兴趣。他了解到，新闻媒体报道说，有研究表明，高等院校倾向于开明派而不是保守派（Gravois，2007；Gross，2012）。如果真是这样，据此可能提出的问题是，教师的政治偏见在教室中显而易见，这使得学生们受到微妙的或是并不微妙的政治影响。

于是拉斐尔确定了这个具有理论性和实践性意义的话题。然而，他揣测如果就这一问题对老师进行访谈，可能没什么结果，因为许多人并不想被访谈或者因为接受访谈而使自己的政治观点被公之于众。他决定对教师的政治观点和他们表达的意愿进行间接的测量，这一测量可以通过间接地使用内容分析而得到。

他推测，教师车辆上常带有支持政治候选人的贴纸。这些贴纸的基本计数就是对教师政治偏见的间接测量，也是对教师想要公开表达观点的意愿的间接测量。

218 一般情况下，由于内容分析者所要寻求的是将传播内容做普遍化的解释，所以他们会采用科学的路径。系统性的抽样、对单位的清晰定义以及明确的归类，对任何内容分析研究来说都是重要的。

一个内容分析研究通常包括以下七个部分：

- 提出有关传播内容的假设或研究问题；
- 界定研究内容；
- 对**总体**内容抽样，“总体”对于媒介内容来说与“全体”对于人们来说是一样的含义；
- 选择编码**单位**；
- 制定**编码方案**；
- 按照编码方案对每个单位中的事件进行编码；

● 计算已编码单位的事件以及陈述它们的频率。

基于该程序，拉斐尔对汽车保险杠贴纸的基础内容分析将按照以下步骤进行：

提出研究问题

研究问题 1：教师是否会表现出公开表达政治观点的意愿？

研究问题 2：教师车辆上的贴纸是否是在宣扬一种政治偏见？

界定分析的内容

拉斐尔将他感兴趣的内容定义为汽车贴纸上支持的政治候选人。这些贴纸可能没有标示特定的政党，但是顾名思义，它们宣传了那些拉斐尔能够确定属于某个政党的候选人，如果需要，这些候选人的党派还可以通过国家选举委员会或类似机构的记录确认。他打算在研究中将"奋斗目标"类贴纸排除在外，比如那些提倡环境或社会变革的，或者支持军事化、和平运动的，或者教育的。尽管这些奋斗目标类的贴纸毫无疑问也会反映出他们基本的政治观点，但是拉斐尔认为，支持军事化或健康医疗或者保护濒危物种的这些贴纸内容可能会来自任何政党的成员，因此不能像政治竞选贴纸那样准确捕获政治倾向。

抽样

内容总体是教师车辆，它们能通过停车场的车位轻易被识别出来。拉斐尔决定到员工停车场进行抽样，时间定在每周三的上午稍晚时间到下午稍早时间这个时段。他推测这段时间在校园内停的车辆是最多的。他决定采用系统概率抽样，也就是说，他会使用随机量表来定位一开始抽取的车辆，接着每隔 N 辆选择一辆车，直到完成对所有教师停车位的抽样。

选择编码单位

编码单位是候选人的名字，这是竞选贴纸中最一致、最明显的部分。他将处理出现于同一贴纸上的两个候选人的名字，比如一个总统候选人和一个副总统候选人，因为最终的目的是通过隶属政党编码每一张贴纸，而不是通过候选人的名字。

219

制定编码方案

制定编码方案是指制定一个分类体系或者每一个样本单位所归属的类别。内容分析要求所有的抽样单位归属到各自的类别中去。比如车辆，可以通过各自的生产商进行归类，也可以通过颜色或是注册国归类。拉斐尔的研究设计不能在研究之前预先制定编码方案，因为他无法预计到他可能看到的所有候选人的名字。这就意味着他在研究的一开始就会记录候选人的名字，在研究结束时的名单上可能会增加一些新的名字。他的编码方案是从教师车辆的抽样过程中建立起来的候选人清单。

对每个单位中的事件进行编码

每一张候选人贴纸出现的次数都会被计算出来。为了简化数据记录，拉斐尔设计了一个简单的编号列表。他把记录的第一个名字编号为 1，第二个名字编号为 2，以此类推。没有出现新的名字时，这个编号系统就会停止编号。每一个重复出现的名字编号要与第一次出现时的编号保持一致。

计算已编码单位的事件以及陈述它们的频率

拉斐尔的研究结果是如表 12.1 的原始数据表。在这个研究中，当需要的时候他还要记录下每一位候选人的名字，并将其归入所属政党。如何实施？他有两个选择。因为他对整体的政治关系感兴趣，他可以事先设置一个简单的编码方案——“民主党”“共和党”“其他”，将每一位候选人的名字归入其中的一种。如果他计划的是更为详尽地了解归属的模式，那么另一个选择是，在将候选人名字转换成党派归属的过程中完善政党类别，这就意味着他将以“民主主义者”“环
220 境保护主义者”“共产主义者”“自由主义者”等来分类。之所以特别指出这一点，是因为这个编码方案会包含他在样本中涉及的每一个政党，“其他”这一类在这里没有必要使用。

表 12.1 对政治选举贴纸进行内容分析所得的数据编码表

	候选人名字	计数	计算	党派归属
1	威廉姆森	//////	6	其他
2	千百惠	///	3	其他
3	琼斯	/////////	9	其他
4	麦克里德	//////////////////	18	共和党
5	赛德勒欧	//////////	10	民主党
6	梅南德斯	////////	8	民主党
……	……			
无贴纸		//////	6	—

无论如何，在两种方案中，附加“无贴纸”这一类都是很有必要的，因为拉斐尔对没有候选人贴纸的教师车辆所占百分比也同样感兴趣。换句话说，当他对教师停车场进行系统化抽样时，他也记录下了没有候选人贴纸的车辆，并将这些车辆编码为“无贴纸”。

表 12.2 展示了汇总的数据，拉斐尔现在要解释他最初研究的问题。他抽样车辆中的 90%有候选人贴纸。那么他的第一个研究问题的答案就是，大多数教师会有公开表达政治观点的意愿，至少是表现在他们的车贴上。第二个研究问题是，是否会存在整体上教师归属于某一政党而不是其他的情况？根据他的数据，在 90%的有政治性贴纸的车辆中，教师政治性偏向被均等地分成了三类：民主党、共和党和其他。拉斐尔可以合理地得出结论，关于候选人贴纸的内容分析显示，教师没有主流的政治派别。他对研究结果的总体讨论将集中于这种观点：即便大多数的教师似乎愿意公开他们的政治偏向，但那些批评者所担心的教师有总体性政治偏见是不存在的。

拉斐尔的研究中有许多假设和问题，这些我们将在章末的“应用练习”中提出来。其中最明显的一个问题是，这种在车辆上贴着候选人贴纸而进入公共领域的意愿是否会以任何方式转化成课堂上公开的政治倾向。实际上，这里还可能有相反的观点，正是由于教师们在课堂上难以表达他们的政治观点，所以他们才倾向于在课堂之外通过车辆贴纸的形式来表达。这种对数据的分析可能会有不同的模式。也就是说，如果拉斐尔能够识别车辆的主人以及他们所在的专业领域，比如商业、科学和人文科学，他或许可能发现某些专业的教师比其他专业的教师有更多的政治偏见或更倾向于公开表达。

表 12.2 从表 12.1 汇总的数据

贴有竞选贴纸的车辆所占百分比	**54/60＝90%**
根据竞选贴纸的内容判断教师所属政党	
民主党	18/54＝33%
其他	18/54＝33%
共和党	18/54＝33%

》内容分析的扩展

上面的案例演示了内容分析的原则。下面的案例是关于扩展的内容分析，我们将展示一个很典型的学术项目背后的思考，这种项目涉及更多类别、不总是适用于某个明显类别和解决相关问题的单位，以及同时分析文本和视觉内容的可能性。

221 在这个例子中，我们又要探讨第一章讨论过的医药广告。第一章所概括的内容分析研究，是相比于医药产品不同种类的广告而言的，是从"三个有关医药广告的观点"中得出的，它检视了感性诉求和理性诉求的相对频率，对药效和药的副作用这些方面的具体细节是否存在或缺失也进行了探讨。

随着广告、新闻以及娱乐性媒体医药宣传的增多，许多相关的问题被提了出来。比如，报纸医药专栏在多大程度上报道了新药的失败和成功？白天的电视广告中出现的医药产品最显著的特点是什么？在主流都市报的新闻报道中，哪一种处方药出现得最为频繁？

让我们找一个相对冷门的研究——在现代连环漫画中医药的表征及使用。我们进行这项研究的理由是，连环漫画可能会加深读者对药品使用的印象，正如药品广告能够促进这类产品的销售。

从批判的角度来看，我们可能会提出，在充满卡通人物的日常生活场景中，药品的任何展示都可以使它们的使用对于弱势群体而言变得正当化，因此将漫画作为一种微妙的广告形式不合适。从公共健康或者司法公正的角度来讲，我们可能想知道，在大众传媒中，一种新事物的出现能否反映"街头"正在发生的事情或者是否即将成为新毒品文化的“诱因”。教育者可能会对用连环漫画的潜在影响充满兴趣，因为漫画可以让年轻人了解毒品。当然，并非所有研究都能用内容分析处理。但是我们设想，一个基本的出发点在于药品在多大程度上是漫画世界的一部分。

在漫画世界中，药品使用的概况合理地包含了对使用者的性别和对使用条件的洞察。针对这项研究，我们将提出一个假设，对用户是男性还是女性进行编码，然后根据编码，对他们的职业和年龄进行分类，接着随意地将使用条件分类为家用的和工作用的。其他的一些归类也是可以的，如校园、街道、职业设定等。

如前文所示，内容分析的数据被用于比较时最有用，而不是拘泥于其自身。以上的设计体现出了这种趣味性分析的潜力，如最不频繁和最频繁出现的药品，男性和女性在对药品使用的描述中有什么不同，以及药品使用主要是在家里还是在工作场所。

为了得到情境中漫画人物对药品的使用情况，做另一个比较是恰当的，即观察药品的使用相较于其他一些如酒精饮料和烟草等的使用，它们之间有些什么样的区别。我们将扩展这个研究，把酒精饮料和烟草也包括进去，因为我们整体的兴趣是漫画如何描述致瘾物质的使用，也因为我们需要一个参考点，用以评估关于药品的研究发现。我们以一个研究问题和一个研究假设开始，问题是关于连环漫画中描述的所有物品，假设是酒精饮料和烟草的出现频率与药品是不同的。

研究问题 1：连环漫画中烟草、酒精饮料和药品使用的相对频率是怎样的？

假设 1：酒精饮料和烟草与药品在漫画中出现的频率是不同的。

注意，这是一个双侧假设，因为我们毫无证据表明其中一种物质比另一种出现得更多。

定义要分析的整体内容 222

要分析的内容是连环漫画。我们的兴趣是目前的内容，所以选取的是最近的连环漫画，并且选择捕捉一整年不同季节的事件。因为我们怀疑致瘾物消费、吸烟、酗酒可能会有季节性变化。比如春假行为，可能不能代表接下来的时间里学生的行为。毕业典礼可能是香槟和雪茄消费的高峰，超级碗橄榄球比赛的周末可能是某些地区啤酒消费的高峰。如果连环漫画能够捕获生活的起起落落以及化学物质的相关使用，那么仅对一周内容进行的随机抽样可能会不足以代表或夸大整体行为。

我们可以抽取在柜台以书的形式售卖的所有漫画；我们可以进入类似www.comics.com的站点，那里号称拥有超过90万部的漫画集；或者我们可以去看报纸的卡通专栏。我们决定选择报业辛迪加的全部漫画页，这些漫画页得从当地主要报纸的周日版中取样。因为周日版漫画面向全国观众，其对大范围读者有潜在影响，因而显得重要。这份报纸的许多漫画都是全国性的，我们可以假设，本地的主要周日报纸在漫画内容方面能代表全国大多数的主要报纸。通过比较从全美国的周日报纸中随机抽样出来的漫画，这个假设很容易得到证实。

通过只抽取常常展现人类特性的漫画，我们可以将抽样的总体缩小。我们知道卡通里的动物可能也会抽烟、饮酒，也会嗑药，但我们的理论兴趣点在人类。所以，这就让我们的总体缩减到了20周的漫画或一年共计1,040幅漫画。

抽样出总体内容

我们现在有一个抽样框架了，我们将从中具体抽取1,040幅漫画。

我们决定系统性地抽取每个月的第一个星期日的漫画。如果随意地在一年中抽样，我们可能会抽取到一些重要的季节，但我们决定要将所有的季节都包括在内。我们要覆盖所有季节，所以系统性地一个月一个月地抽样这种方法是恰当的。这样我们就有了一个易处理的样本，12月×20幅＝240幅漫画。要注意，以月为单位的抽样可能会排除一些特殊的周，这些周可能有与我们研究相关的漫画活动，比如圣派翠克日期间喝健力士黑啤酒的小妖精或超级碗周末的酒桶派对。对于初步的研究来说，尽管我们选取的是一个月一个月的抽样，但也要认识到每周的样本可能需要提供更加准确的情况。

选择编码单位

选择了抽样的总体，并且设计好了抽样框架，我们现在面临的问题是，抽样的单位是什么。拉斐尔对竞选贴纸的内容分析，是基于对一些词语的合理假设，这些词语就是竞选人的名字，这是恰当的抽样单位。然而，还有一些其他可能的单位，比如，克里彭多夫(Krippendorff，1980)提出了五种可能的单位类型：

- **物量单位**占据着印刷媒体可看到的空间，或视听媒体可看到、听到的时间，在这个例子中，是整幅漫画或者每幅画的单个面板。

● **句法单位**指的是语言的单位，如词语和句子，比如拉斐尔对汽车竞选贴纸的研究中政治候选人的姓名。

● **言词单位**涉及的是一个人或一个事件，比如一个具体的卡通人物，或者比如 223
喝咖啡这样的事情。

● **主题单位**是像故事或戏剧一样的结构，比如一个卡通人物拒绝他人提供的酒精饮料。

● **语干单位**是在一个结构内广泛的话题，如与老板或同事的关系，比如，一系列的连环漫画一而再再而三地出现儿子为了让他父亲戒烟而一直努力的画面。

当我们从物理单位进入主题单位，我们会在决策上面临困难。像照片类的物量单位是显而易见的，它们或者存在或者不存在；像“环境”类的主题或者“身体素质”类的概念可能只存在于研究者的视野，通常需要一群紧盯所分析内容的专业人士加以验证。

在这个例子中，我们关注的是人们广泛的生活场景中物品的使用问题。所以我们要检视的也应该是全部相关的连环漫画，而不是物品使用实例中每一个画板中的内容。比如，一幅连环漫画有五个画面，其中的每一个展示的都是同样的吸烟形象，那么可以将它们编码为吸烟这一个事件，而不是五个。

由于我们所分析的是连环漫画，有一个更深层的问题：我们应该只看视觉化的内容还是只看文字，抑或二者都看？每一项选择都各有利弊。比如，文字所展示的是具体品牌的名称，以及个人与产品的联系，比如“我喜欢”和“我爱”。另外，视觉化内容可能会更好地展示使用的状况。比如，个体是在独自饮酒还是和其他人一起饮酒。

我们判断物品使用的展现方式包括视觉描绘，所以我们优先分析视觉内容。不管怎样，连环漫画中的文字也使我们有机会去观察文字告诉我们的与图像告诉我们的是否一致。因此我们也会分析漫画中的文本，来验证我们视觉分析的结果是不是正确。

对于文本，我们将选择语法单位作为分析单位，也就是说，我们会对一个物品的名字被提及的次数计数；对于视觉内容，我们将选择参考单位作为分析单位，对一个物品被某一角色使用这一画面出现的次数计数。

制定编码方案

因为我们所感兴趣的是物品在连环漫画中被提及的频率，我们要制定的编码方案就会有分类，如表 12.3 所展示的那样。我们可以用这个编码表记录提到或描述我们所感兴趣物品的次数。

简单的研究可能会比较不同种类物品出现的相对频率（"总计"这一列）。更为复杂的研究可能会通过如背景（"工作场所"或者"家里"）、性别（"男性"或"女性）对物品的使用来观察相对频率。

要注意，对每一种类而言，可以再细分为更具体的种类。比如，烟草可以分为"卷烟""雪茄""烟斗香烟""无烟香烟"。酒精可以分为"啤酒""葡萄酒""烈酒"。相反，"处方药""非处方药""违禁药"可以放在一起成为一个种类"药品"。另外，也能轻松地把不同种类的物品编码为"烟草""酒精"或者"药品"。分类的程度取决于要处理的研究问题。初步的研究可能需要和"烟草""酒精""药品"差不多的分类级别。如果连环漫画被认为对社会趋势有很大影响，那么对于烟草而言，"卷烟""雪茄""烟斗香烟""无烟香烟"的分类就很有必要了。比如，人们不再放卷烟或雪茄后，无烟香烟就会越来越流行。

224 **表 12.3 漫画内容分析编码样本页**

物品	出现频率				
	使用者			背景	
	总计	男性	女性	工作场所	家庭
烟草					
视觉画面					
文字					
酒精					
视觉画面					
文字					
处方药					
视觉画面					
文字					

续表

物品	出现频率				
	使用者			背景	
	总计	男性	女性	工作场所	家庭
非处方药					
视觉画面					
文字					
违禁药品					
视觉画面					
文字					
对药品的泛用					
视觉画面					
文字					

在药品的分类中也会出现类似情况。市面上有成千上万种处方药。将它们的名字列出来所得到的分类，会远远超过一个针对流行媒体的内容分析的研究需要。所以问题是怎样建立较少但是具有可操作性的分类。想一想这些药品要怎样进行归类。如果存在通用版本的话，你可以通过非通用名称、通用名称进行归类。你也可以通过活性成分、消费者使用的通俗名称、使用目的（如抗酸、抗菌），或服药方式（如口服、注射、涂抹、吸入）进行归类。

显而易见，生产商赋予他们产品的名称成千上万，远超过任何内容分析者曾经使用过的分类。（有一个例外，可能出现在医学或药学期刊的内容分析中。）对连环漫画的分析而言，我们很有可能会发现这些名称通常是专业术语和使用功效的结合，比如防晒霜、避孕药、抗生素、止痛药等。

将药品分类成“片剂类”“液体类”“注射类”“药膏类”“吸入类”的可能性标记出 225
了内容分析与可视化分析的不同之处。这可能就是在我们对连环漫画的研究中会观察里面的角色是否在吃药片和喝冲剂，但可能不只是从文本的分析中得到信息。另外，相较于动漫插画而言，文本更有可能提供更多的关于药品的具体名称。

当然，没有任何一个概括能做到百分之百的精确。比如，具体物品的名称可能是一个大药瓶上印的“阿司匹林”这个词。

内容分析的基本原则是类目建构不能重叠，所以一个单位不会被编码两次。

如果看到“物质 X”，或者如果发现“阿司匹林”，那么必须将它归入并且只归入其中一个分类。预期到周日补充版卡通漫画中会有一些角色可能在使用违禁药品，我们就需要在编码方案中考虑到这种可能性。另一个问题产生了，如果出现通用性词语，如药品、药剂或者药物，我们怎么处理？不能仅仅因为一种物质的指代物是通用的，我们便忽略它，我们应该增加一类“通用的”到我们的类目建构中。

关于编码的讨论，应该指出要构建内容分析研究所需的决策的类型和水准。两个方面可以帮助你建立一个可靠的编码方案。首先是清晰的理论背景和研究问题。举个例子，如果你的兴趣在于广告中的处方药，你就可以在编码方案中排除非处方药。其次，也是最有必要的，在进行分析之前，每一个条目都应该试运行或试验研究去先测你的类目以及抽样。几乎不可避免地，你要确定哪些类目要移除，哪些类目要增加。你可能也会发现你的抽样也需要做一些改变。比如，在上面的例子中，我们发现每月一次的抽样得到的样本并不充分，因此我们就需要每周抽取一次样本。

按照编码方案对每个单位中的事件进行编码

当编码的类目建立起来之后，我们现在要进行的是将我们在连环漫画中的发现进行对应的编码。

确定引用的词语很简单，我们只需要寻找特定的名称，如“啤酒”“雪茄”“拿铁”或“阿司匹林”，就可以清晰地界定一种物品。伴随画面的出现，我们可能需要做出更多的主观判断。那个角色吃下的是什么？当存在多种可能解释时，通常要组织一个小组投票决定其编码方式，这在我们的研究中很可能是必要的。

任何分析都会涉及多位编码员，通常会让他们先编码若干单位进行试运行。一些公式能够帮助计算他们对待某一单位的编码达成一致意见的程度。如果他们意见一致，我们就有信心认定我们的标准是清晰的，否则我们就要重新设计标准并且重新定义，直到清楚为止。

计算已编码单位的事件以及陈述其频率

这样的研究结果将被报道为每一类致瘾物品的出现次数。

我们要讨论在编码表中列出的致瘾物品出现的频率。我们可以有个基本的对比，这是内容分析所擅长的，而且可以帮助我们决定初始假设是否被支持。

尽管我们对文本和可视化内容都有了一定的数据，但我们的研究到目前为止只是帮助我们决定了类目建构的物品出现的频率。 226

如果我们能评估这些致瘾物品出现的条件和使用人群的类型，它将具备更大的信息量。我们将会根据使用者的类型对物品使用进行类目建构以做更进一步的分析，比如男性和女性、蓝领和白领。或是根据使用的条件对物品使用进行类目建构，比如在家里还是工作场所。我们的编码表将包括表 12.3 右边的栏目。

》人类交互的内容分析

内容分析主要用于分析新闻、娱乐或广告等媒体内容（部分是因为媒体内容容易获得），但它也可以被应用到组织传播和人际传播的某些领域。比如记录人们之间相互交往的材料，并且它也是向内容分析开放的，正如电视广告、新闻社论或是国情咨文。

交互分析由群体动力学学者罗伯特·贝尔斯（Robert Bales，1950）开创，他试图捕获和理解一个群体中成员之间的互动行为以及这些成员所扮演的不同角色。群体行为有三大类：任务导向型、关系导向型和自我中心型。任务导向型的个人关注群体的工作，比如询问群体是否有他所需的所有信息或给群体成员分配具体的任务。关系导向型的个人会努力确保群体具有凝聚力，比如通过开玩笑缓解紧张情绪，或表示对群体其他成员的观点的支持。自我中心型的个人可能会拒绝参与，或是走另一个极端，即主宰决策。

表 12.4　时间推移下群体行为的抽样编码表

行为	出现频率		
	第一次	第二次	第三次
任务导向型			
提醒群体成员某些期限			
提出问题的对策			
关系导向型			
表明立场支持某一群体的观点			
表明立场赞成某一群体的进展			

续表

行为	出现频率		
	第一次	第二次	第三次
自我中心型			
拒绝某一任务			
表明对立立场			

227 想象一下我们正在看一个试图开发新市场的公司团队的材料或视频。经过几个星期的激烈讨论后，团队最终决定用贝尔斯的类别和子类别来编码，如表12.4所示。这个群体是分析的单位，而我们将可观察的行为编码为三个不同的集合：第一次、第二次和第三次。

我们可以使用这个分析的研究结果去测试一个假设，即群体行为会随着时间推移而发生改变。比如关系导向型行为在最初阶段出现得更为频繁，这时候群体成员在进入任务导向型行为之前要先确定他们的角色和关系。我们比较一下在两个不同的团队中进行这个分析分别得出的结果：一个做出出色的决定，一个做出平庸的决定。这可能会让我们辨别表现好的团队的特质，并进而针对表现差一点的团队提供一些基本的训练让他们也能做好。正好我们也可以使用同样的标准来分析个体行为。举个例子，如果我们要把第一次、第二次、第三次更换成人（麦克、里斯、查理），我们便可以记录、分析以及比较个体的行为。

当然，我们也可以将这两种路径相结合，随着时间的推移记录个人的行为。要注意的是，如果我们在不同的时间记录了每一个个体的行为，我们就要有受试者内设计（参见第十章）。这类数据无法独立地被统计，我们需要一个更复杂的统计测试以估算随着时间推移发生的任何改变。相反地，从保险杠贴纸的研究得来的数据是可以被独立统计的，一个简单的卡方检验就能估算出保险杠贴纸的分布是否会显示出显著的变化。用于内容分析的统计假设有大量的数据。卡方检验要求每一类目至少有五个以上的计数。

分析媒介内容的目标和方法通常有重叠，比如，内容分析可能会被用于对文本的批判性阅读。

》内容分析软件

在许多可获得的内容分析软件包的帮助下，对语言的内容分析可以自动进行或加速进行。比如，Diction 软件使用词表搜索文本，以发现确定性、主动性、乐观主义、现实主义以及通用性的特征。

IBM 的 SPSS 调查文本分析可以确定调查反馈的主题，区别评论是积极的还是消极的，并提取出关键的概念和意见。

多数商业化的软件包都能自动归类大量数据并识别主题，但如果希望结果是有根据的，那么所有的软件都需要"训练"。比如，这些软件需要知道"right"一词是被用作"没有错误""不在左边"，还是"更正"的含义。这种软件在迅速处理大量数据方面的能力并不意味着研究者可以放任自流不顾后果，也不意味着研究者可以不用去设计合乎逻辑的编码方案和数据分析程序。

如果词语的出现频率是你唯一的兴趣，并且你要分析的文档十分简短，你可以使用你自己的文字处理软件进行粗略的内容分析。使用这个软件的"寻找"指令就可以查找到一个词语在一个文档中出现了多少次。你也可以进行"可读性统计"，这虽然不能让你对内容有所洞察，但可以帮你测量语句的平均长度和文档的可读性。

对文本的定性分析将在第十三章讨论。

伦理专栏 228

媒介内容分析会导致伤害吗?

一个用"内容分析"和"伦理"为检索词条的文献检索，会向你展示许多关注伦理规则的内容分析。由此出现了一个问题——内容分析的伦理影响，通常表现为文本的分析。这类分析聚焦于文本，并不直接涉及人类参与者。为什么这些方法会对个人产生影响以至于上升到伦理层面呢?

想一想在电信中对内容分析隐性或显性的应用。

当你使用浏览器时跳出来的弹入式广告，就是基于对你访问网站的内容分析而出现的。

许多软件包会向电子邮件管理员提供一个监控到的"垃圾邮件"、病毒以及尝试"网络钓鱼"。这些软件也能监控发出的电子邮件是否符合规定。软件管理员可以设定电子邮件监控来分析内容，防止敏感信息流出机构，或识别潜在的违规行为，从而保护知识产权、企业声誉以及业务关系。为了达到这些目的，对雇员电子邮件的内容进行分析已经在许多公司成了常态。

尽管通过对收入邮件的信息内容进行分析能够进行垃圾邮件过滤，我们对此会很感谢。但如果将其应用到我们自己的邮件时，我们可能会觉得这类软件是对隐私权的侵犯。

问题

- 关于一个人的商业或私人交流被监视或分析这一认知会以什么样的方式导致心理困扰？
- 即便人类参与者没有直接被研究，出于对人类对象安全的责任，机构审查委员会需要审查对电子邮件进行的内容分析研究吗？为什么需要或者为什么不需要？回顾第三章关于机构审查委员会的内容。
- 关于获得许可，内容分析者对待个人或企业的邮件、互联网讨论的内容以及通信，与对待电视商业广告或是报纸页面应该不同吗？为什么？

实践中的研究

向西班牙裔瘫痪者施以援手

2006年下半年，先锋通信公司与克里斯托弗和迪娜·里娃基金会的瘫痪资源中心（PRC）合作，他们想让瘫痪者知道有充足的信息、丰富的资源、足够多的针对有移动相关障碍的人提供的服务来帮助他们。因为在PRC的呼叫量上，西班牙裔代表人数总是不足。在实施了一系列的包括焦点小组、媒介分析在内的传播学研究活动之后，先锋公司和PRC协同策划了针对西班牙裔的扩大服务活动“生活无限”。

229 这个团队以设计一场能触及众多西班牙裔的活动开始，显然需要回答的关键问题很少：美国西班牙语媒体描述的瘫痪者是怎样的？生活在美国的西班牙裔在什么地方能得到健康信息？这些人有什么共同需求？什么会促使他们呼叫PRC？为了回答这些问题，该团队制定了一个双管齐下的研究项目，包括综合的媒介内容分析和焦点小组检验。

这项媒介分析帮助创建了一条基线，用来比较未来媒体报道以及制定将PRC作为有关瘫痪的首选信息来源的有效策略。这项分析关注瘫痪者在全国最受欢迎的英语—西班牙语印刷出版物中的形象，包括报纸和以西班牙裔为主题的杂志，以及在这些载体中被描述的方式。

这项媒介分析最主要的一个发现是瘫痪并未被深入讨论。报道常常关注瘫痪是一场暴力犯罪或是交通事故的结果。而瘫痪者的现实生活却并未被加以报道，对瘫痪者的描述很少有激励人心的、让人充满希望的。基于这些，我们清楚地认识到，关于瘫痪的现实信息少得可怜，包括虽有瘫痪但活得健康、充实的人。为了让西班牙裔知道，瘫痪者有许多种可以独立地、丰富地、有活力地生活的方式，这个扩大服务的活动所选取的图像和信息就需要展示出那些虽然瘫痪但活得独立、丰富、有活力的人，以及他们多姿多彩的故事。

为了确定这些信息和图像能引起西班牙裔的共鸣，主题草案、讯息、口号以及图像都会经由一系列焦点小组来进行测试，这些焦点小组由西班牙裔瘫痪者及其朋友或家人组成。焦点小组参与者对这些展示出生命不会被个人的身体残疾而限制的信息和图像有高度的积极反应，尤其是当一个瘫痪者怀有对受教育的追求、对运动的热爱时，这种可视化图像就最好地支持了“生活无限”这一讯息。焦点小组也显示出，西班牙裔会从西班牙语杂志和报纸、健康类网站、广播电台与电视台节目中寻找有关健康的信息。

基于该研究的结果，这个团队构思了一个积极的“生活无限”的活动，将有关瘫痪者高度丰富的生活所做的激励人心的描述纳入其中。该活动在华盛顿特区的一个全国媒体事件中启动，那些西班牙裔瘫痪者分享了 PRC 怎样帮助他们独立和丰富自己生活的故事，从而很吸引人。该活动突出了西班牙裔可获得的英语和西班牙语资料，上面有一个综合性网站和一条免费的、双语求助热线等信息。其他的活动材料包括一系列关于瘫痪者的宣传册、多则实况报道、书签以及一套双语资源指南。

为了促进活动的开展，提升 PRC 作为西班牙裔瘫痪者最优选的信息来源，它们制定了拟进入西班牙语的印刷出版物、电视、地方广播电台，以及网络资源的推广计划。媒介推广的努力赢得了至少三百万观众的关注，包括一场在最受欢迎的国家西班牙语晨间电视节目中的访谈，Univision 电视台的 Despierta América 节目。PRC 的呼叫量也增加了，这项推广活动最初的一个目标达成了。

先锋通信发布

先锋通信是位于华盛顿特区的一家公共关系与社会市场公司

本章要点 230

- 内容分析者定量地测量传播内容。
- 内容分析是系统地抽样、编码以及分析媒介内容的过程。
- 内容分析技巧不仅可用于文本，也可用于可视化内容。
- 交互分析检视群体中那些可能阻碍或促进群体进程的行为。

重要术语

编码方案
交互分析
潜在的
显明的
自然单位
命题单位
参考单位
句法单位
主题单位
单位
总体

应用练习

练习1:抽样

复习本章开头提出的关于汽车竞选贴纸的内容分析研究。关于抽样决策，你发现了什么问题？比如，一天中的时间段以及一周中的某一天会怎样影响样本？外州牌照的车辆是否应该被包括在抽样样本中？全美国的、全州的、本地的选举贴纸是否都要被计入其中？那些明显超过四年的竞选贴纸是否应该被包括进来？

练习2:新闻媒体偏差

两个政党都会抱怨新闻媒体那些有偏见的报道。列出能够回答下列问题的内容分析的基本要素：对于一位政治人物、一个政府政策，抑或一项政府计划，你所确定的那个新闻媒体是赞成还是反对？确定抽样的内容总体、分析的单位以及你将使用的抽样方案。

提示：可以访问媒体与公共事务分析中心的网站 http://www. cmpa. com/about_methods. htm。

练习3:娱乐媒体与广告中的刻板印象

对于像电影和电视之类的广告或娱乐媒体的批评是千篇一律的人物形象，比如性别、种族、职业或者年龄方面。选择其中一个，比如对职业的刻板印象，然后概述可以验证这种刻板印象存在或缺失的内容分析研究。确认你将从中抽样的内容
231 总体、分析的单位、将要使用的编码方案。注意，做这个练习时，你需要可操作的对刻板印象的定义，以便于你在看到它的时候甄别它并将之解码。

推荐阅读

Bailey, A. A. (2006). A year in the life of the African-American male in advertising. *Journal of Advertising*, 35(1), 83-104. 这是对广告进行内容分析的当代案例。

Berelson, B. (1952). *Content analysis in communication research*. New York: Free Press. 这是一篇关于内容分析的开拓性文章。

Hirokawa, A. Y. (1988). Group communication research: Consideration for the use of interaction analysis. In C. H. Tardy(Ed.), *A handbook for the study of human communication: Methods and instruments for observing, measuring, and assessing communication process* (pp. 229-246). Norwood, NJ: Ablex. 这本书展示了群体行为编码的路径。

Holsti, P. R. (1969). *Content analysis for the social sciences and humanities*. Reading, MA: Addison-Wesley. 这是对内容分析的介绍性文章。

Krippendorff, K. H. (2012). *Content analysis: An introduction to its methodology* (3rd ed.). Thousand Oaks, CA: Sage. 这本书探讨了内容分析的概念及实践，其最新的版本包括电子文本、社交媒介以及网络样本。

Neuendorf, K. A. (2002). *The content analysis guidebook*. Thousand Oaks, CA: Sage. 这本书里有手把手的指导和示例。

推荐网络资源

Annenberg-Robert Wood Johnson 健康与媒体项目编码：www.youthmediarisk.org。这是一个正在进行的分析与健康相关的行为的媒体内容的项目。特别推荐密码本和抽样程序。

媒体和公共事务中心：http://www.cmpa.com/about_methods.htm。这是对实践中内容分析的解释。

Matthias Romppel 的内容分析资源：http://www.content-analysis.de。该网址可以链接到参考书目、研究、软件以及文本标记和编码系统。

文本分析概述：http://www.textanalysis.info。该网站有关于文本分析软件的链接和新闻。

参考文献

Bales, R. (1950). *Interaction process analysis: A method for the study of small groups*. Reading, MA: Addison-Wesley.

Berelson, B. (1952). *Content analysis in communication research*. New York: Hafner.

Beullens, K., Roe, K., & Van den Bulck, J. (2011). The portrayal of risk-taking in traffic: A content analysis of popular action movies. *Journal of Commu-*

nications Research, 2(1), 21-27.

Gravois, J. (2007). The battle over studies of faculty bias. *The Chronicle of Higher Education*, 53(21), A8.

Gross, N. (2012, March 3). The indoctrination myth. *The New York Times*. Retrieved from http://www. nytimes. com.

Krippendorf, K. (1980). *Content analysis: An introduction to its methodology*. Beverly Hills, CA: Sage.

Özkoçak, L. & Tuna, Y. (2011). A content analysis: Environment themes and tools in newspapers advertisements. *Online Journal of Communication & Media Technologies*, 1(3), 1-13.

Wilson, C., Robinson, T., & Callister, M. (2012). Surviving Survivor: A content analysis of antisocial behavior and its context in a popular reality television show. *Mass Communication & Society*, 15(2), 261-283. doi: 10. 1080/ 15205436. 2011. 567346.

Yoo, J. H., & Kim, J. (2012). Obesity in the new media: A content analysis of obesity videos on YouTube. *Health Communication*, 27(1), 86-97. doi: 10. 1080/10410236. 2011. 569003.

232

学习网站

访问学习网址 **www. sagepub. com/treadwell2e**，可获取以下资料：

- 网络资源；
- 推荐阅读；
- 电子抽认卡；
- 研究问题。

第十三章 / 修辞和批判分析

Rhetorical and Critical Analyses

理解话语中的文本和图像

Understanding Text and Image in Words

可靠的否定往往胜过靠不住的肯定。

——亚里士多德(前 384 年—前 322 年),《修辞学》

本章概览

正如第十二章所指出的,从纸莎草到播客,几乎所有媒体的内容都是可以被分析的。本章将进一步提供有助于理解和阐释文本内容的主要定性方法概览,包括:

- 修辞和戏剧主义分析——论辩和说服研究;
- 叙事、话语和会话分析——故事和讲述研究;
- 符号学分析——符号、解释和意义研究;
- 批判分析——内容背后的力量研究。

这些方法的共同点在于使用话语而不是数量来理解、阐释和报告内容。这些方法在观点上可能有很大不同。例如,会话分析法着眼于近距离会话,记录会话,从而逐步理解人类互动;而修辞学者为了评价一个演讲或者一则广告的说服力,倾向于退一步考虑和分析其对语言策略性的使用。本章重点探讨本书副标题"调查路径"①。通过阅读本章的案例,你会发现文本定性分析将为你理解和解释媒体内容提供许多不同的路径。

① 本书英文版书名为 *Introducing Communication Research—Paths of Inquiry*。——译者注

开篇问题

- 定性方法在理解文本方面有什么优势？
- 定性方法与非定性方法有什么共通之处？
- 使用定性分析法，应该怎样抽取内容样本？
- 修辞学、符号学、叙事学研究的发现可以普遍化吗？
- 可以用任何方法分析任何类型的内容吗？
- 是否可以对内容进行多种解释？

234

》引言：定性内容分析的优势与劣势

本章所讨论的方法有一个共同的优点，即理解文本和图像的方法具有多样性。对于任何文本、图像或者被记录下来的人类互动我们都可以从多重视角对其进行分析。

本章谈到的分析方法虽然多种多样，但是对内容的诠释却有共通之处，即理解内容分析法所谓的隐性传播内容。第十二章谈及的内容分析主要是显性可察的内容。本章探讨的方法不仅包含内容分类法和显性内容计算，更力图去理解和诠释内容。例如，对喜剧电视的定性内容分析论证得出，剧中的某些职业主要是由少数族裔角色扮演的。本章探讨的方法将分析同一内容，但着眼于描述、理解和解释这些少数族裔角色如何与其他人物角色互动，英雄和反派人物分别是谁，我们如何知道谁是英雄谁是反派，观众对少数族裔的认知是如何通过语言和画面塑造成形的，人物语言的哪些方面使得其可信或不可信，以特定的方式描述少数族裔和某些职业符合什么利益。

任何给定的内容都具有多种解释的可能性，这会让寻求限定性解释的读者很失望，但是使用本章方法的学者大都对这些可能性感兴趣。他们认为理解内容的方式不止一种，限定解释是不可能的。比如说，一些学者选择用望远镜来看世界，而其他学者或许更喜欢用显微镜或卫星图像来观察世界。回过头来看第一章引用的比喻，研究者只是选择了不同的旅行道路或使用了不同的运输方式。从定量研究者的视角看，定性研究方法可能会因其不精确而被质疑，但也有可能会因为其能够提供近距离阅读和多种视角以深化理解而被接受。这些定性研究方法为我们带来了丰富的源源不断的关于如何理解人类交流的讨论，其中一些洞见是数据本身所不能提供的。

我们以理解人类传播最古老的方法之一修辞学和创始传播理论的一位伟人亚里士多德（Aristotle）为出发点开始我们的探讨。

》修辞分析

亚里士多德式分析

欧洲修辞学的诞生可至少追溯至公元前 5 世纪，是出于新兴的民主团体为了在有关政治和法律事务的辩论中取得胜利的需要。然而对于一些读者来说，**修辞**这个词会使人联想到"仅仅是华丽的辞藻"或者"空洞无意义的辞藻"。修辞学经常被许多人贬低为只是语言的装饰品或者虚有其表，然而古希腊哲学家亚里士多德却将它定义为在任何给定情况下可行的说服方法。在此语境下，**修辞分析**意为审视传播内容以识别和评估其说服策略。那时的修辞分析主要将注意力集中于讼师或政客怎样使自己的主张在辩论中获胜，而现在修辞分析主要用于评定广告、专栏 235
和博客的说服力以及企业、非营利机构和个体的说服策略。

亚里士多德提出，辩论的目的不是为了发现可验证的绝对真理，而是为了影响信仰，即让人们信以为真。因此，辩论以可能性为基础，即发言人向受众证明自己的论点比其他人的论点更具可能性，并使受众深信自己论点的确凿性。

试图将丰富宏大的**亚里士多德式分析**简单地浓缩为几个概念是不可取的，但是亚里士多德提出将个人气质、共情力和理性作为说服的关键，为 21 世纪的传播学研究做出了贡献。

- 理性指事实和逻辑的使用。假设受众都致力于做出理性的决定，那么发言者可以引导受众通过归纳和推理（参见第二章）等类似的思考过程来得出结论。

- 共情力指情感的运用。不管怎样，人类并不是冷血的逻辑机器。亚里士多德认为，多样的人类情感会使个人偏好一个论点多于另一个。他在关于常见人类情感的文章中指出，一位演说家需要利用情感使其话语变得更具说服力。

- 个人气质指发言者的本性或性格。对于亚里士多德来说，个人气质是这三种说服方法中最重要的。如果受众不认为发言者是可信的或者具有优良品质，那么合理论证和诉诸情感都将收效甚微。

可信度和良好品格始终存在于旁观者的心中。因此，在亚里士多德的修辞学中，第四个要重点考虑的是受众以及受众的特征。受众是决定演讲性质的因素。与此相关，亚里士多德认为，论点的来源和主题或许可以帮助演说家增强其论点的说服力。他提出了一些用于诉讼场合、仪式场景、协商或政治场景的特殊主题。很明显，适合一个场合的演说不一定适合另一个场合。可以看出，亚里士多德的思想在 21 世纪仍然适用。例如，政客会为了特定的听众调整他们的演讲稿，并努力说服选民相信他们具有良好的品格。

用亚里士多德的框架分析如演讲、广告和社论之类的说服性内容可以使我们明确其内容是否有效。例如，在分析广告时，我们可以通过代言人的品质和性格、对逻辑和事实的运用以及情感的煽动来检验其说服效果。尽管这纯粹是从研究者的视角出发的，但原则上这种评估是关于内容对目标受众的效果评估。

戏剧主义分析

20 世纪的文学理论家肯尼思·伯克（Kenneth Burke）设计了一个戏剧主义的方法来研究传播行为。他认为传播本质上就是表演，就像演员在特定的背景或场景下表演戏剧。

伯克的**戏剧五位一体**（五部分）分析提出了以下问题：

- **行为**：发生了什么行为？
- **执行者**：什么人实施了这一行为？
- **方法**：这一行为的发生使用了什么方法或工具？
- **场景**：在什么地点、什么时间发生的这一行为？
- **目的**：为什么实施这一行为？

236 伯克认为，通过审查五位一体的前四位可以得到第五位所提问题的答案，即这个行为的目的或者说动机是什么。

例如，在第十二章中假设的关于漫画中致瘾物质的使用研究就可以用伯克的五位一体模式来分析。如果我们确定了行为（抽烟）、执行者（雇员）、方法（老板提供香烟）、场景（工作场所），就可以推断出老板试图和员工交际中隐含的或明或暗的目的或动机。

伯克提出，传播动力和动机的相关信息可以通过比例分析来获得。**比例分析**

指审查任何给定情况下五位一体中每个元素间的相对意义，如行为—场景、行为—方法、行为—目的、执行者—场景等。通过审视所有这些比例关系，我们可以了解传播背后的动机，揭露主导动机，彰显元素间的不一致之处。

例如，我们审查一系列漫画，发现场景（工作场所）是每次雇员被提供香烟的主导元素，我们可以推断老板试图使雇员融入企业文化和展示工作常态（抽烟），而不仅仅是为了培养和雇员之间的关系。

幻想主题分析

欧内斯特·博尔曼（Ernest Bormann，1972）倡导的**幻想主题分析**是修辞分析的一种方法，它为理解团体意识和共同价值观的发展提供了方法。幻想主题即团体成员共享的英雄传说、故事和想法。这些主题向团体成员提供了一个共同的愿景，激励他们，并使他们对团体的成就有共同的理解。正如伯克的戏剧主义分析，幻想主题分析也涉及在规定场景表演主题或情节的任务。幻想通常是从关于团体的主旨或团体怎样应对新环境这样的不确定性因素中产生的。慢慢地，应该如何理解特定情景下团体的不同故事这一问题也会产生。最终，一个**主要的叙述**会获得团体成员的信任，并得出一个**象征性聚合**的意见，或关于团队的凝聚力、各团队之间的差异、团队成功或失败因素的公认理解。

在使用幻想主题分析时，研究者的作用是识别幻想中的人物角色，幻想背后的场景、情节、基本原理或逻辑，以及幻想中的**主要模拟**或深层结构。分析者或许对广泛的幻想类型感兴趣，如阴谋论、文明进步或命运天定。他们或许也会寻找**授权代理人**，如上帝的意志或正义来使幻想合理化。幻想主题分析的原始资料包括团体成员的访谈、组织历史、使命宣言和其他类似的内容，甚至某些看似很小的物件，如车尾保险杠贴纸的三言两语。

基本上，分析者致力于寻求揭示维持组织和团体集体愿景的方法。这种方法的力量在于它能够解释看似不合逻辑的行为。例如，在市场上和巨头竞争的税收抵制者或刚起步的小公司会自然而然地意识到它们正在和强大的力量做斗争，并且最终会因为相对缺乏资源而失败。符合逻辑的决定是在可能的时候——在被逮捕或破产之前停止抗争。

进行一场没有多少胜算的斗争看似不合逻辑，但是通过对文档、演讲和政策声明的仔细分析，幻想主题分析者发现团体成员相信大卫和歌莉娅的神话——一个“在正确道路上”的人可以打败强大敌人，这一幻想激励了他们，并使得这种不合逻

237 辑的行为变得合理。对于这样的团体，强大的愿景是殉道的幻想，没有比为了有意义的事业而放弃生命更崇高的召唤。在这样的语境中，殉道将带来未来幸福的奖赏，因此事业的失败不但不会遭到嫌弃，反而会受到欢迎。

研究英雄传说、故事和愿景的幻想主题分析与叙事分析有着密切的关系。

》叙事分析

叙事分析是对人们讲述故事的方式和故事发挥的社会作用的分析。它基本上试图确定故事情节、环境、人物角色以及人们对他们生活的叙述中事件的顺序。

叙事呈现出取决于社会环境的特殊意义以及为该社会环境的成员提供意义。你可能会想起当你第一次搬进宿舍、参加工作或加入运动队或社会团体时，年长成员或同龄成员告诉你的故事。这些故事非常重要，因为它们提供了组织的价值示范以及非正式但重要的约束组织行为的规则。以工作场所的一个小故事为例，一位新员工刚开始工作时露出一个令人印象深刻的纹身，但是被主管遮遮掩掩地送了回家，当其返回工作场所时穿的衣服遮盖了纹身(或者可能没有回来继续工作)。这个故事说明了新团体成员的行为标准，以及谁有权力管束他们。

类似的故事在家庭这种非正式场景中也会出现，并且向家庭成员传递使这个家庭与众不同的价值观和特点。故事只有在其被讲述的社会团体中才有意义。伟大的叔叔哈利在雪中骑自行车的故事对哈里叔叔的家庭有着对其他家庭不会有的意义，这也使得他的家庭与其他家庭不同。

叙事分析特别注重故事是怎样随着时间推移演化的，并以事件的发生先后顺序排列。分析者或许还对故事怎样突出一个团体，使其有别于其他团体感兴趣。他们可能会聚焦于故事的情节、场景、人物角色和事件的顺序。他们可能会分析故事是如何被叙述的，怎样随着时间推移而变化，或者因为讲述场景或者被用来影响政治态度和行为而产生变化。分析者还可能会对意味着重要的学习经历或者引发组织改变其格局或文化的关键事件感兴趣。

叙事分析的原始资料包括组织的文件，如使命宣言和历史，还包括成员的访谈材料，他们会被要求讲述他们听过的故事、描述关键事件，甚至可能谈论在组织中他们身上发生的最奇怪或最有趣的事件。

例如，组织学者乔安妮·马丁(Joanne Martin)和其同事[马丁、费尔德曼、哈奇和西特金(Martin，Feldman，Hatch，&Sitkin)，1983]讲述了美国国际商用机器公司(IBM)历史上一个上下皆知的关于董事长与制造工厂看门人的故事。由于有些忧虑，该员工拒绝了董事长进入，因为他没有佩戴正确的安全徽章。这个事件本来可以有很多发展可能性，但结果是那位董事长拿到通行证后才被允许进入工厂。马丁等人(1983)将这个故事在公司上下不断重复，加强了一个集体认知，那就是每个人无论其在组织中的地位如何都应该遵守规则。

》比喻分析 238

任何团体的词汇都包括比喻，组织成员将它们用于解释说明他们的团体，帮助理解组织中错综复杂的事务和明确模棱两可的话语。上面的一个总结工具就是比喻，即用于分类或总结更复杂的事件或概念的简单术语。你在日常生活中会听见比喻，比如，“这节课就是地狱”“那音乐好沉重——”“在校园里，我们是一家人”。照字面意思理解，这些表述没有一个是真实的，但每一个表述都用简洁、使人印象深刻的方式捕捉到了其背后的体验和组织的意义，并简化了组织中错综复杂的事物以便于组织成员理解，如上述“家人”这类比喻。比喻包括方向(他是“上了”或“下了”)、颜色[她“感到忧郁”(blue)或“浪漫”(pink)]和一些活动，如战争、育儿、火箭科学，甚至养猫。

比喻分析包括搜索塑造组织成员思考方式的基础或**根喻**。这类研究的原始材料依然是文件档案和组织成员的访谈，并带有探查正在使用的比喻的特殊问题。例如，史密斯和艾森伯格(Smith and Eisenberg，1987)访谈了迪士尼乐园的员工，发现他们都使用“脚本”“演员”“剧装”和“角色”这类词语。他们总结出这些词语潜藏着“戏剧”这个根喻。同样地，他们确认了另一个根喻——“家庭”，随着时间的推移，这个根喻越来越被广泛接受。史密斯和艾森伯格将他们论文中所描述的冲突解释为管理层做出的艰难的商业决定与员工把公司当作“家庭”的观念抵触的结果。

对于根喻的搜索是具有推导性的，它以对所使用语言的具体观察作为开始，以对比喻的总结作为结束。表面上，根喻或许不会像一个句子或短语那样被广泛使用。如果研究者进入组织问每位成员“对不起，你是一棵树吗?”，他们可能会遭遇到迷惑的表情或是对他们智商的质疑。另外，详细的访谈反映出这样一个事实，像“根”“枝干”“成长”“腐烂”和“变化”这些词语比“杀戮”“防卫”“袭击”和“领土”这些词语更常被使用。这个观察报告得出了一个合理的结论，即组织或团体可以用一个正在成长、变化和适应的活的有机体的根喻来说明，也或许是和平主义者，至少相对于第二组词语暗示战争的根喻而言是相关的。

》话语分析

柯特(Curt，1994)从研究的角度把**话语**定义为建设性的、生产性的或实用的语言运用。话语分析的兴趣在于如何使用分析语言，而不是语言本身的特性，这种兴趣从“语言从来不能中性地描述世界，因为语言本身就是世界活跃的一部分”这句话中表露出来(Curt，1994，p. 234)。因此，**话语分析**不是探索一个词或一句话背后的认知或动机，“而谈话和文本被视为一种生产经验的社会实践，它们构建了我们所生活的现实”(Curt，1994，p. 235)。

基本上，话语分析专注于特定的标签和概念是如何通过语言的使用而发展并获得能量的。

话语分析有几个根源：知识社会学、文化分析、修辞学、人类互动心理学和对话分析。可以预见的是，话语分析的方法多种多样，但大多数分析者认为，他们对语言作为社会实践而不是语言本身感兴趣。他们感兴趣的是阐释理念的框架和结构，以及赋予物理现实和社会现实以意义的概念。

239 学者哈耶尔(Hajer，1995)将话语定义为“在特定实践环境下生产，再生产并转化的由想法、概念和范畴组成的一个特定的集合体，通过这个集合体可以赋予物质和社会现实以意义”(p. 44)。

我们以电脑操作系统为例来概括以上述定义为基础的话语分析究竟是什么样的。我们从备受争议的设想开始，基本上所有的个人电脑完全可以处理好如文字处理、图像处理、发邮件、视频编辑和会议这样的任务。话语分析关注的问题是各操作系统的话语是怎样构建系统认知的，随着时间的推移，它能否自我复制并且胜过其他竞争的话语。

更特别的是，分析者会进一步探究广告、新闻报道、买家评论、网页内容，史蒂夫·乔布斯和比尔·盖茨的著作和演讲怎样导致了两种“电脑文化”——苹果电脑和个人电脑的认知。个人电脑在市场上是主流文化。第一台个人电脑出现后数十年，很多人可能仍然有这样的心态，即个人电脑是商用电脑，而苹果电脑则是设计师、艺术家和音乐家用的电脑。当然这对任何个人用户来说未必是正确的，但是围绕这些操作系统的话语构建起我们很多人选择的关于这些操作系统的现实生活，并且塑造了我们对它们的反应。

最好将话语分析作为研究领域或兴趣，而不是特定的方法。它没有什么特定的、既定的程序，但典型的话语分析开始于研究问题和搜集新闻、视频、访谈记录和社会媒体等内容的样本，然后是定性的编码和分析。编码和分析基本上是对内容模式和多样性的探索。它们随着研究者视角的不同而不同，随着研究和分析者思考的深入而发生变化。然而，大多数分析都是以话语的内容为基础，而不是像内容分析那样以语言分类和发生频率为基础的。

》对话分析

想象一下这样的世界，没有规则、指南或行事的惯例。例如，没有行车靠路哪边的交通规则，没有红灯停，特别是没有“靠右行”的规则。现在想象一下人们互动过程中类似的情形。任何人可以在任何时间就任何话题和任何人交谈，这或许很自由，但这也预示着混乱。

解决这个问题的方法之一是建立如议会制度或正式司法程序之类的正式规则，来规范人们的互动，允许每位参与者发出声音，但这些规则仅仅适用于团体成员同意和接受它们的情况。这就造成了大多数人的生活中没有这样的规则。那么日常生活中是什么在规范我们与其他人的互动呢？也就是说，对话分析者试图发现并记录些什么？对话分析现已被用于研究医患之间的互动、飞行员—飞行控制的交流、商务会谈、家庭讨论和政治辩论。

“文件”在这里是一个合适的词，因为对话分析的原始资料是对话的文字记录。研究者以仔细阅读这些文字记录为起点，如表 13.1 那样标记出对话中的停顿、问答之间的时间停滞、强调的词、说话者重复的地方等。通过这些，研究者可以记录、描述、分类那些主导对话未说出来的规则，例如控制对话中**轮替**即接下来是谁发言的机制和暗示问题回答类型的机制。这些机制并非如果不遵守就会被惩罚的正式规则，而是个人为了让对话进行而遵循的程序。

240 **表 13.1　对话分析文字记录示例**

带注释的文字记录	注释说明
13. 布莱恩:什么[时间了]?	13、14、15 等——文字记录中的行号。
14. 钦塔:[几乎快上课的时间。	[——(左括号)表示钦塔的回答与布朗的问题重叠。
(0.3) 15. 卡罗琳:是的。	]——(右括号)表明布莱恩停止说话,此时钦塔还在继续。 (0.3)——表示说话者之间以秒为单位的停顿时间长度。
16. 迈克:哪一天的嘉宾?	
(.)	(.)——仅仅表示一个明显的停顿。
17. 卡罗琳:星期二。 18. 迈克:嗯。(.)你明天能清理下我的校园邮箱吗?	第 17 行展示的是对第 16 行问题的亲和型回应,不需要解释。
19. 卡罗琳:不,不能。 (0.5)	第 19 行是对第 18 行问题的非亲和型回应,“不”用粗写体标出表示用高音量说话。
20. 对不起——呃——我要到我的——呃——研究网站以及——呃——做——呃——访谈。	谈话要继续的话,需要第 20 行的解释。
21. 迈克:那我们什么时候再做这个项目?	第 21 行:迈克向小组全体成员问了个问题。第 21 行需要回答,但是迈克没有指定任何人来回答。
22. 伊丽莎白:周二晚上怎么样? 钦塔?	第 22 行:伊丽莎白主动发言,然后向钦塔提问。
23. 钦塔:不行。我们有嘉宾,记得吗? (.)	第 23 行:钦塔回答,也提出了问题但是没有指定谁来回答。
24. 卡罗琳:周二怎样?	第 24 行:短暂的停顿后,卡罗琳主动发言,并自我纠正第 24 行她的错误。
25.＞哎呀,不好意思——我忘了。＜	第 25 行:向内的箭头＞和＜表示语速加快。

241 如果说进行修辞分析和话语分析是探寻理念的大体运作以及它们是怎样具有说服力的,对话分析则是为了识别使对话井然有序而不陷入混乱的特定规则,从而

对人际互动的微妙细节进行的研究。

比起对话的内容，分析者对对话的机制更感兴趣。他们的注意力主要放在对话文字记录的细节分析和它们反映出的问题上，而不是对话发生的环境（如工作场所或家庭环境）。如果要用一个变量如参与者的性别来解释一段对话的本质，那么这个结论必将来自文字记录中提及的性别，而不是来自分析者关于参与者性别先入为主的认识。因此，没有必要与对话涉及的个人接触。

对话分析的一个基本理念是识别并将对话中的离散单元进行分类，以理解支撑对话继续下去的机制。对话分析和内容分析最主要的不同点在于，对话分析者将对话的文字记录进行了一系列标准化的编码，标记了对话的特定方面，如发言者说话的时间或说话的音量。

表 13.1 是文字记录的一个例子，研究者对文字记录进行了基本的对话分析并进行了标记注释，右栏是对注释的说明。下面是对话分析中的一些基本概念。

言说

言说是紧随沉默的言语单元，而其后要么是沉默，要么是另一个发言者。它们不是和句子或短语那样必须符合语言学或语法规则的单元。

相邻语对

相邻语对是一起发生的言语单元。它们是对话分析的基本单元之一。一旦第一句话说出来，第二句话便需要做出回答。很多相邻语对已经被识别出来，包括：

问题—回答

什么时间了？

咖啡时间。

提议—拒绝

你做家庭作业需要我辅导吗？

不！我早就做完了。

称赞—接受

你的报告写得不错。

谢谢，我用了泰德的新图表软件绘制封面。

问候—问候

你好，老朋友。

噢，你好啊。

242 优先组织

优先组织是指对话中对问题、称赞、提议或命令做出的优先回应，可能是**亲和的**，也可能是**非亲和的**。亲和型回应与发言者保持联系，非亲和型回应则打破与发言者之间的联系(Seedhouse，2004)。

优先反应是亲和的，因为这样能够协调参与者，也具有所期待的规范性。比如，对一个邀请的期待回应正常情况下是接受。**非优先反应**是非亲和的，它有可能会破坏一段对话。它之所以突出并被注意到是因为它并非常态。通常它会导致停顿，为了对话能够正常进行，往往需要给出解释。

轮替

不合时宜地说话是具有破坏性的。如果想要让对话不陷入混乱，则需要协调好谁什么时候说话。肢体动作这样的非语言暗示解释不了电话交谈的协调，因为与面对面交谈相比，电话交谈对时机的把握更精确(Levinson，1983，引自 Seedhouse，2004)。

很明显，对于对话轮替有某种大家共同遵循的管理系统，对话分析者将这个系统概念化为两部分——**过渡相关处**和**转换构造单位**。过渡相关处是对话中轮替可以发生的点，轮替的规范控制着对话。例如，如果当前发言者指定下一位发言者发言，当前发言者则一定要先停止发言；如果当前发言者没有指定下一位发言者发言，则团体中的任何成员都可主动成为下一位发言者。转换构造单位是标识过渡相关处，即轮替发生点的一句话、一个词或一声惊叹。

修复机制

对话中很多地方存在出错的可能性。出错时，**修复机制**是必需的。修复机制是指对话出现问题时修复对话的行为。

对话分析者确定了对话出现麻烦时可能会发生的四种修复类型：本人发起自我修正、本人发起他人修正、他人发起自我修正和他人发起他人修正。

本人发起自我修正发生在发现并纠正自己的错误时。从维持对话的角度看，这是最佳的修复机制，因为它能在没有其他参与者偏离对话焦点来理解并纠正错误时，使对话有效地回到正轨。另一个极端则是他人发起他人修正机制，这时需要其他参与者努力使对话重回正轨，而这或许会导致对话过程中出现更多的困难。

对话分析的特征聚焦于人类互动的微观细节。从表 13.1 可以看出，誊录一分钟的对话需要相当多的超过一分钟的工作。誊录需要灵敏的耳朵，以及对对话实际内容的尊重。在誊录对话的过程中，对话分析者不会纠正对话中言语或语法的错误。在誊录注释的过程中，他们的任务是精确地记录所听到的内容。反映真实对话的誊本远远比表 13.1 的示例复杂。详情请见本章末推荐网络资源中学术性对话分析的案例。

》符号学 243

莎士比亚说，一朵玫瑰即使换个称谓，仍然会香气宜人。符号学就建立在这种见解的基础上。本质上，**符号学**关注的是语言，特别是和符号以及意义之间的关系。

符号和语言与意义之间存在着任意的联系，而这种联系具有文化特殊性。即使你称一本书为“kkjtckl”，它仍然是一本书，虽然莎士比亚很可能不会这样说。“书本”可以实际上是一个行为动词或指代一个尺寸、设计、成本和内容差异很大的物体。停车标识普遍意义上被理解为“停车——确定可以安全行驶后继续行驶”。从字面上看，停车标识仅仅说了“停车”，并没有写“确定可以安全行驶后继续行驶”，那么“继续行驶”的含义是从哪里来呢？为什么我们大部分人都接受了这层含义？

符号学分析旨在探索诸符号与其意义之间的关系。这有助于我们理解信息是怎样被解读或误解的。注意复数。如果符号和意义之间的关系是任意的，那么它们的关系往往可能存在多种解读。从他们的行为上看，有些驾驶者似乎将停车标识解读为“慢一点……如果你愿意的话，你将不会看见巡逻车”。

让我们初步简单地探索一下符号学，分析你对下面这些**表情**的理解，有些是在邮件中常用的。

1. ☺　2. ☹　3. ;-)　4. %-(　5. ＜}{

- 你明白上述每一个表情的含义吗？
- 这些表情还可能被怎样解读？

- 你认为你对这些表情的理解在多大程度上受到了其他人的影响？

符号学思考：烟草国王、洗手间和熟睡的警察

20世纪20年代美国公共关系先驱爱德华·伯奈斯（Edward Bernays）回忆起与一位重要客户美国烟草公司董事长会面时的场景，这位董事长总是戴着帽子坐在办公室。对于信奉弗洛伊德学说的伯奈斯来说，这象征着头戴王冠坐在王位上的国王。董事长应该会为员工这样的解读而感到高兴。然而符号学学者对这种1776年后美国公司中的君主权力的象征提出了质疑，他们质疑那个帽子是否应该被解读为王权的象征。他们进一步质疑了伯奈斯的解读。例如，那顶帽子是否可以被解读为林肯式的/总统式的大礼帽，从而向美国的事业机构——美国烟草公司——及其董事长致敬？

洗手间的符号通常用假定人人都能看得懂的简化的男性/女性轮廓来表示。电影院的洗手间门上曾一度用精心制作的戴礼帽穿燕尾服的绅士轮廓和梳着发髻穿长款晚礼服的女士轮廓作为指示符号。对这种现象的符号学解读是，电影院一度想反映或形成这样一种观念，出入电影院是“淑女和绅士阶层”的高档娱乐活动。后来也许随着大众娱乐需求的提高，电影院通过改变洗手间门上的象征符号来回应这一趋势，表示不论阶级背景向所有人开放。因此，门上的“淑女”和“绅士”被减去了晚礼服和礼帽，变得去阶级化和现代化。

244 减速带在某些国家被称为“熟睡的警察”。这看起来像对当地警察的贬损——躺在公路中间，并任由来往的汽车频繁碾压。然而，符号学强调解读的可能性，所以另一种可能的解读是什么？至少从警察的角度去看，一个更积极的意义在于公路上有这些常驻警力时刻在警醒驾驶者。对这个意义敏感的驾驶者开车时会明显谨慎些，有形的“熟睡的警察”限定了他的开车速度。

许多应用符号学的研究以消费产品及其附着意义为中心（Mick，Burroughs，etzel，& Brannen，2004）。在应用环境中，研究者可将新产品和产品设计的符号学分析与调查和焦点小组等其他方法结合起来，以明确消费者赋予了产品什么样的意义以及为什么他们接纳这个品牌。符号学研究者研究了车辆的外观如何影响人们对汽车品牌的记忆度，自我形象与女人可能购买的香水瓶的形状之间的关系，以及像机器公司（IBM）和苹果公司这样的公司标识所传达的形象。

符号学分析的价值在于研究者试图探索解读或误解的可能性，从而谨慎对待有关产品解读的所有细微差别和可能性。

下面介绍了符号学分析众多方法中的一种，以及这种方法在实践中的运用。

罗门·雅各布森拜访山姆的汽车展销中心

根据第一章，人类传播经典的电信基础模型包括四个主要部分：来源、信息、渠道和接收者。

语言学家和传播学理论家罗门·雅各布森(Roman Jakobson)拓展了这个模型，赋予每一部分**符号功能**如表 13.2 所示。雅各布森的符号六大功能学说确定了语言是怎样为特定目的发挥作用的。

表 13.2 展示了雅各布森的符号功能如何被运用于分析和理解假定的汽车经销商山姆发布的广告。例如，“我简直疯了……”这类语言是描述山姆现状**富有表现力**的陈述。“过来吧……”是表现山姆对其广告受众期望的**意动**陈述。“我们的交易是车轮上的便宜货”是一种修辞，即使我们不同意山姆的观点也会喜欢这句琅琅上口的话。我们可以推测，山姆认为这样的措辞可以使他的广告令人难忘。“我们有全国最高的性价比”有**指示**作用，便于确立整体上山姆广告的主要内容。“参观、电话或者电子邮件”有**交际**功能，它确定了山姆与其潜在客户进行交流的方式。“山姆的汽车才是汽车”试图建立人们优先选择的意义，“山姆的汽车”至少是山姆的优先意义具有**元语言**功能的陈述。

我们可以通过很多方式将雅各布森的六功能说用于符号学分析。例如，雅各布森认为，在一个文本中六大功能总有一个功能发挥主导作用。判断出主导功能有助于你理解信息背后的动机，正如贝克的比例分析一样。或者你也可以系统核查每一个功能，看情感、关联信息和“文字游戏”是怎样从整体上帮助山姆在广告受众中建立起他的经销商形象的。

符号学分析是关于解读可能性的演练。可通过章末的资源清单概览一下其他符号学理论及其运用。

表 13.2　雅各布森的符号功能说 245

交流要素	符号功能	示例
发信者	情感功能： 描述或建立发言者的情况或情感状态。	“以这个价格销售我简直疯了。”

续表

交流要素	符号功能	示例
接收者	意欲功能： 确立发信者对接收者的期待，或者说希望接收者接收信息后做什么。	“快过来——马上！”
信息	诗意功能： 根据语言的意趣使用语言，如笑话或押韵本身具有令人愉快的意向。	“我们的交易是车轮上的便宜货。”
语境	指示功能： 确立通信的语境、主导信息或议程。	“我们有全国最好的用车服务。”
渠道	交际功能： 使通信对象在线，通过确立交流方式保持联系。	“参观、电话或电子邮件，我们期待您的到来。”
代码	元语言功能： 确立词语的一致含义，例如确定“Rose”是一个女孩的名字，而不是指玫瑰花。	“山姆的汽车才是汽车。”

》批判分析

批判分析旨在探索传播确立、加强和维护社会权力结构的方法。正如你想的那样，批判分析有很多方法。批判理论家来自各个学科，并没有广泛一致认可的理论设想或方法。正如柯特(Curt，1994)所指出的那样，“批判理论的著作对于经验
246 不足的人来说往往是相当费解的”(p. 13)。尽管如此，批判学者一直对识别传播内容和行为背后的权力结构有着莫大的兴趣。

要理解这种兴趣首先要意识到所有的传播都是以足够的传播资源为基础的。任何公共传播，无论是印刷媒体、广播媒体、网站、广告牌、车身广告、课程大纲还是赞助的小联盟制服，都需要时间、金钱和影响力等资源才能产生。中场秀、宗教仪式、启动仪式、葬礼服务和毕业典礼也是这样。那么，我们可以认为我们所接触的很多传播内容是拥有权力和资源(不管如何定义)的个人和组织进行传播的产物。

虽然互联网和社交媒体一定程度上推进了传播民主化和全球化，然而上述看

法依旧是正确的，你发布推特或维护网页页面的能力也是在你掌握了资源的基础上实现的。你在互联网上的存在反映出“数字鸿沟”中另一方所没有的传播能力。

理论上，批判角度被设计为通过质疑客观性概念，解决社会问题或不公，从而提供更公平的社会集体资源的使用权。批判分析学者分析传播行为主要着眼于判断传播中的主导声音、传播现象背后的权力结构，以及掌权者运用传播维持现状的方法。

在这里，我们将从批判角度重新审视本章前面所述的一些研究方法。

从批判角度看，修辞分析试图建立运用传播来维持权力关系的方式。亚里士多德确定的三大修辞场合是辩论的正式场合——法律/司法程序、毕业典礼之类的仪式，以及政治或政策辩论之类的审议程序。从批判学角度可以将修辞分析理解为对运用辩论赢得强者支持或强者运用辩论维持地位这两种情况的分析。同样地，肯尼斯·贝克的戏剧主义分析和叙事分析则可以被看作对讲述权力关系和价值观冲突的戏剧和故事的分析。

从批判角度出发，比喻分析可以反映出语言是怎样维持和促进有组织的权力结构的。比如，试想你为了理解一个组织为什么能成功而去阅读访谈记录和文件。当你阅读的时候，你会发现某些词和短语似乎再三重复——“团队”“团队成员”“参加”“领队”“目标”“得分”“队长”“暂停”“规则”“教练”。你会发现，尽管个人消息提供者还没有使用“运动”或“比赛”这类术语，但他们似乎已将他们的组织生活视为一场运动或比赛了。他们很可能会认为要有一个协调队员关系的队长，一套协商一致的规则，打败竞争团队这样一个整体目标。换一种说法，“团队”这样一个根喻构造了他们的想法，塑造了他们的行为。

在一定程度上，这个比喻暗示团队成员为了共同的目标和谐无间地合作，协调各方一起努力。然而，批判分析者会指出，团队的比喻可能有另一种解读，即团队是有等级的，由队长和/或教练掌权并做出战略决定。团队成员则被期望在战术层面执行这些决定，并且为了团队的利益将个人利益放在一边。坚持个人主义而将团队置于危险之中的成员有被从团队踢除的危险。然而从批判的视角来看，团队的比喻传递了这样的信息：对权威的服从，按照指定的方向做事并且维持团队的等级制度。从批判角度来讲，这不仅是对当权者的服 247
从，还包括对根植于社会、经济和文化等历史形式的权威的服从，这限制了被剥夺权利的群体的参与。

同样地，批判性解读同样会发生在“家庭”这个比喻上，很多组织机构都使用过这个比喻。家庭或许指关系密切的个人所组成的充满爱心的团体，但家庭忽视容量、结构或民主水平，大部分家庭都由权威（父母）做决定，而其他成员（孩子）则被期望遵守决定。从批判的角度看，家庭的比喻正如团队一样，巧妙推崇着等级制度的概念和对权威的尊重。

至于组织传播，这类比喻的批判解读还有另外一些效力，这类比喻通常在新员工必读资料、员工新闻简报、表彰大会等类似的情境中出现。谁控制着员工传播的内容？答案是管理层。

我们重新审视"叙事分析"这一标题下美国 IBM 公司的故事以及对它的解读。虽然那个故事强调的是组织的所有成员都受到组织规则的支配，但蒙比（Mumby，1987）却将这个故事解读为具有政治功能。表面的解读忽略了这样一个事实，即规则是由管理层制定的，而非员工。此外，这个故事使规则被员工"从下往上"强化了，而不是"从上往下"。从批判角度看，这个故事的作用在于提醒员工他们有责任强化管理层制定的规则——故事发挥的效力更强大了，因为它在组织中不是作为管理层的指令而是作为一个故事被轻而易举地传播开了。

以上分析受益于**马克思主义视角**，这一视角以对资本主义及其社会关系和价值观的批判为起点。从这个角度，批判学家认真审视传播内容，搜寻强化当权者**意识形态**或视野的信息（通常是隐蔽的）。例如，批判组织学者通过分析员工的新闻简报来判断管理层意识主导信息内容的程度。

女性主义批判一般力图批判男权的等级制度和意识形态，以及传播学研究背景下，复兴和维持这种等级制度和意识形态的传播内容和实践。女性主义批判聚焦于性别，更具体地说是性别的不平等待遇和相关的描述生活经历以及反响。批判方法从判断媒体内容中男性相对女性在"声音"上的优势来确定语言上的性别歧视，延伸到分析等级制度下的男性观念认知。例如，媒体研究者关注娱乐媒体、广告或员工传播中男性和女性关系的描述方式，更具体地说，是男性和女性角色之间的权力关系，男性和女性角色如何定义，以及组织机构和人际关系中行为和角色如何保护男权行为和等级制度。

我们在第一章中看到过这样一个研究案例，查普曼（Chapman，1979）从他关于广告和精神药物的研究中得出了这样的结论：女人在广告中被狭隘地描绘为"家庭主妇"的角色，因此促成了女人是家庭主妇这样的刻板印象。

批判话语分析旨在探索语言和权力之间的关系。以此推断，我们可以做出这样关于社会的猜想：社会精英和强者有能力按照对他们有利的方式解读和描述这个世界，并且会或明或暗地打压少数派。批判话语分析的基本目标是揭露公共话
248 语背后的意识形态，将传播内容与潜在的权力结构联系起来。批判分析者的关注

本章要点 252

- 修辞分析旨在研究内容以理解劝说和辩论的本质。
- 叙事分析和话语分析关注故事及其运用。
- 对话分析考察人际互动的细节以弄清参与者是如何协调对话的。
- 符号学分析聚焦于文本和符号的意义和解读。
- 批判分析关注的是语言在推进和维持组织与社会权力时的运用。

重要术语

行为
相邻语对
亲和型回应
方法
阿让
亚里士多德式分析
意欲功能
批判话语分析
非亲和型回应
话语
话语分析
非优先反应
戏剧五位一体
表情符号
情感功能
幻想主题分析
女性主义批判
意识形态
视角
主导模拟
主导叙事
元语言功能
隐喻分析
叙事分析
交际功能
审美功能(诗意功能)
优先组织
优先反应
目标
比例分析
指示功能
修复机制
修辞学
修辞分析
根喻
合法机制
场景
符号功能
符号学
符号聚合
过渡相关处(TRP)
转换构造单位(TCU)
轮替
表达方式

应用练习

练习 1:话语分析

在当地和国内媒体中寻找高频出现的竞争话语。比如就常见的环境问题而言，环境保护论者和历史学家会对具有历史意义的遗址或在环境方面非常重要的
253 地点的开发和开发商和投资商产生争论。双方的竞争话语大体上可能是就业和经济增长的话语与培育和维护当地环境和历史的话语相对抗。另一有争议的话语则是政府的立场，特别是选举期间，例如自由与私人企业的话语对抗关怀和公平对待全体公民的话语。

识别目前的这类话语冲突，概述你研究的媒体和你用来区分竞争话语的技术，并判断哪一方更强势。

话语分析常用于分析已被识别出的主导话语和弱势话语。你如何通过对竞争话语双方的话语分析预测出谁可能是主导的一方?

练习 2:匹配方法和兴趣

在下列兴趣领域的研究中，你倾向于使用本章所述的哪一种方法？为什么？

- 如果有的话，识别报纸或电视网络的政治议程。
- 识别媒体内部组织管理的议程。
- 说明一个团体通常如何做决定。
- 说明两个人通常如何做决定。

练习 3:分析组织的故事

组织的新成员常会听到私下流传的有关组织的故事。不论传播故事背后的动机是什么，这些故事通常会产生一些影响，这些故事会说明如何在组织中生存以及告知成员若要适应环境需要遵守的规则。

想一想在学校的第一年你和其他人听到的故事。这些故事之间有什么区别？它们所涉及的是学生手册或学校政策没有提到的吗？你认为本章提到的哪种方法对新成员理解这些故事以适应新环境最有用？

推荐阅读

亚里士多德

Dean, D. (2005). Fear, negative campaigning and loathing: The case of the UK election campaign. *Journal of Marketing Management*, 21, 1067-1078. 这篇论文以亚里士多德的修辞学概念为基础阐释了如何将讯息传达给选民。

Kallendorf, C., & Kallendorf, C. (1985). The figures of speech, ethos, and Aristotle: Notes toward a rhetoric of business communication. *Journal of Business Communication*, 22(1), 35-50. 这篇文章探讨了当代商务沟通中亚里士多德修辞学的应用。

鲍曼

Bormann, E. G. (1972). Fantasy and rhetorical vision: The rhetorical criticism of social reality. *Quarterly Journal of Speech*, 58, 396-407. 这篇文章概括了幻想主题分析。

贝克

Burke. K. (1960). *A grammar of motives*. Berkeley: University of California Press. 这本书呈现了贝克的戏剧主义理论。

Foss, S. K. (2009). *Rhetorical criticism: Exploration and practice* (4th ed). Long Grove, IL: Waveland Press. 这本书举例探讨了贝克的作品和五位一体批判，也涉及幻想主题、隐喻和叙事批判。

对话分析 254

Clifton, J. (2006), A conversation analytical approach to business communication: The case of leadership. *Journal of Business Communication*, 43(3), 202-219. 这是关于组织中领导的话语未被注意到的谈话机制的研究。

Richards, K., & Seedhouse, P. (2005), *Applying conversation analysis*. New York: Palgrave Macmillan. 尤其要阅读将对话分析作为研究方法的那一章。

话语分析

Bingham, A. (Winter, 2010). Discourse of the Dammed: A study of the impacts of sustainable development discourse on indigenous peoples in the Brazilian Amazon in the context of the proposed Belo Monte hydroelectric dam. *POLIS Joural*, 4, 1-47. 这本书分析了基于科学、技术和管理的可持续发展的主导话语和权力、权力下放、充分参与二次话语，以及前者对原住民族的影响。

符号学

Chandler, D. (2002). *Semiotics: The basics*. London: Routledge. 这是本符号学概述，表明语言和符号如何不能被视为意义的中性载体。

Cooks, L., Orbe, M. P., & Bruess, C. S. (1993). The fairy tale theme in popular culture:A semiotic analysis of *Pretty Woman*. *Woman's Studies in Communication*, 16(2),86-104. 本文使用符号学分析电影《漂亮女人》的"童话"叙事结构中的代码以了解性别原型是如何起作用的。

Floch, J. (2001). *Semiotics, marketing and communication: Beneath the signs, the strategies*. New York:Palgrave. 本书使用广告和营销中的具体案例来概述符号学理论及其运用。

Harrison, C. (2003). Visual social semiotics: Understanding how still images make meaning. *Technical Communication*, 50(1), 46-60. 这篇论文举例分析了文档和网站意象，并讨论了文字和文本的关系，以及如何选择图像以提升文本。

Lakoff, G. (2006). *Whose freedom? The battle over America's most important idea*. New York: Farrar, Straus & Giroux. 这本书讨论了自由这个概念如何被世界各地从不同的政治角度做出不同的解读。

Lakoff, G., & Johnson, M. (1980). *Metaphors we live by*. Chicago: University of Chicago Press. 这本书探讨了隐喻以及它在我们生活中扮演的角色。比如，为什么"向上"好，"向下"不好？

McCracken, G. (1986, June). Culture and consumption: A theoretical account of the structure and movement of the cultural meaning of consumer goods. *Journal of Consumer Research*, 13, 71-84. 这篇文章展示了广告人如何将意义"粘贴"在消费商品上。

Ostman, J. (2004). The postcard as media. *Text*, 24(3), 423-442. 这篇论文对明信片作为文化价值观的载体做了语言学和符号学分析。

Pagel, S., & Westerfelhaus, R. (2005). Charting managerial reading references in relation to popular management theory books: A semiotic analysis. *Journal of Business Communication*, 42(4), 420-448. 这篇论文使用符号学分析发现商务人士实际上如何阅读流行的商务理论书籍。

Warlamount, H. G. (1998). Realism in magazine advertising: Meaning, prevalence and intention. *Journal of Current Issues and Research in Advertising*, 20(2), 19-29. 这篇论文运用符号学、内容分析法和调查法研究杂志广告中现实主义的运用。

推荐网络资源

Daniel Chandler, University of Wales, Semiotics for Beginners: http://

www. aber. ac. uk/media/Documents/S4B/sem11. html。该网站提供了符号学分析导论以及术语表、引用文献和推荐阅读。

查尔斯·安塔基教授的对话分析教程：http://www. staff. lboro. ac. uk/ss-ca1/sitemenu. htm。该网站提供了会话分析导论以及文字记录表和符号案例。

网络上的定性数据分析：http://onlineqda. hud. ac. uk。哈德斯菲尔德大学人类与健康科学学院的这个网站提供了定性数据分析方法、资源和术语表。

Signo：http://www. signosemio. com。在这个网络你可以了解更多关于理论家的信息，如 Jakobson。

TalkBank：http://www. talkbank. org。在这个网站你可以找到可下载的对话分析文本，并且可链接到相关的音频或视频记录以及其他资源。

Umberto Eco 网站：http://www. umbertoeco. com。Eco 是位符号学家、文学评论家和小说家，以小说《玫瑰之名》（*The Name of the Rose*）闻名于世。你可以浏览他个人的关于符号学的网站。

参考文献 255

Bormann, E. G. (1972). Fantasy and rhetorical vision: The rhetorical criticism of socail reality. *Quarterly Journal of Speech*, 58, 396-407.

Chapman, S. (1979). Advertising and psychotropic drugs: The place of myth in ideological reproduction. *Social Science and Medicine*, 13(A), 751-764.

Curt, B. C. (1994). *Textuality and tectonics: Troubling social and psychological science*. Buckingham, UK: Open University Press.

Hajer, M. A. (1995). *The politics of environmental discourse: Ecological Modernization and the policy process*. Oxford, UK: Clarendon Press.

Holsanova, J., Holmquist, K., & Rahm, H. (2006). Entry points and reading paths on newspaper spreads: Comparing a semiotic analysis with eye-tracking measurements. *Visual Communication*, 5(1), 65-93.

Levinson, S. (1983). *Pragmatics*. Cambridge, England: Cambridge University Press.

Lindlof, T. R., & Taylor, B. C. (2002). *Qualitative communication research methods* (2nd ed.). Thousand Osks, CA: Sage.

Martin, J., Feldman, M., Hatch, M. J., & Sitkin, S. B. (1983). The uniqueness paradox in organizational stories. *Administrative Science Quarterly*, 28,

438-453.

Mick, D. G., Burroughs, J. E., Hetzel, P., & Brannen, M. Y. (2004). Pursuing the meaning of meaning in the commercial world: An international review of marketing and consumer research founded on semiotics. *Semiotica*, 52 (1-4), 1-74.

Mumby, D. K. (1987). The political function of narrative in organizations. *Communication Monographs*, 54(2), 113-127.

Nielsen. (2011). *Social Media Report Q3 2011*. Accessed January 9, 2012, from http://blog.nielsen.com/nielsenwire/social/.

Parker, D. H. (1972). Rhetoric, ethics and manipulation. *Philosophy & Rhetoric*, 5(2), 69-87.

Seedhouse, P. (2004). Conversation analysis methodology. *Language Learning*, 54(S1), 1-54. doi:10.1111/j.1467-9922.2004.00268.x.

Smith, R. C., & Eisenberg, E. M. (1987). Conflict at Disneyland: A root-metaphor analysis. *Communication Monographs*, 54(4), 367-380.

Tech Cocktail. (2012). *How many users do the big social networks have?* Retrieved January 29, 2012, from http://techcocktail.com/users-major-social-networks-2011-10#.TyZwXYHLmmg.

Zimmer, C. (2012, April 16). A sharp rise in retractions prompts calls for reform. *The New Times*. Retrieved from http://www.nytimes.com.

学习网站

访问学习网址 **www.sagepub.com/treadwell2e**，可获取以下资料：

- 网络资源；
- 推荐阅读；
- 电子抽认卡；
- 研究问题。

第十四章 / 写作与研究呈现

Writing and Presenting Research

研究报告是研究人员艺术的一部分。
如果你想被认为是聪明的话，
可能需要一段时间，
而且要遵循规范。

本章概览 256

作为一本关于传播学研究的书，在结束前不讨论传播学研究的研究成果如何得以传播是不恰当的。如果人们不知晓研究成果的话，研究对拓展我们的认知就毫无用处。本章我们将着眼于写作过程本身，注重写作和呈现学术性以及使研究被相关公众所知的方法。

开篇问题

- 我的研究的潜在受众是谁？
- 在我的兴趣领域，我如何更好地向其他研究者说明我的研究？
- 我如何向新闻媒体更好地说明我的研究？
- 有一种更好的方法来呈现研究成果吗？
- 什么样的伦理观念可能会影响我写作和公布自己的研究成果？

》引言 257

你阅读了大量文献，并通过推理得出了假设和研究问题，最终还需要选择合适的研究方法并将其实施。注意，当你的项目数据出来的时候，你应该保持敏锐的感觉。你的数据分析将会确认或驳斥你的假设，引导你走上一条新的道路，甚至也可能产生矛盾的结果，这个结果会将你导向“确切可能”的结论或者另一轮研究的开端。

如果能在有了新的数据、对数据做了令人满意的分析和解读时，停下来放松一下固然不错，不过学术性研究对你有更进一步的要求——发表和呈现。发表从字面上理解就是“使公开”。

本书的基本理念是研究的目的是为知识做贡献；如果你的研究没有被发表出来使众人知晓并理解的话，那么它是毫无贡献的。按照惯例，学术写作通常被视为为同行学者而写作，写作中采用第四章介绍的学术出版物使用的正式风格，但我们需要突破那种观念的局限，为其他更重要的受众而写作，如新闻媒体和利益集团。“人”的研究和媒体研究经常是相互关联的，它们对于新闻媒体受众和利益集团而言充满趣味。研究者对跳出正式的学术渠道发表研究成果的期望越来越高。这就意味着，研究者不仅需要使他们的学术写作适应大众出版的形式，还需要掌握一些呈现的技巧——演讲以及海报、图表和展示软件的运用。

如果你想帮助读者理解你的研究，良好的写作基础是至关重要的。然而，本章将远离主谓一致、句子片段、平行结构和标点符号使用这类微观层面的建议，而将引导你对自己研究的众多潜在受众进行战略性的思考，并且考虑你需要怎样做才能使你的学术报告满足受众的需要。首先是关于写作方式的一些建议。

〉写作过程

谈论写作过程更有针对性，毕竟有多少作者就有多少写作过程。大多数作者都形成了自己特定的写作方法。这里所述的写作过程只是为了帮助你思考并形成你自己的写作方式。概括来说，我们总结出了研究报告写作的三种方式。

第一种方式是在你的脑海里设想出最后的整体报告，然后简单记录下来。这里仅仅是将想法和结果记录到纸上。这种方式对学术写作来说不值得推荐，因为学术论文要求细节详细，而“从脑海到纸上”的方法或许会使你遗漏报告中的重要细节，还会使你的写作不够精确。尽管如此，经验丰富的研究者进行特定主题写作时可能会使用这种方式，因为他们熟悉文献以及相关的研究和数据分析方法。

第二种方式是直到你写完你才可能知道你写的是什么。只有到那时，你才会知道你是否彻底完成了这个研究主题，才会知道你的论文是否符合你将在上面发表的出版物的规范。换句话说，仅仅先完成初稿，然后带着批判的目光审查它，并 258
且不断修改(修改再修改)，直到作品达到专业水平。

第三种学术写作方式被称作"模板方式"，意为弄清你为之写作的出版物的结构和格式，并根据大小标题检查是否写出了所有必需的细节，并符合出版物的规范。

采取什么方式不仅仅取决于你个人的写作习惯，还取决于你所做研究内容的类型。调查和实验设计会在你研究开始之前就为你提供最后论文的许多设想和写作内容。这类研究要求你提出假设和研究问题，描述采用的研究方法，确定抽样的人或媒体以及如何抽样，并且要求你回顾发表的文献以调整你的问题、方法和样本，并使你知道你没有重复前人已经做过的研究。原则上来说，在你开始研究之前就整理好了之后论文所要写的几乎所有内容是可能的。唯一缺少的就是研究结果、结论以及摘要。

相比之下，第二章中艾佛勒和雷斯(Evered & Reis，1981)说他们的研究没有最初的假设也没有特定的研究工具，而是在遇到的组织的实际情况中不断摸索，直到形成了一个清晰的蓝图。他们的研究毫无疑问涉及做大量的笔记，并将笔记分类排序，随着研究的推进，它们也将体现出研究意义。在这种连方法都随着研究的进展而改进和改变的研究中，很明显直到研究者宣布研究结束并将他们的原始资料综合成有意义的最终形态后，论文才会成形。在这类案例中，随着研究的推进，对研究的思考和写作很明显会塑造研究的过程和最终的论文。这经常发生在"人员密集"的研究中，如参与型观察和民族志研究。

对大多数研究者来说，写作落于"从脑海到纸上"和"先写，再看写了些什么"这二者之间。一般情况下，在研究开始前，我们都会(应该)先写好文献综述、基本研究问题、抽样样本的描述以及数据分析方法。这对保持研究框架和焦点来说是一个好办法。不要忘了，"数据"可以是定量的，也可以是定性的，因此事先确定怎样分析数据并不意味着已经确定了要采用的统计程序。它同样适用于针对同一主题长达数小时的访谈记录的分析，以及针对随着时间变化的同一主题的公共话语分析。

观察研究一个主要思想，将研究中发生的每一件事情记录下来是个不错的想法。这些笔记不仅应该包括你的观察、文字记录和其他资料，还应该包括你对课题的思考。这样当你后面写论文的时候，你就有了足够的数据以及关于数据不同的思考方式。用数码录音机和声音识别软件这类工具做记录很容易。对声音识别软件的使用熟练之后，你可以对着电脑口述，声音识别软件可以将你的录音转化为文本，其准确度令人吃惊。照片和视频也可以作为笔记的补充，它们已经成为民族志导向研究的主要组成部分。

如果你正在以探索性的模式对你的资料进行理论化的提炼，保留访谈记录、观察笔记、解读以及类似资料就变得尤为重要，因为一个隐藏的词、短语或比喻都有可能成为你理解复杂的人际互动的一个“契机”。

259

》为学术公众而写作

发表论文是学者与其他人进行正式交流的途径。要弄清你的研究发现能否站得住脚的最好方式就是发表它们，通过这样做来邀请其他人检验你的研究、进行评论，并且重复来看是否能得出相同的结果。

传播学典型的学术性期刊一般是按季度发刊，在发刊之前需要通过审查和编辑程序。审查意味着期刊编辑征集其他学者的意见，审阅递交的研究报告是否达到学术水平，以及该研究报告是否对所在领域有所贡献。编辑程序包括确保文章按照期刊的规范写作、根据期刊的具体情况安排发表文章，并且监督期刊印制。

也就是说，学术文章需要等到作者投稿数月后才能问世。这种缓慢的速度加上季度性的发表使得“出版作为对话”的比喻令人难以置信，但是学术期刊毕竟是学术群体成员基于证据和理论进行辩论的竞技场。每一项新研究都是以前人发表的研究为基础的，而它自身也将成为他人批判评论的对象以及进一步研究的基础。

版式

有助于理解和讨论发表的研究论文的一种方法是以便于比较的方式将它们**格式化**。这里的“格式”指的是规范的标题，大多数期刊都会对稿件提出这样的格式要求。学术界有一个不成文的规定，那就是任何研究论文都要有一个正式的标题、一个总结全文的摘要、一个提供研究背景的文献综述、研究问题、方法、结果、讨论和结论以及参考文献清单。回顾第四章，你会发现正是这些特征使学术论文有别于大众和商业出版物。

论文各部分的性质和数量没有一定的规范，但这个基本的整体框架有助于其他学者快速理解文章的内容以及它与其他论文的关联。对于同一兴趣领域的研究者来说，他们对相关文献和所使用的方法很熟悉，因此可以直接跳到论文的结论部分，将这些发表的结果与其他论文进行比较。一个领域的新研究者或许会花更多的时间阅读文献综述和方法部分，以求从中得到启发从而激发自己的研究。

格式

确保你研究中的所有相关部分都被适当地报告的一个方法就是遵循一个**格式指南**，如第四章介绍的 APA（美国心理协会）、MLA（当代语言协会）和芝加哥格式（芝加哥大学出版社）。这些指南规范了学术论文的格式，从而确保学术论文在出版前完备。

除了特定的引用规范，格式指南也规范了排版、印刷、标题层级和页面版式。对于刚从事研究的人来说，二英寸厚的格式指南所规定的具体细则令人望而怯步，但想象要阅读一篇格式混乱的学术论文，就能体会到这些格式指南存在的必要性了。想象作者的姓氏出现在第五页，他的名字的首字母缩写和姓氏出现在第七页，他的名字和姓氏出现在第九页。想象一些引文随意地放在页面底部，其他引文放 260
在文章末尾。想象一下各种字号和字体的标题，你就会理解有关格式的“道路规则”为什么必要和有用了。

然而，格式指南并不是只有一种格式。例如芝加哥格式根据发表作品的类型就有两种格式选择，并且一些学术期刊有自己的**格式规范**，在基础格式如 APA 的基础上还有变化。

好消息是可以从格式指南、期刊编辑和各种在线资源那里了解这些格式的具体细节。任何出版物的具体格式一般都可以在该出版物和/或该出版物的网站上找到。在做研究之前，可以根据格式指南做研究计划。当你完成研究并写出来时，可以根据格式指南确保你汇报了学术性读者想要阅读的所有内容，并使格式前后一致以有利于读者阅读。

表 14.1 左栏展示的是学术报告的一般框架。

引用必须做到精确，因为学术读者特别是该领域的新人可能会去查看你阅读过的资料。通过准确标记所有引用资料，你可以帮助其他学者了解你找到的有用资料，以及提示哪个作者的作品有助你得到公众的认可，并避开剽窃的风险。

表 14.1　学术性和专业性报告格式

学术性报告	专业性报告
标题页	标题页
	目录，如果必须列出的话
摘要	实施纲要
引言	引言
研究的目标和意义	报告正文
文献综述	
研究的问题和/或假设	
方法	专业性报告使用的标题取决于报告的长度、目的和目标受众。
参与者或媒体抽样	
采用程序	
测量方法，如果是定量研究的话	专业性报告可以包括也可以不包括学术性报告该有的部分(左栏)。
结果	
讨论	
结果的意义	
研究的缺陷和局限性	
结论	
对未来研究的建议	建议
参考文献	
附录	附录

261 回顾第四章所述的 APA、MLA 和芝加哥格式，以及它们之间有何不同。例如，芝加哥和 MLA 格式都要求列出作者名字的全拼；而 APA 格式则只要求列出作者名字的首字母。芝加哥格式和其他格式都允许使用脚注。脚注要求在同一页面底部用数字标注专著或期刊文章的出版细节。脚注的好处是，在文中首次引用专著或文章的地方就为读者提供了完整的引用信息，只不过不是完整的参考文献列表。

声音

学术出版物的格式可以被看作它的**声音**。它是词汇、结构、标点符号和消极或抽象风格的结合体，这些使你知道你正在阅读的是“期刊 A”而不是“期刊 B”。位于期刊声音的上方以及塑造读者理解的是作者的声音。由于民族志研究和参与者观察的多样性，需要听见第三方声音，即研究参与者的声音。

批判理论家和学术传播自身的研究人员注意力转移到研究写作，并将之作为一个研究主题时，“声音”成为越来越重要的议题。这一部分我们将讨论积极声音和消极声音的概念，学术界的声音能否保持中立的问题，以及学术作者如何，如果有的话，呈现其研究参与人员的声音。

一般来说，很多研究是以抽象被动的声音被报告的。读过很多学术报告后，你会熟悉这种“三名参与者被访谈”不带感情的风格。

正如古斯菲尔德(Gusfield，1976)指出的，科学家的语言应该是“窗玻璃”，透过这块透明的玻璃可以清楚地看到外面的世界，而没有任何失真。但是学术写作不可避免地有自己的策略，目的在于使读者相信作者对人类传播领域做出了意义重大的贡献。这样的写作策略就是用消极抽象的方式将作者尽可能地远离研究。细思之下，我们会发现其本身就是一种说服策略。

虽然这种风格被视为是可取的，它消除了作者对研究的个人影响并用研究数据和结果说话，但问题在于谁的声音会被听见。答案是“基本上没有人的声音会被听见”。文章一开始作者露了个面，然后消失不见，在后面的文章中，作者都是一个抽象的存在。最好的作者实际上并没有被记录做了任何事，即阿尔科夫(Alcoff，2008)所谓的“责任擦除”(p. 486)。

有些出版物认可作者出现并允许他们采用第一人称积极的写作风格。因此，“三名参与者被访谈”变成“我访谈了三名参与者”。结果文章变得更加有趣，因为我们有一个作者身份的角色在寻求获取有关人类传播的信息。作者的存在非常明确，他发出声音并对研究报告的内容负责。作者有故事要讲。

如果作为角色的作者在报告一项研究的始末这一观点使你认为，研究写作本 262
身可以使用修辞、叙事、话语和戏剧主义分析以及批判方法进行分析，那么你是正确的。而古斯菲尔德(1976)就是一位经常被提及的对科学写作进行修辞分析的学者。

格式和声音体现了作者所遵循的正式出版物规范及其个人风格。它们也体现了研究的基本性质和研究是定量的还是定性的。定量研究的一个优点是定量方法的语言为作者和读者提供了一个便捷的理解方式。一般来说，研究者都会假设进行这一领域研究的同行都会知道回归、关联、模型以及显著水平等词语是什么意思，这些术语不需要解释。统计学和统计学检验也是如此。对于具有显著水平和自由度的卡方值描述，用两行字就可以总结分析及其结果。

可这也是定量研究的格式指南如此具体的原因之一。通过精细确认什么需要描述以及如何进行描述，可以排除大量的细节。由于假定读者对研究方法和统计学都有基本的了解，我们在第六、七章对 t 检验、卡方测验、相关系数之类的术语没有或者只做很少解释，因为作者的同行也“说同样的语言”。

相比之下，定性研究的报告如民族志、参与观察则需要大量解释。

一位进行调查的定量研究者或许会报告其样本是由从特定类型中随机抽出的 120 个人组成的，然后描述调查问题、统计分析和结果。这使读者能够清晰地理解研究及调查研究方法。

另一方面，撰写观察性研究报告的研究者需要阐明其是作为“完全的观察者”到“完全的参与者”等不同的立场；解释参与者的选择，因为选择基于判断，说明所收集的数据的类型——观察笔记、访谈、录像等，并解释分析数据的方法。

定性研究报告和定量研究报告的区别是前者明显是非统计性的，而且需要关于样本、方法和分析的更多解释。另外，相对于定量研究报告，定性报告在标题上更加灵活。例如，定量报告通常有明确的研究问题或假设，这些问题和假设被统计学的调查分析或实验数据所回答或验证。定性报告是假设随着研究推进会出现新的理论或见解，因此描述的仅仅是一个一般性的探索线路，而不是具体的研究问题或假设。

定性报告产生的研究者和参与者的交流，更进一步提出了关于声音的问题。作者作为论文背后的协调力量，他的声音一定会被听见，参与者也应该如此。后者受限于研究论文的传统范围，但它也是研究者关于研究性质的一个假设。如果研究者使用一个焦点小组仅仅是为了确定关于一件消费品的意见的话，那么就有必要抓住这些意见，而非这些意见背后的人。另一个关注特定群体中的个人如何使用语言定义自身及其行为的研究者，就需要使用这些参与者自己的语言汇报鲜活的案例，无论这些语句是多么凌乱、不合语法，甚至在他人看来多么令人不快。再就是一个从事致力于改善研究参与者生活的行为研究的研究者，他发布了未被表达的少数
263 派的声音，但为了有效地与政策制定者以及具有影响力的人物沟通，他选择使用专业语言在专业出版物上发声。

特别是“人员密集”的研究如民族志和“以人为本”的研究如行为研究提出的声音问题往往是复杂的（Alcoff，2008）。选择为其他人说话，这里的“其他人”指的是行为案例和一些批判研究中典型的少数群体，研究者是决定哪些具体的语言被听见或不被听见的把关人，从而在研究的层面上复制了研究本欲解决的更广泛的社会问题，以及对少数群体声音的控制。

正如传播学研究告诉我们的，信息的来源强烈影响着对于信息的理解。对学术性研究的受众来说，有关研究参与者信息的来源很可能是学者，而不是提供研究

数据的参与者。比如，政治家、政策专家和新闻消费者阅读由街道社区成员讲述的故事，同样的受众阅读同样的故事，但这些故事由一位学术实力雄厚的研究者讲述并辅以数据说明。虽然第一个故事可能会被认为是真实的，但第二个故事看起来更可信，因此对于决策者而言更有相关性。

代表弱势群体从事行为研究的学者面临着这样的矛盾，通过为政策、政治和媒体精英写作他们才能更好地进行这类研究。从批判角度看，这个矛盾在于行为研究者或批判话语分析者有可能被指派进入话语精英阶层，而这正是研究者一直寻求的为弱势群体发声的管道。

一个解决少数群体发声问题的办法是促进他们在自己的非学术型媒体的表达。但是，那些能够为弱势群体代言、在政策层面有影响力的人可能会忽视这一点。

就沟通研究的结果而言，声音问题的解决首先在于考量潜在受众，而非声音是否被听到。换句话说，确认你研究的受众以及他们的需求和兴趣，你就会知道如何更好地呈现研究参与者的声音。很明显，不是所有的研究受众都与学术有关，还有下文讨论的其他受众。

》为其他公众而写作：利益团体和新闻媒体

研究只有对其他人有用时才最有价值，而其他学者不是与我们研究可能相关的唯一群体，另外两类潜在受众也是高度相关的，即利益团体和新闻媒体。

利益团体

传播学研究发现与公司企业、非营利组织、政府机构，以及具体领域如广告、技术、教育和卫生保健等相关。例如，既定的电视广告如何影响儿童食物偏好的新研究可能会引起父母、营养倡导者、食品行业、广告行业和监管机构的兴趣。

我们将这样的为利益团体写成的报告称为“**专业报告**”，因为它们是为具体部门完成的。作为一名传播学专业的毕业生，你可能需要为客户或老板以专业报告 264
的形式写下你所做的研究或总结他人的研究。

最基本的专业报告结构是引言—正文—结论。引言部分概述研究及其相关性。正文部分概括研究方法和结果。结论部分则总结结果的相关性，并基于研究发现提出可能需要的行为建议。一般来说，没有文献综述和学术引用文献的清单。报告的焦点在于帮助读者理解结果及其相关性，以及其实践意义而非理论意义。

表 14.1 的右栏展示了一份专业报告的基本轮廓。由于学术报告的许多部分在专业报告中并不需要，所以作者在决定报告什么和不报告什么时有更多的灵活性。

一般而言，文本和表演季刊、传播学专论、女性主义媒体研究、话语和传播以及很多其他学术性传播学期刊的读者群很小而且专业化。大部分人并不阅读此类出版物，非学术型读者一接触这些很有可能就会被它们的细节以及从“多元多项式回归分析”到“男性中心解读立场”这样的专业术语吓到。

新闻媒体

然而，这并不意味着非学术型读者就不会对你的研究感兴趣。相反，新闻媒体和它们的受众可能会对你的研究十分关注。如果你想要你的研究被广泛理解和接受，那么要使你的学术写作适当地充满趣味并易于理解，这显然需要有关新闻媒体受众的知识。

新闻媒体编辑寻找与其读者、观众或听众有关的故事。在传播学研究方面，这类故事包括从跨文化传播到技术影响等方面的内容。例如，一个跨文化传播研究的结果可能会转化为怎样和另一种文化背景的人约会的故事，或一个家庭观看电视的研究结果可以转化为怎样组织一个家庭电影之夜的故事。

当新闻老兵讲述故事的时候，媒体受众只会听到一个立场——“这对我来说有什么意义?”。“这对我来说有什么意义?”基本上相当于“那又怎样?”。相关性是**新闻要素**之一，或者是使故事有新闻价值的一个方面，而且还是最重要的决定性因素之一。其他决定性因素包括及时性——研究发现具有新闻价值，因为其具有新鲜的特征；接近性——研究或研究者是当地的并为当地读者和观众所知；以及人情味——这些资料的某处讲述着一个“真人”的故事。

使学术研究报告适应新媒体的需要意味着两个战略任务——回答“这对我来说有什么意义?”的问题和按照新闻媒体风格写作，从而使其成为新闻或特写以适应出版、广播或网络媒体。

本质上，新闻写作具有“直击要点”的特征。专题写作的特征是使读者感兴趣的丰富的描写。广播写作具有口语化的对话特点。网络写作使用超链接和合理布局的形式以使网站访客能够轻松地浏览页面。如果访客需要的话，嵌入各个页面的超链接可以使访客跳到其他页面以了解相关主题的更多细节。当然，每一种风格都是许多书籍和课程的主题。大学图书馆中有许多关于为商业和专 265
业受众写作以及关于新闻和专题写作的专业书籍、教科书和期刊，而且还有许多可用的在线资源。

本章的“实践中的研究”部分将为你展示如何将莱埃特·格拉内克（Leeat Granek）博士撰写的学术研究报告转为播客、报纸、广播和在线杂志的材料。

》编辑过程

作为一位从事研究的作者，你就是把关人，决定在研究报告的最后文稿中呈现哪些内容，不呈现哪些内容。你要发表报告，你的报告就必须满足其他把关人的标准，这些把关人将决定是否发表你的文章。他们就是学术期刊和新闻媒体的编辑人员。

对于学术期刊来说，从将最终的研究报告提交给期刊编辑的那一刻，**编辑过程**就开始了。当然，在此之前你需要选择最大可能对你的研究感兴趣的期刊。

对发表你的研究最可能感兴趣的期刊是那些和你对同样的内容（例如政治传播）和方法论（例如批判、定量或运用）感兴趣的期刊。在大多数情况下，当你写研究综述时，这些期刊会为你提供很多的相关文章。每个期刊都会在它的网站或每一期中有投稿指南。这些指南包括内容、具体的格式要求以及经常会提到的字数。如果你确定你的研究和期刊的兴趣匹配，你就可以将你研究报告的终稿提交给下一个把关人——期刊编辑。期刊的编辑主要负责评估你的研究报告是否能够增加我们对人类传播的理解。如果不能，你的研究报告将不能发表。大部分主流期刊的拒稿率很高，提交的文章多半会被拒绝。然而，拒绝或接受并不是编辑随意决定的。最终的决定以行业评审为基础。行业评审意味着你的研究报告将会被提交到同一领域而且更可能使用相同方法的其他学者手中。

可以想见行业评审很严格。评审人员想要看到你的研究是在探索以前没有被探索的领域，或者以一个全新的视角回顾已发表过的研究。他们希望看到你的理论、搜集的数据以及用来搜集数据和分析数据的方法之间相互匹配。

评审人员意见不一致时，期刊编辑将做最终的裁决。即使编辑最后决定接受你的文章，你也不可避免地需要对你的文章进行一些修改和/或对数据进行再加工以达到评审人员的要求。研究项目本身加上编辑过程所需要的时间是将一个研究发表的时间长度。很多期刊都会告诉你每篇文章被刊登发表出来需要多长时间；他们会记录下关键日期，如他们要发表的这篇文章的交稿日期、第一次修改日期、第二次修改日期等。

决定你的研究结果能否被公之于众的第二类把关人是新媒体编辑，他们主要负责评估你的研究与读者、听众或观众之间的相关度。这里的接受并不取决于评审人员，而是取决于编辑是否认为你的研究符合要求。要想被新闻报道的话，很重要的一点是要清楚回答“它对大众来说有什么意义？”这一问题。而且大多数情况下，文章的版式和格式需要满足纸媒、广播媒体和网络的需要。

266

》方式和准确性伦理

任何研究写作都涉及决定报告什么以及如何报告。甚至在严格遵守 APA、MLA 和芝加哥格式时，每位作者还是要决定报告什么信息，不报告什么信息，以及用什么词语来描述方法、样本、结果或结论。

前面提到，古斯菲尔德（1976）认为科学家的语言应该像“窗玻璃”——透明的玻璃板，通过它可以清楚地看见外面的世界，而没有任何失真。学术作者用两种截然不同的方式为这个目标而奋斗着。

如前文所述，作者有可能以第三人称被动地写作以将自己从叙事中脱离出来，尽可能避免私人评论，从而使研究方法和研究数据尽可能自己呈现事实。

另外，研究者可能使用范马宁（Van Maanen，1998）所谓的“印象派写作”的方式，这种方式以文学的风格牢牢吸引读者，有可能为了便于读者理解而牺牲客观性。这类典型的案例是“小镇警察”，在这个案例中作者迈克尔·帕察诺夫斯基（Michael Pacanowsky，1983）以小说的方式描述了一位警官对其搭档中枪的反应。

这两种方式的折中是研究者记述自己的偏见、印象和意见，允许读者确认作者的存在，并允许读者对研究报告做出自己的解读。

然而，没有什么方式是完全中立的。忽略整体风格，作者会有意或无意地通过词语的选择塑造读者对研究的解读。例如，我们在第十一章讨论过“信息提供者”“参与者”或“主体”这些术语是如何影响研究者和读者对研究参与者的态度的。

赫伯斯(Herbers,2006)是一位研究“奴役蚁”的生物学家。她对用“奴役”来比喻昆虫的行为感到不安,“奴役”这个术语可能会带有种族歧视的意味。她得出结论,“奴役”这个词具有诽谤意味,用在此处并不准确,于是她找到了一个更准确的词(“海盗”)来比喻她所研究的昆虫行为。她提醒科学家在科学论文的写作中要警惕客观性的迷惑,并认为科学家对他们写作中所使用的修辞所造成的影响负有责任。

推广学术研究成果的另一个问题是,总结报告、新闻媒体故事以及详细的专业报告缺失可能对学术有特定意义的细节和术语。换句话说,随着学术研究的发现变得越来越容易被大众理解,学术论文对某些知识点论述得越来越笼统,而这可能会丢失对一位学者来说重要的细节。

作为一位负责任的作者,我们能否给读者一份无偏见的、易于理解的研究报告,这也是个问题。幸运的是,对这个问题我们有了答案。

首先,对研究问题、文献综述、方法和样本选择进行系统的描述有助于学术型读者判断我们的结果和结论是否公正和值得拥护。

其次,同行评审程序确保发表的论文达到学术标准,而不是在做无事实根据的声明。

再次,我们可能无法消除所有的偏见,但是我们可以揭示偏见以使读者对我们的研究有更充分的理解。

最后,通过和新闻编辑、记者和其他专业作者合作,我们可以最大程度地把研究报告的非学术版本写得既通俗易懂又精确。

》呈现给学术公众:学术研讨会和座谈小组 267

发表研究报告并不是研究者参与对话的唯一方式,另一种主要方式是学术会议。国家协会如国家传播协会(www. natcom. org)、加拿大传播协会(www. acc-cca. ca)和国际传播协会(www. icahdq. org),还有很多地方协会每年都会举行会议,学者可以在会议上展示自己的研究。

会议上的研究陈述一般采取两种形式——**座席轮讲**和**张贴论文**。

座席轮讲通常由同一兴趣领域的六名左右学者组成,陈述他们的研究成果。一般情况下,每位小组成员陈述 10～15 分钟,另外也会安排出时间在座席陈述结束后，让小组成员之间以及小组与受众成员讨论。被陈述的这些论文一般都是“正在进行中的研究”。从收到的反馈中，报告人在发表论文之前，对于如何完善研究或修改论文会有新的想法。

在会议开始之前，会议组织者可能会要求报告人提交完整的学术论文并进行评审，决定是否接受（或拒绝），但15分钟的陈述时间或许意味着作者只能陈述他们研究中的关键部分。在大多数情况下，感兴趣的读者会阅读完整的文章，因此座席轮讲的意义在于可以直接和作者交流。

在海报交流会中，主办方将报告人的研究摘要张贴在展板上。没有正式的陈述，但对主题感兴趣的任何人都可以直接和海报旁边的研究者讨论。受众有更多的机会与作者讨论，而且这些自发组成的对作者的研究感兴趣的小组也可以给予作者更多的反馈。

》关于PPT可供参考的建议

人们不加批判地接受PowerPoint（PPT）作为演示工具可能是因为“PowerPoint”这个词已成为动词，即“I'll PowerPoint it”。PowerPoint更多地被称为**幻灯片**，是一种在课室、会议和学术研讨会上被普遍使用的呈现软件，也许你会选择用它来呈现你的研究发现，但需要谨慎。

PowerPoint因为其表面的简洁、死板的要点层级以及其强加给受众的线性逻辑而受到批判（Tufte，2006）。想想这些要点是否真正抓住了你想要与受众建立的联系。如果你想知道PPT演示是如何毁掉一个有说服力、打动人心的演讲的话，请看“推荐网络资源”下面的“葛底斯堡演示文稿陈述”这个网站。

想一想你所听到的所有糟糕的陈述，你就知道如何做好PPT演示了。PPT的放映速度是否快得让你无法看清？每一张PPT是否密密麻麻都是字？PPT占用了你太多的注意力以至于你跟不上陈述者的发言？当又发给你文本资料时，你不知道是该听发言，还是看资料，抑或是看PPT？我们都有过这样的经历。要做好PPT演示，需要了解两个基本技巧。

第一个技巧是做好演示计划，使PPT按一定的逻辑顺序在适当的时间点依次播放。整体来说，PPT应该是发言者、文本资料和演讲的补充，而不是将受众的注意力从它们上面转移。例如，如果你在演示过程中给受众发放文本资料，这就意味着你应该给他们阅读文本资料的时间，这时你应该暂停演示，而不是继续播放PPT。如果可以演示后阅读文本资料，你可以在你演示结束时发放文本资料。

PPT 当然可以帮助受众理解你演示的基本内容。在这方面最有成效的思维转变是从思考“PPT 演示”转变为思考“PPT 辅助演示”。首先，考虑如何演示才能 268
最有效地帮助受众理解你所要陈述的内容，是完整的论文、论文概要、音频或视频剪辑、PPT 演示还是你纸质的演讲稿？其次，了解受众的人口统计学方面的资料、兴趣、人数、场所以及可用时间，然后决定采用什么样的方式以最有效地保持你受众的兴趣，并提供给他们所需要的信息。

第二个技巧是设计，使每页 PPT 能够被受众快速地理解。一般来说，建议每张 PPT 使用简单清晰的背景，用暗背景亮模板或亮背景暗模板。记住与 PPT 相关的“六”字诀：每行不要超过六个字，每页不超过六行以及 PPT 总数不要超过六张。使用大幅版面和简单图表，并且注意简化、简化、再简化。PPT 在你的演示中发挥着作用，它们不是演示本身。

很明显，以上建议是否适用可能取决于受众、场所和主题，但有一条绝对应该实行，即事先演练。去演示场地的后排试看，确保每一张 PPT 都清晰可辨。请你的朋友观看你的演练，并征询他的意义。此外，确保对 PPT 放映节点的把握。

》推广技巧指南

在第八至十三章，我们论述了人类传播研究的各种方法。采用这些方法的研究者显然对人类传播的假设以及怎样最好地理解人类传播有不同见解，但他们都会认同需要使研究结果尽可能广泛传播，并尽可能地使其清晰明确。

研究者认为，他们至少应该询问他们的研究参与者的意见(第三章提到的伦理需求)，撰写并发表学术论文以及在学术会议上陈述他们的成果。他们中的一些人可能会希望学校的同事提出问题。例如，学生事务办公室和学术事务办公室会有兴趣了解这些研究是否涉及学生学习组织方式或课程安排方式。校园公共关系办公室也想要他们的研究概要以发布新闻，而校友办公室或许对某些有关校友的专题故事感兴趣。

毫无疑问，一些研究者会想起他们经历过的这样的交流灾难。某位同行的演示文本长达 20 页，需要花费 35 分钟阅读。他们很奇怪，“为什么不给论文复印件?”仅 PPT 就有 30 张，而且每一张上面密密麻麻都是字，使人昏昏欲睡。他们一想到这个，就感觉回到了学生时代。一些人会想知道当地电视台的记者最近对他们的访谈为什么没有播出，结论是他们对“外生变量方差属性”的解释应该简短、通俗易懂并直击要点。

他们会一致赞成下面表 14.2 所列的指导建议。下面的指导建议总结了学术论文之外你可能需要考虑的一些基本要求和格式。你可以对照这些指南建议进行写作和演示，当然采用诸如 APA、MLA 和芝加哥格式中的任何一种时要前后统一。

269

表 14.2　学术和新闻格式总结

学术论文	摘要、参考文献综述、基本理论、研究问题和/或假设、方法描述、样本、采用方法、结果、结论、讨论、参考文献——详细列出要项。遵循某一特定的学术或期刊格式。
座席轮讲	如果需要的话，将要点记在卡片或纸上。记住：仅仅是要点。
海报论文	标题、研究问题/假设、方法、结果。必要的概括图表。建议大尺寸，这样人们可以远距离阅读。
PPT	简单清晰的背景。暗背景亮模板或亮背景暗模板。“六”字诀：每行不要超过六个字，每页不超过六行，PPT 总数不超过六张。使用大号字体，简化图表。简化，简化，再简化。只列出要点。细节放在讲义中。
专业报告	执行纲要、引言/背景、由报告目的和受众决定的报告正文中的节段和标题、结论、建议和补充材料。
新闻访谈或新闻媒体讲稿的要求	一页汇总表。要点包括研究目标、方法(简介)、结果、结论/怎么样。
新闻故事	硬新闻写作“直击要点”。专题强调人情味。广播具有谈话/演讲的风格。适合新闻受众的语言。
“推特它!”	140 个字以内，我发现了什么，以及为什么它很重要?

伦理专栏

学术写作和大众写作之间的平衡

随着传播学研究从传统学术期刊逐渐“转移”到大众媒体，对传播学研究的论述不再那么特殊，更普遍化。记者可能会在文章中使用比喻来向大众阐述和解读原始的研究。

问题

根据本章内容，请思考以下问题：

- 发表学术研究论文会在多大程度上限制可能感兴趣的公众了解这项研究？
- 撰写有关一个研究项目的新闻报道或专业报告在多大程度上是在伦理方面决定传播你的研究成果？
- 为了便于感兴趣的读者和观察者找到引用的原始研究论文，记者在报道中负有什么样的责任？
- 当记者在对学术研究论文进行解读和报道时，研究者对记者所撰写的内容负有什么责任？

实践中的研究

270

运用扎根理论方法研究肿瘤医师的悲伤

如果我想给学生提关于研究方面的建议，那就是做你喜欢做的，研究你真正感兴趣的，以及观察生活中你最想找到答案的问题。

就我个人来说，我想知道肿瘤医师在他们父母去世时是否会感到悲伤。我对这感兴趣是因为我的母亲死于癌症，我们曾和她的肿瘤医师建立了相当亲密的联系。我想知道肿瘤医师是否和我们有一样的感受。我对这感兴趣同时也因为我是一位心理学家，从事悲伤和失去方面的研究。在我介入的每个案例中，无论是从个人还是职业角度，我总是想知道和探寻影响我们个人交流、行为和思想的纷乱复杂的情绪。

既然之前没有人调查过肿瘤医师的悲伤，我决定在我的研究设计中采用扎根理论(grounded theory)方法。对于我们知之甚少的主题来说扎根理论是个不错的方法论。扎根理论要求深入一种现象，而不是宽泛地理解。扎根理论坚持的原则之一是对研究主体保持开放的心态。你应先将有关研究的预想概念放在一边，从分析中得出数据，不把你自己的理论、看法或“条条框框”强行加入参与者的话语中。

我以佛教徒所谓的“初学者的心态”进行研究。尽管由于我母亲的缘故，我对肿瘤医师有一定的了解，尽管由于对人类行为、情感和交流的兴趣我对亲近关系和依恋关系有所了解，但是我不知道当肿瘤医师失去和他关系非常亲近的病人时是什么感受，最终这份天真对这项研究起到了很大作用。

我在三个不同的研究地点访谈了 20 名肿瘤医师，问了很多问题，比如病人去世时是什么样子，失去病人他们有什么感受，病人去世时发生了什么，肿瘤医师如何处理这种失去以及它会怎样影响他们的个人和职业生活。由于之前我不知道这些问题的答案，我又陆续问了很多问题以确保我能正确理解他们所说的话。一些问题对他们来说很“幼稚”。例如，我要求肿瘤医师解释为什么表露情感是不专业的。对肿瘤医师而言明显、直观的感受对我来说很有趣并且新鲜，正是这种错综复杂的联系能够深刻地提示研究结果。通过询问那些显而易见、不值一提的问题，我们会揭示对人类来说最深刻、最有趣的见解。

数据分析是实施扎根理论方法中耗时费力的部分。将数据中关联出现的主题一行一行地编码而不是按研究者预先设想的那样分类。然后将一个文字记录中的所有主题同其他文字记录中的所有主题做比较。在这个过程中可以归纳出这些文字记录中最重要的主题。这里的警告是一定要按顺序。一些定性研究方法能统计主题出现的频率，并将意义与最频繁出现的主题联系起来。然而实际上，被说了很多次的事情并不一定比只说了一两次的事情更重要。例如，在我们
271 的研究中，一半以上的肿瘤医师将自我怀疑描述为他们所经历的悲伤的一部分，仅有大约 1/3 的人将内疚看成他们哀伤的一部分。这并不意味着在理解肿瘤医师的悲伤时自我怀疑比内疚更重要。即使在你的扎根理论研究中只有一个人谈论某些事，它也可能是你对经历的研究中最重要的事情。扎根理论是对这种现象的深入理解。定性研究中，普遍性并不是以频率为依据的。

如果你想做好扎根理论研究，对于你的研究群体你的发现应具有表面效度。在我们的研究中有 20 名参与者，我有信心我们的研究反映出了在主要学术医疗中心工作的肿瘤医师的情况，他们都有失去病人的经历。然而，这一研究对世界上每一位肿瘤医师都普遍适用吗？不，当然不是。但使用大量样本案例的定量方法同样有这个问题。采用统计学方法的定量研究虽然有更多的参与者，但也只适用于参与者所在的人群（经常是修研究课的本科生！），并且最终报告经常忽略这一点。

从大量积极和鼓励性的回应中可以很明显地看出我们研究发现的有效性和普遍性，这些回应来自全球数百名医疗专业人员，他们读了我为《纽约时报》撰写的关于这一研究的文章，并写信告诉我他们对我的文章产生了怎样的共鸣。

没有参加我们研究的肿瘤医师的来信也指出，我们的发现反映了他们每天的经历，他们产生了很深的共鸣，这为我们研究的普遍性和有效性提供了有力的证据。如果你将扎根理论研究做得好的话，你不需要数百名参与者参与研究。

关于这个案例研究的最后我想说的是，一个好的研究课题最卓越的地方就是它对人们生活的影响力。不幸的是，在学术研究中研究者将很多时间都放在了学术领域。研究，特别是有关人类的研究，绝不应该只是出于你自己的需要，无论是为了在方法论课上取得好成绩，还为了获取终身教授的职位努力在履历表中添加出版专著的数量。

研究者负有为普通大众解释专业知识的伦理责任，因此在学术性的、同行审查的期刊发表你的研究成果很重要。行业评审进程中，从使你保持警觉的同行那里获得反馈，完善你的思考和研究很重要。然而，使你的研究对学术界以外的人有用也极其重要。一些人通过研究来影响有关他们所关注人口的政策。其他研究者通过研究影响基于证据的实践。而我是通过在主流媒体发表研究成果使之得到广泛传播。在这个特别的研究领域这是很重要的。我视自己为悲伤（和爱）的积极推动者。我写了很多有关为什么悲伤很重要的论述，因为我认为这对我们人类承认失去并且为失去腾出空间很重要。

作为一名《美国医学会杂志》的播客，我在《纽约时报》《多伦多星报》《健康日报》和加拿大广播电台传播我的研究成果。我们的研究指出，为悲伤腾出空间可以提高医生的生活质量和病人的生活（和死亡）质量，我觉得这为走出悲伤提供了一个重要的信息。

浏览下面的新闻条目，你就可以知道我的学术研究成果是如何被改写成新闻报道的。我的原始学术论文在本章末的“参考文献”中有列出。 272

CBC 广播早间联播节目：格拉内克博士（Granek）做了 20 个访谈，比如“都市早晨”这个节目里的链接。Galloway，M.（2012，May 31）. Can oncologists grieve? [Interview with L. Granek]. *CBC Toronto*. Available from http://www. cbc. ca/metromorning/episodes/2012/05/31/can-oncologists-grieve/.

《健康日报》新闻：Esposito，L.（2012，May 23）. Cancer docs often deal with own grief，doubts when patients die. *Health Day*. Available from http://consumer. healthday. com/Article. asp? AID=664990.

《美国医学会杂志》播客：Granek，L.（2012，May 21）. Nature and impact of grief over patient loss on oncologists'personal and professional lives [Interview with author]. *Archives of Internal Medicine*. Available from http://archinte. jamanet work. com/multimedia. aspx # AuthorInterviews.

《纽约时报》专栏：Granek，L.（2012，May 27）. When doctors grieve. *The New*

York Times Sunday Review. Available from http://www.nytimes.com/2012/05/27/opinion/sunday/when-doctors-grieve.html.

《石板》杂志：Granek, L. (2012). Articles by Leeat Granek. *Slate*. Available from http://www.slate.com/authors.leeat_granek.html.

《多伦多星报》报道：Scallan, M. (2012, May 30). Ontario oncologists struggle with grief when patients die, study shows. *Toronto Star*. Available from http://www.healthzone.ca/health/articlePrint/1203206.

李埃特·格拉内克博士是位于内盖夫的本·
古里安大学健康社会学系的助理教授。
她是心理肿瘤学领域研究悲伤、失去和哀悼的重要的健康心理学家。
她的邮箱是 leeatg@gmail.com。

本章要点

- 学术研究论文的细节和支持研究的理论讨论，研究方法、样本、结果和结论。
- 如 APA、MLA 和芝加哥格式这样的规范是撰写学术报告的指南。
- 最终文章的版式和格式取决于学术协会或你要在上面发表的期刊。
- 只要你的研究具有及时性和相关性，利益团体和新闻媒体就会对你的研究感兴趣。
- 你可以采用新闻的格式和风格将你的研究成果写出来，从而使你的研究贴近新闻媒体及其受众。
- 为利益团体撰写的研究报告强调结果、结论以及与读者的相关性。

重要术语

编辑过程	张贴论文
格式	专业报告
印刷风格	幻灯片
新闻要素	风格指导
座席轮讲	声音

273

应用练习

练习 1：可读性

你的文字处理软件很可能会检查你的文章的可读性。一般来说，这种检查采取大量间接检验可读性的方法，如平均每段有多少个句子、平均每句话有多少个词、平均每个词有多少个字符以及被动句的比例。你也可能会找到一个测试可读性的特定方法，如阅读轻松得分弗莱施（Flesch Reading Ease score）和弗莱施-金凯德等级评分（Flesch-Kincaid Grade Level score）。

将学术期刊，如《传播学专论》（*Communication Monographs*）等的样本段落导入文字处理软件，就可以得到可读性数据，特别是弗莱施-金凯德等级评分。你可以从中了解读者阅读能力的水平。从《纽约时报》和当地报纸中提取样本重复这个练习。

根据 2010 年美国人口普查资料，美国 25 岁以上的人口中，有高等学位的约占 10%，有本科学位的占 19%（美国人口普查局，2010）。基于你获得的可读性评分，有多少人能够无障碍地阅读你抽样的每篇文章？

当你比较学术性文章和当地报纸对学术性研究的报道时，会遗漏哪些信息？

练习 2：PPT 软件呈现

从一本学术期刊中选择两篇文章：一篇是定性的，一篇是定量的。使用 PPT 软件，如 Microsoft PowerPoint 或 Apple Keynote，为每篇文章设计不超过 6 张的 PPT。哪种类型的文章更容易用 PPT 来总结？为什么？

练习 3：写作风格

从一本学术期刊中选择一篇传统的调查报告或一篇经验研究，与下面提到的像帕察诺夫斯基（Pacanowsky，1983）的“小镇警察”那样的叙事报告进行比较，在以下方面，二者有什么不同：

- 你与每个研究中的个体共情的能力？
- 对于每项研究你的了解程度？
- 政策制定者基于研究做出政策决定的难易程度？

推荐阅读

Gusfield，J.（1976）. The literary rhetoric of science：Comedy and pathos in drinking driver research. *American Sociological Review*，41（1），16～34. 该文对科学写作被作为一种有说服力的文学形式做了经典分析。

Lipson，C.（2006）. *Cite right：A quick guide to citation styles—MLA，APA，Chicago，the sciences，professions，and more*. Chicago：University of Chicago Press. 这本书收录了重要的引用格式。

推荐网络资源

APA 格式在线教程：http://www.apastyle.org/learn。这是 APA 格式的主页。

芝加哥格式引文快速指南：http://www.chicagomanualofstyle.org/tools_citationguide.html。这是芝加哥格式指南的主页。

274 Citation Machine*：http://citationmachine.net。

EasyBib*：http://www.easybib.com。

EndNote*：http://www.endnote.com。

上述三个资源有助于你正确地录入你在研究论文中引用的资料来源。尾注也有助于你查找参考资料和合作著述。

MLA 手册网站：http://www.mlahandbook.org/fragment/public_index。这是 MLA 格式的主页。

彼得·诺威格的葛底斯堡演示文稿陈述：http://norvig.com/Gettysburg. 这是个幻灯片呈现中禁忌事项的示例。

RefWorks*：http://www.refworks.com。该网站有助于管理、储存和共享信息，并生成引用文献和文献目录。

大众传播研究网络杂志：http://www.scripps.ohiou.edu/wjmcr/policy.htm。这是一本网络出版的"电子期刊"，而不是传统印刷性期刊。在简洁的首页页面可查看稿件提交和审核程序。注意脚注格式。这本期刊没有使用更传统的 APA 格式。

*上述网站提供了在线帮助或编排学术引文格式的软件。对这些网站不加以评论，对没有列出的类似网站，也不加以评论。

参考文献

Alcoff, L. (2008). The problem of speaking for others. In A. M. Jaggar (Ed.), *Just methods: An interdisciplinary feminist reader* (pp. 484-494). Boulder, CO: Paradigm.

Evered, R., & Reis, M. (1981). Alternative perspectives in the organizational sciences: "Inquiry from the Inside" and "Inquiry from the Outside". *Academy of Management Review*, 6(3), 385-396.

Granek, L. (in press). Disciplinary wounds: Has grief become the identified patient for a field gone awry? *Journal of Loss and Trauma*.

Granek, L. (2013). The complications of grief: The battle to define modern mourning. In E. Miller(Ed.), *Complicated grief: A critical anthology*. Washington, DC: NASW Press.

Granek, L. (2010a). "The cracks are where the light shines in": Grief in the classroom. *Feminist Teacher*, 20(1), 42-49.

Granek, L. (2010b). Grief as pathology: The evolution of grief theory in psychology from Freud to the present. *History of Psychology*, 13, 46-73.

Granek, L., Krzyzanowska, M., Tozer, R., & Mazzotta, P. (in press). Difficult patient loss and physician culture for oncologists grieving patient loss. *Journal of Palliative Medicine*.

Granek, L., Krzyzanowska, M., Tozer, R., & Mazzotta, P. (2012). *Oncologists' strategies and barriers to effective communication about end of life*. Manuscript submitted for publication.

Granek, L., Mazzotta, P., Tozer, R., & Krzyzanowska, M. (in press). Oncologists' protocol and coping strategies in dealing with patient loss. *Death Studies*.

Granek, L., Mazzotta, P., Tozer, R., & Krzyzanowska, M. (2012). What do oncologists want? Suggestions from oncologists on how their institution can help them deal with grief over patient loss. *Supportive Care in Cancer*, 20(10), 2627-2632.

Granek, L., Tozer, R., Mazzotta, P., Ramjaum, A., & Krzyzanowska, M. (2012). Nature and impact of grief over patient loss on oncologists' personal and professional lives. *Archives of Internal Medicine*, 172(12), 964-966.

Gusfield, J., (1976). The literary rhetoric of science: Comedy and pathos in drinking driver research. *American Sociological Review*, 41(1), 16-34.

Herbers, J. M. (2006, March 24). The loaded language of science. The Chronicle Review. *The Chronicle of Higher Education*, p. B5.

Pacanowsky, M. (1983). A small-town cop: Communication in, out, and about a crisis. In L. Putnam & M. Pacanowsky(Eds.), *Communication and organizations: An interpretive approach* (pp. 261-282). Beverly Hills, CA: Sage.

Tufte, E. R. (2006). *The cognitive style of PowerPoint: Pitching out corrupts within*(2nd ed.). Cheshire, CA: Graphics Press.

U. S. Census Bureau. (2010). *Educational attainment by selected characteris-*

tic：*2010*. Retrieved from http://www.census.gov/compendia/statab/cats/education.html

Van Maanen, J. (1988). *Tales of the field*：*On writting ethnography*. Chicago: University of Chicago Press.

275

学习网站

访问学习网址 **www.sagepub.com/treadwell2e**，可获取以下资料：

- 网络资源；
- 推荐阅读；
- 电子抽认卡；
- 研究问题。

索　引

Index

（索引页码均为英文原著页码，即本书边码）

译后记

在教学中，尤其是在本科生论文辅导过程中，我感到在研究方法的传授方面我们对学生有所亏欠。其中的原因或许是多方面的，例如在学科培养方案的“顶层设计”中对论文的意义认识不足，某些压力使我们强调实践和技能的获得，而忽视了系统的研究和探索。而事实上，就培养全面发展的新型人才而言，两者是同样重要的。在一定程度上，这也是一个历史的问题。回想我自己的学习经历，如果在大学本科期间有机会接触和掌握知识生产的方法和工具，那该有多好！

正是带着这样的反思，在“新闻传播学前沿译丛”中，我选择了这本研究方法教材。这本书语言浅显易懂，内容涵盖常见的量化和质化方法，适合作为高年级或有研究兴趣的本科生和研究生的入门教材。对学生有用，是我对这本译著的最大愿望。

关于这本译著的完成，我要感谢西南政法大学新闻与传播学院给我这个机会，以及中国传媒大学出版社编辑的辛劳。尤其要感谢我的几位研究生组成的学习小组，他们是陈中莉、黄晓晓、刘建秋、王华素、王秀、文凤麒。正是在他们的大力协助下，我才能够完成初稿并提交给出版社。如今他们已经在祖国的四面八方工作，我相信他们一定很高兴看到本书的出版。

有一个遗憾。在这个新媒体技术飞速发展的时代，这本书的内容覆盖在今天看来可能有一点缺失，那就是关于互联网和大数据的研究方法，例如网络民族志。这一点希望引起目前版本的使用者注意，同时也希望这一缺失能够在未来的版本中得到弥补。

最后，在本书的使用过程中，如果您发现任何误差或缺漏，望您告知，以便我日后更正。我的联系方式是：guli_cn@163.com。

谷李

2019 年 3 月

于西南政法大学敬业楼

图书在版编目（CIP）数据

传播学研究：概念、方法与写作/（美）唐纳德·特雷德韦尔（Donald Treadwell）著；
谷李译．--2版．--北京：中国传媒大学出版社，2021.6
（新闻传播学前沿译丛）
ISBN 978-7-5657-2833-4

Ⅰ.①传…　Ⅱ.①唐…　②谷…　Ⅲ.①传播学-研究　Ⅳ.①G206

中国版本图书馆 CIP 数据核字（2020）第 228021 号

新闻传播学前沿译丛
传播学研究：概念、方法与写作（第二版）
CHUANBOXUE YANJIU: GAINIAN FANGFA YU XIEZUO(DI-ER BAN)

著　　者　[美] 唐纳德·特雷德韦尔（Donald Treadwell）
译　　者　谷　李
责任编辑　于水莲
封面设计　拓美设计
责任印制　李志鹏

出版发行　中国传媒大学出版社
社　　址　北京市朝阳区定福庄东街 1 号　　邮　　编　100024
电　　话　86-10-65450528 65450532　　传　　真　65779405
网　　址　http://cucp.cuc.edu.cn
经　　销　全国新华书店

印　　刷　唐山玺诚印务有限公司
开　　本　787 mm×1092 mm　1/16
印　　张　24.5
字　　数　495 千字
版　　次　2021 年 6 月第 1 版
印　　次　2021 年 6 月第 1 次印刷

书　　号　ISBN 978-7-5657-2833-4/G·1439　　定　　价　98.00 元

本社法律顾问：北京李伟斌律师事务所　郭建平